W0004199

Pilze

Großmutters Sammeltips

Pilze

richtig bestimmen,
sammeln, zubereiten

Der große farbige
Ratgeber

SIGNA

Achtung

Der Speisewert der in diesem Buch behandelten Pilze wurde nach bestem Wissen sowie neuem Kenntnisstand angegeben. Wer Pilze ißt, handelt jedoch auf eigene Verantwortung, da weder der Autor, noch der Überarbeiter oder der Verlag die etwaigen individuellen Unverträglichkeiten und die Sammelgewohnheiten des einzelnen kennen. Wir warnen allgemein vor dem Genuß zu alter Pilze oder nicht frisch verarbeiteter Pilze, generell aber vor dem Rohverzehr. Das Prädikat „eßbar" bezieht sich stets auf den durch Kochen, Braten oder andere Hitzeentwicklung zubereiteten Pilz, sofern nichts anderes vermerkt ist.

Die Deutsche Bibliothek – CIP-Einheitsaufnahme
Pilze richtig bestimmen, sammeln, zubereiten : der große farbige Ratgeber / [Edmund Michael]. - Durchges. und neubearb. Aufl. - Berlin : Signa, 1997
(Großmutters Sammeltips)
ISBN 3-332-00819-6

Umschlaggestaltung: Steinkaemper / Lohmann, Igling
Titelbild und Zeichnungen: A. Schmalfuß
Lektorat: Vera Olbricht
Layout und Satz: Britta Dieterle / Ralph Schledermann
Druck: BAWA PRINT & PARTNER

Printed in Czech Republic.
Gedruckt auf alterungsbeständigem Papier mit chlorfrei gebleichtem Zellstoff.

Führer für Pilzfreunde.

Die am häufigsten vorkommenden

eßbaren, verdächtigen und giftigen Pilze.

Von

Edmund Michael.

Mit 295 Pilzgruppen.

Nach der Natur von A. Schmalfuss gemalt.

Vorwort zur 1. Auflage

Wenn ich es unternehme, trotz der vielen vorhandenen Werke über Pilze mit einem neuen Pilzwerke vor das Publikum und vor meine Mitarbeiter an der Schule zu treten, so wage ich dies besonders deshalb, weil es infolge der hohen Entwicklung der graphischen Reproduktionstechnik möglich war, so getreue und naturwahre Abbildungen herzustellen, wie solche kein anderes so billiges Pilzwerk darbietet. Ein einziger, nur oberflächlicher Vergleich mit den in Deutschland bisher erschienenen Pilzabbildungen wird dies außer Zweifel stellen. Sämtliche Pilzgruppen wurden nach meiner Angabe und Zusammenstellung von einem tüchtigen Künstler, dem Naturmaler Herrn Albin Schmalfuss in Leipzig, unter meiner Aufsicht gemalt. Ihm muß ich in erster Linie meinen herzlichsten Dank aussprechen für seine mit so vielem Fleiße ausgeführten naturgetreuen Darstellungen.

Was nun zunächst die äußere Anordnung und Form der Pilztafeln für den Anschauungs-Unterricht betrifft, so dürfte sie wohl den Anforderungen die man pädagogischerseits zu stellen berechtigt ist, allenthalben entsprechen, denn die Pilzgruppen wurden nicht beliebig zusammengedrängt, sondern jede derselben kann je nach Bedürfnis für sich besonders herausgeschnitten und, an den Ecken auf stärkere Unterlage geklebt, als Einzel-Anschauungsmittel benutzt werden. Ferner habe ich die Anordnung und Nebeneinanderstellung der Pilze nach rein praktischen Gesichtspunkten vorgenommen, so daß die leicht zu verwechselnden Arten stets nebeneinander stehen, denn das Werk soll lediglich dem Bedürfnis nach wirklich naturwahren Abbildungen entsprechen und jedem Pilzsammler ein praktischer Ratgeber sein.

Bezüglich der Auswahl der Arten muß ich erwähnen, daß ich mich nicht nach dem örtlichen Vorkommen des einen oder anderen Pilzes richten konnte, sondern ganz Deutschland und die angrenzenden Länder im Auge behalten mußte. Zusammenstellungen aus einer großen Anzahl von Pilzwerken leiteten mich bei der Auswahl der abgebildeten Sorten. Ferner waren für mich die Erfahrungen maßgebend, die mir 36 größere Pilzausstellungen, die ich in Dresden und 20 anderen Städten, sowie in größeren Ortschaften meiner engeren Heimat, dem Vogtlande, abgehalten habe, an die Hand gaben.

In jeder dieser Ausstellungen veranschaulichte ich mindestens 70 Sorten, in den meisten 90 bis 100, in einigen sogar 140 Sorten Pilze.

Daß ich den geehrten Kollegen hier an dieser Stelle den großen Wert der Pilzkenntnis für Schule und Haus, sowie für das ganze wirtschaftliche Leben eines Volkes nicht erst auseinanderzusetzen brauche, nehme ich als selbstverständlich an. Legen ja auch die Erlasse und Verfügungen der hohen Kultusministerien in Preußen, Sachsen, Württemberg, im Großherzogtum Hessen und anderen Ländern Deutschlands es uns Lehrern nahe, die rechte Würdigung der Pilzkenntnis durch Unterricht und Anschauungsmittel aller Art herbeizuführen.

Als ganz besonders wirksam erachte ich die ständige Ausstellung frisch gesammelter Pilze von Beginn der Pilzzeit an. Wenn jede Schule, wie es jetzt seit Jahren in vielen Schulen des Vogtlandes und auch in anderen Gegenden geschieht, mit Beginn der Pilzzeit wöchentlich 4-5 Arten in der Schule an einem allen Kindern zugänglichen Platze ausstellt, so wird man sehr schnell die Pilzkenntnis in die Kinder und damit ins Volk pflanzen.

Durch meine Anregungen und Bemühungen meiner Kollegen sind die Pilze in vielen Städten und Orten des Vogtlandes zu wirklichen Volksspeisen geworden, und einfache Leute des Volkes erkennen mit Sicherheit 20-30 eßbare Pilzarten.

Für verschiedene Unterstützungen durch Pilzwerke, Belehrungen, praktische Winke usw. bin ich noch besonders zu Danke verpflichtet den Herren Prof. Dr. Wünsche in Zwickau, Prof. Dr. Drude in Dresden, Prof. Dr. Ludwig in Greiz, sowie den Herren Bezirksschulinspektoren Schreyer in Annaberg und Dr. Putzger in Borna, Herrn Schulrat und Bezirksschulinspektor Dr. Bräutigam und Herrn Schuldirektor Gorges in Auerbach. Diesen Herren spreche ich hiermit nochmals meinen tiefgefühlten Dank aus.

So möge denn meine Arbeit viele Freunde und Gönner finden, damit sie in den Schulen und im Hause für des Volkes Wohl wirke, und die herrliche Gottesgabe der Pilze, welche uns die Natur alljährlich und oft in großen Mengen umsonst darbietet, achten und verwerten lehre.

Auerbach i. V., Juli 1895.

Edmund Michael.

Vorwort zur 2. und 3. Auflage

Die günstige Aufnahme, welche meinem Werke bei seinem ersten Erscheinen im Juli 1895 zu Teil wurde, war mir Veranlassung, alsbald eine 2. Auflage vorzubereiten und dabei auf möglichste Erweiterung und Vervollständigung des Werkes Bedacht zu nehmen. Die nunmehr vorliegende 2. Auflage ist daher durch Aufnahme von noch 21 neuen Pilzgruppen ergänzt und der Führer für Pilzfreunde dadurch so wesentlich vervollkommnet worden, daß derselbe nunmehr 68 der bekanntesten Pilzarten in Wort und Bild veranschaulicht. Hierdurch hat das Werk einen gewissen Abschluß erreicht und ich darf daher hoffen, daß dasselbe allen Ansprüchen genügen und eine noch beifälligere Aufnahme, wie sie der 1. Auflage zu Teil wurde, finden wird.

Auerbach i. V., Juni 1896.

Daß das vorliegende Pilzwerk seinen Zweck erfüllt, davon zeugen nicht nur die außergewöhnlich zahlreichen anerkennenden Beurteilungen, sondern auch die Tatsache, daß eine weitere Auflage nötig wurde.

Obgleich keine Vermehrung, weder an neuen Pilzgruppen, noch am Texte stattgefunden hat, so sind doch verschiedene Verbesserungen, sowohl textlich als auch in den Abbildungen vorgenommen worden, damit das Buch allen Anforderungen, praktischen, sowie wissenschaftlichen, entspreche.

Auerbach i. V., Juli 1897.

Edmund Michael.

Vorwort zur 4. Auflage

Dieses vollständig überarbeitete und aktualisierte Pilzbuch richtet sich heute, ebenso wie damals beim ersten Erscheinen dieses Pilzführers, an den interessierten Laien wie auch an den bereits kundigen Pilzsammler. Band 2 des Pilzführers von Edmund Michael erschien erstmals im Jahre 1901 und Band 3 im Jahre 1905. Alle drei Bände sind in diesem nach heutigen wissenschaftlichen Erkenntnissen aktualisierten Pilzbuch zusammengefaßt, wobei darauf geachtet wurde, den Sprachstil des Autors beizubehalten. Sowohl die deutschen wie auch die lateinischen Bezeichnungen der Pilze wurden überprüft und der Wert, also die Verträglichkeit der Pilze für den Menschen, nach dem jetzigen Stand der Forschung angegeben.

Die Wissenschaft hat bislang mehr als 100.000 Pilzarten klassifiziert und beschrieben. Die bekanntesten und häufigsten Speise- und Giftpilze sind in dieser rund 300 Pilze umfassenden Auswahl enthalten. Die Pilze sind entsprechend der im Kapitel *Wie werden Pilze eingeteilt?* vorgestellten Bestimmungskriterien in allen drei Abschnitten geordnet. Besonderen Wert legte der Zeichner Albin Schmalfuss auf die naturgetreue Abbildung der Pilze. Seine Abbildungen, von großem künstlerischem Wert, werden auch heute noch in wissenschaftlichen Publikationen verwendet. Dazu sei jedoch bemerkt, daß viele Faktoren, wie beispielsweise der Lichteinfall in einen Wald, das Aussehen eines Pilzes verändern kann. Die Beschreibung der Pilze ermöglicht es dem Pilzsammler jedoch, seine Funde mit Hilfe dieses Ratgebers zu erkennen. Wir wünschen den Lesern dieses Buches künftig viel Freude an seinem faszinierenden Hobby.

Berlin, Mai 1997

Der Verlag.

Inhalts-Verzeichnis.

	Seite
Was sind die Pilze?	1
Wie werden die Pilze als Speise zubereitet?	3
Wie hütet man sich vor Pilzvergiftungen?	9
Was ist bei Pilzvergiftungen zu tun?	11
Wie kann man Pilze züchten?	12
Wie werden Pilze eingeteilt?	15
Was ist beim Sammeln der Pilze zu beachten?	17
Geschützte Pilzarten	19

Abbildungen mit beschreibendem Text

Band 1 – No. 1-68.	21
Band 2 – No. 69-171.	139
Band 3 – No. 172-295.	287

Register

Deutsche Bezeichnungen	474
Lateinische Bezeichnungen	480

Erklärung der abgekürzten Autorennamen

Afz.	=	Adam Afzelius
Alb. u. Schw.	=	Johann Baptista von Albertini und Johann David von Schweinitz
Batsch	=	A. J. G. C. Batsch
Berk.	=	Berkeley
Bref.	=	Brefeld
Bull.	=	Peter Bulliard
Buxb.	=	Johann Christian Buxbaum
Clus.	=	Karl Clusius
Curt.	=	William Curtis
DC.	=	Augustin Pryamus de Candolle
FR.	=	Elias Magnus Fries
Fuck.	=	L. Fuckel
Grev.	=	Greville
Holmsk.	=	Theodor Holmskiold
Huds.	=	William Hudson
Karst.	=	Karsten
Krombh.	=	(Krombholz) Julius Vincenz v. K.
L.	=	Karl, Ritter von Linné
Müll.	=	O. F. Müller
Pers.	=	Christian Hendrick Persoon
P. Henn.	=	Paul Hennings
Quel.	=	Lucien Quélet
Sacc.	=	Pier' Andrea Saccardo
Schaeff.	=	Jacob Christian Schaeffer
Schrad.	=	Heinrich Adolf Schrader
Schröt.	=	J. Schröter
Schum.	=	(Schumacher) Christian Fried. Sch.
Scop.	=	Johann Anton Scopoli
Sow.	=	James Sowerby
Tul.	=	Louis René Tulasne
Tourn.	=	Jos. Pitton de Tournefort
Vitt.	=	Carlo Vittadini
Weinm.	=	J. A. Weinmann

Was sind die Pilze?

In feuchtwarmen Sommermonaten entwickelt sich in Wald und Flur das an wunderbaren Gestaltungen so mannigfaltige Pilzreich. Diese eigenartigen Pflanzengebilde erregten von alters her das besondere Interesse aller derjenigen Menschen, die nicht achtlos an den Wunderwerken vorübergehen, welche die ewige Allmacht alljährlich aus der Erde hervorzaubert.

Schon bei den alten Völkern fanden die Pilze Beachtung und vielfache Verwertung im Haushalte. Ihr wunderbares und eigenartiges Wachstum und Leben ließ auch mancherlei Deutung ihres Daseins, ja manchen Aberglauben entstehen. Erst den neueren Forschungen ist es gelungen, Licht in das Dunkel der Entfaltung dieser Gebilde zu bringen. Daß sie in ihrer Entwicklung nach dem Pflanzenreiche zugehören mußten, war bekannt; allein, daß sie eigentlich nur die Fruchtkörper einer meist unterirdisch wachsenden Pflanze seien, wurde erst später bekannt. Mit dieser Erkenntnis war nun der Boden für weitere Forschungen gegeben. Das Mikroskop war es in erster Linie, welches Aufschluß über den Bau und das Wesen der Pilze gab; denn in den Hutpilzen sowie in allen anderen Pilzgebilden wurde der darin befindliche unendlich feine Staub als Samen der Pilze erkannt.

Weitere Forschungen ergaben, daß sich diese Samen, Sporen oder Keimkörner genannt, bei allen Pilzarten, die zu den sogenannten Ständerpilzen und Schlauchpilzen gezählt werden, meist unterirdisch zu schlauchartigen, walzenförmigen Fäden, den Pilzfäden (Hyphen) entwickeln, welche teils durch Spitzenwachstum sich verlängernd und streckend, teils seitwärts sprossend und treibend, ein dicht verfilztes Gewebe, das Pilzlager (Myzelium) genannt, bilden. In und aus diesem Pilzlager entspringen aber wiederum andere Zweige, die, von gleichem Zellenbau wie die Pilzfäden, sich zu Fruchtfäden oder Fruchtkörpern entwickeln. Je nach Art und Gattung sind dieselben außerordentlich verschieden. Bei der einen Art treiben sie entweder sofort oder erst nach einiger Zeit Fruchtkörper; bei der anderen Art bilden sie mitunter sehr lange und dichte Stränge, welche stets unfruchtbare sogenannte Rhizomorphenstränge zeitigen, z. B. die bekannten Röhrenschöpfe, welche öfters Wasserleitungen verstopfen. Bei vielen Hutpilzen nehmen diese unterirdischen Fruchtfäden eine besondere Form an, indem sie sich zu dichten, knollenartigen, verschieden gestalteten Körperchen verdichten, aus denen nach bestimmter Zeit und unter Mitwirkung von vorhandenen Nährstoffen, Wärme und Feuchtigkeit die Fruchtkörper als Pilze aufsteigen. Diese unterirdischen Körperchen nennt man Dauerlager (Sklerotium), weil sie meistens der Überwinterung dienen. Die Fruchtkörper selbst aber, die sich entweder zu den uns bekannten Hutpilzen oder zu kugel-, geweih-, korallen-, becher-, trompeten- und andersförmigen Gestalten entwickeln, besitzen als solche kein

Blattgrün (Chlorophyll); sie tragen jedoch, gleich den Blütengewächsen, in besonderen Organen oder Behältern, die man Sporenträger nennt, die mikroskopisch kleinen, aber wunderbar verschieden geformten und gearteten Keimkörner. Die Hutpilze scheiden dieselben teils an dem sogenannten Futter aus, das in Röhren, Stacheln oder Blättern besteht, teils findet man sie in das Innere eingeschlossen, wie bei den Bovisten, Trüffeln usw., teils scheiden sie auf der Oberfläche ab, wie bei den Becherpilzen, den Händlingen oder Ziegenbärten und den Morcheln.

Und welche Fülle von Keimkörnern trägt ein einziger Pilz! Um jene zu gewinnen, hat man nur nötig, z. B. einen Hutpilz nach Abschneiden des Stieles mit der Unterfläche auf eine Glastafel zu legen. In 1-2 Tagen findet man auf derselben die feinen, staubartigen Sporen in großer Menge.

Sobald diese Sporen auf ihnen zusagenden Nährstoff gebracht werden, fangen sie an zu keimen und entwickeln das Pilzlager. Lebensbedingungen sind aber Dünger, Fäulnis- und Verwesungsstoffe aller Art, denn die Pilze sind hauptsächlich Fäulnisbewohner.

Fehlt ihnen diese Vorbedingung, so verkommen sie und können nicht gedeihen. Aus diesem Grunde finden wir nur dort viel Pilze, wo es derartige Lebensbedingungen in Fülle gibt. In wildreichen Waldungen, oder wo das Vieh noch Waldhutung hat, ist daher nie Mangel an Pilzen.

Als richtig und wichtig muß ich es bezeichnen, wenn in den Zeitungen und vielen Pilzbüchern gesagt wird, daß das Herausreißen der Pilze die Pilzarmut mancher Wälder verursache. Viele Pilze wird man zwar nie abschneiden, wie z. B. das Goldschwämmchen, die Kraterellenarten, Täublinge usw., denn diese sitzen so lose am Pilzlager, daß sie sofort abgehen; andere hingegen, die fester mit der Unterlage verwachsen sind, dreht man einfach ab, wie es praktische Champignonzüchter ebenfalls tun. Wichtig ist es, die Pilze tief genug abzuschneiden, da sonst der überbleibende Stielstumpf einen Fäulnisherd bildet, der oft verderblicher wirkt, als die Schädigung des Pilzlagers durch das Herausdrehen der Pilze.

Wer ferner Pilze in Menge im Walde hervorzaubern will, braucht nichts anderes zu tun, als den Waldboden zu jauchen und zu düngen, besonders mit tierischen Abfällen; er wird über den großen Reichtum an Pilzen seine Freude haben können. Jeder Liebhaber von Champignons kann sich diese in ähnlicher Weise erzeugen. Zu diesem Zwecke sammle er von einigen ausgewachsenen Champignons, wie oben beschrieben, auf einer Glastafel die Sporen derselben, schabe diese mit einem Messer zusammen, bringe sie hierauf in ein Fläschchen mit Wasser und schüttle dasselbe tüchtig durch. Dann verteile er den Inhalt auf einige Gießkannen mit Wasser, rühre diese ebenfalls um und gieße damit - bei Regenwetter - einen mit Pferdejauche oder kurzem Pferdedünger ordentlich gedüngten Grasplatz. Hierbei sei besonders bemerkt, daß die Champignons meist nur auf trockenem Grasboden und in trockenen Jahren in reichlicher Menge wachsen.

Wie werden die Pilze als Speise zubereitet?

Die Vorbereitung der eßbaren Pilze zum Genuß ist eine sehr einfache. Man hat nur nötig, die Pilze nach dem Reinigen und Putzen in kleine, längliche Stücke zu schneiden, sie dann mit Wasser sauber zu waschen, in Schüsseln ausgebreitet und mit etwas Salz zu bestreuen und hierauf bis zur eigentlichen Zubereitung kühl und luftig zu stellen. Bei der Vorbereitung ist noch zu beachten, daß man zähe und harte Stiele nie mitnimmt und die Oberhaut abzieht, wenn sie abziehbar ist.

Bezüglich des sogenannten Futters sei erwähnt, daß man dasselbe, soweit es noch jung und madenfrei ist, stets mitverwertet. Bei vielen Blätterpilzen würde fast nichts übrigbleiben, wollte man das ganze Futter mitbeseitigen. Zu alte oder irgendwie angefaulte Pilze wirft man fort.

Nun darf man nicht denken, daß durch recht langes Kochen die Pilze verdaulicher werden. Im Gegenteil, sie werden dadurch nur unverdaulicher, weil dann das Eiweiß noch mehr verhärtet. Dasjenige Eiweiß, welches hauptsächlich unverdaulich ist, ist an die Zellulose, die Pilzwandungen, gebunden und schwer löslich. Ein Mittel, welches die chemische Zersetzung der Zellulose einleitet und der Gesundheit nicht im geringsten schädlich ist, besitzen wir im sogenannten Berliner Salze oder doppeltkohlensauren Natron. Durch Beimischen dieses Salzes – auf einen Liter geschnittener Pilze vielleicht eine Messerspitze voll – erzeugt man vorzügliche Verdaulichkeit der Pilze. Jeder Hausfrau wird wohl bekannt sein, wie wichtig das doppeltkohlensaure Natron in der Küche ist und welche vorzüglichen Dienste es beim Kochen zähen Fleisches, der sauren Flecke und des Gemüses verrichtet. Man koche demnach die Pilze unter Zusatz von etwas Berliner Salz nur kurze Zeit.

Ferner erwähne ich, daß man zu den gewaschenen und abgetropften Pilzen niemals Wasser gießen darf, man läßt vielmehr die Pilze in ihrem eigenen Wasser kochen, von dem sie mitunter bis 90 Prozent enthalten. Außer dem Natron wird, wenn es nicht vorher schon geschah, noch etwas Kochsalz beigegeben.

Bei den Morcheln und Lorcheln muß das Reinigen und Waschen sehr sorgfältig und mehrmals erfolgen, denn dieselben enthalten häufig sehr viel Sand. Vor dem Ansetzen sind die Stockmorcheln abzubrühen, da sie ein besonderes Gift enthalten sollen, welches durch das Abbrühen entfernt wird. Ich selbst habe noch nie Unwohlsein nach dem Genuß von frischen und gesunden Morcheln empfunden.

Es mögen hier noch einige erprobte Rezepte folgen. (Hierzu lese man den Abschnitt: *Wie hütet man sich vor Pilzvergiftungen?*) Grundsätzlich sollten nur solche Pilze verwendet werden, die im Buch ausdrücklich als „eßbar" bezeichnet sind, wobei sich dies prinzipiell nicht auf den rohen Pilz bezieht. Die als „ungenießbar" gekennzeichneten Pilze sind zwar nicht giftig, sollten jedoch wegen ihres schlechten (z. B. bitteren) Geschmacks oder wegen ihrer Zähigkeit nicht verwendet werden. Vor den als „giftig" bezeichneten Pilzen muß man sich unbedingt hüten!

1. Suppe von frischen Pilzen

Die zubereiteten Pilze werden fein gewiegt, mit kochendem Wasser nebst Salz und etwas Butter angesetzt und 1/2 Stunde gekocht. Unterdessen wird ein wenig Mehl gebräunt, hineingequirlt und die Suppe mit Petersilie sowie etwas Pfeffer abgeschmeckt. Außerdem kann Ei hinzukommen. Ist Fleischbrühe vorhanden, so kann auch diese mit Verwendung finden.

2. Suppe von getrockneten Pilzen

Für 5 Personen nehme man eine große Tasse voll getrockneter Pilze, wasche dieselben mit warmen Wasser ab und wiege sie dann fein. Hierauf werden sie in wenig Wasser mit Butter und Salz ziemlich eine Stunde lang gedünstet. Nun werden sie mit dem nötigen Suppenwasser aufgekocht, mit Braunmehl, Petersilie und Pfeffer und, je nach Belieben, mit Ei abgezogen. In Butter geröstete Semmel wird hinzugegeben.

3. Gemüse von Pilzen

Die zubereiteten, fein geschnittenen Pilze werden mit etwas Natron (siehe Seite 3) und Salz angesetzt, und ziemlich 3/4 Stunde gekocht. Dann wird das Pilzwasser abgegossen, jedoch nicht weggeschüttet, sondern zur Suppe verwandt oder zum Extrakt genommen (siehe Bereitung des Extraktes). Hierauf werden sie mit Butter oder Fett gedünstet und mit viel Petersilie und etwas feinem Pfeffer vermengt.

4. Pilzpfanne

Die zugerichteten Pilze werden zuerst weich gekocht und, wenn noch Brühe (Pilzextrakt!) vorhanden, wird diese abgegossen; die Pilze werden dann fein gewiegt und mit Butter, einigen Eiern, sowie in Milch aufgeweichter Semmel zusammengerührt und zuletzt in einer mit Butter ausgestrichenen Pfanne gebacken.

5. Pilzgebackenes (nach Klöber, Pilzküche)

Der Boden einer Pfanne wird erst mit Butter, dann mit einer Lage geriebenen Schwarzbrotes bedeckt, darauf kommt eine Schicht Pilze, welche mit Salz, Pfeffer und anderem Gewürz bestreut wird. Diese Schichtung wiederholt man so lange, bis die Pfanne voll ist, belegt die oberste Schicht mit Butter und bäckt das Ganze.

6. Salat von Pilzen

Die zugerichteten und in Salzwasser gebrühten Pilze werden in kleine Stückchen oder Scheibchen geschnitten und mit Essig, Öl, Pfeffer und Salz angerichtet.

7. Koteletten von frischen Pilzen

Man nimmt auf 2 Liter geschnittene Pilze, die fein gewiegt werden, 1/2 Pfund gehacktes Schweinefleisch, fein gewiegte Zwiebel, Salz, etwas Pfeffer und soviel trockene, geriebene oder gestoßene Semmel als nötig ist, um daraus Koteletten formen zu können.

8. Koteletten von getrockneten Pilzen

Man nimmt getrocknete Pilze, brüht sie schnell ab, um Staub und Unreinigkeiten zu entfernen, dünstet sie und hackt sie dann klar. Hierauf mischt man sie mit Butter, Zwiebel, etwas aufgeweichter und ausgedrückter Semmel, Zitronensaft und 2-3 Teelöffel Pilzextrakt, fügt Ei und soviel trockene oder geriebene Semmel hinzu, um daraus Koteletten formen und braten zu können.

9. Pilzklößchen zu Reis, Gräupchen usw.

Pilze (frisch oder getrocknet) werden gewiegt, in Butter mit Salz und Zitronensaft gedünstet. Nach dem Verkühlen wird Ei und Semmel (halb gerieben, halb geweicht) hinzugefügt, die Masse zu walnußgroßen Klößchen geformt und in siedendem Wasser gekocht.

10. Extrakt von Pilzen

Die Bereitung dieses Extraktes kann nicht genug empfohlen werden, da er sehr einfach herzustellen ist, sich jahrelang hält und zu Suppen, Saucen, Brühen etc. eine wohlschmeckende, kräftige Würze abgibt. Die einfachsten Wasssersuppen erhalten dadurch einen vorzüglichen Pilzgeschmack. – Die zerkleinerten Pilze werden gekocht. Der ausfließende Saft wird von Zeit zu Zeit abgegossen. Fließt nur noch wenig Saft heraus, so kocht man die Masse mit etwas Wasser noch einmal scharf durch und gießt die entstandene Brühe zu der anderen. Dieselbe wird dann unter Zusatz von etwas Salz so lange eingekocht, bis der Saft so dick wie Sirup wird. Hierauf gießt man den Extrakt in weithalsige Glasfläschchen, verkorkt dieselben und verschließt sie außerdem noch mit Pergamentpapier. Zum Würzen der Suppe rechnet man 1 Teelöffel für 5 Personen. Der Extrakt wird vor dem Beimischen in kochendes Wasser gequirlt und durchgeseiht.

11. Einmachen der Pilze in Essig

Die zubereiteten Pilze (siehe auch unter Seite 3) läßt man 1/2 Stunde kochen und gießt den Saft ab (Pilzextrakt!). Hierauf nimmt man, auf 6 Liter frischer Pilze berechnet, 3/4 Liter besten unverdünnten Weinessig (nicht Sprit), gibt Pfefferkörner, Piment (auch Nelkenpfeffer, Neugewürz genannt), Lorbeerblätter, auch Schalotten oder Perlzwiebeln hinzu und kocht wiederum 1/4 Stunde. Nun läßt man sie etwas abkühlen und füllt sie in weithalsige Glasbüchsen. Zur Auffüllung nimmt man nochmals Weinessig mit etwas Wasser vermischt (2/3 Essig, 1/3 Wasser), kocht denselben auf und übergießt die Pilze so weit, daß der Essig darüber steht. Die nach diesen Rezepte von mir eingemachten Pilze haben auf 3 Obstausstellungen die ersten Preise erhalten.

12. Einmachen der Pilze in Blechdosen

Die 1/2 Stunde ohne Salz gekochten Pilze werden in Blechdosen gefüllt, die Deckel verlötet, und dann nochmals eine Stunde im Kessel gekocht. Die Pilze behalten auf diese Weise ihren reinen Geschmack. Hierzu sei aber bemerkt, daß der Inhalt der einmal geöffneten Dose sofort verbraucht werden muß.

13. Einmachen der Pilze nach dem Sterilisierungsverfahren von Dr. Rempel

Die Pilze werden ohne jede Zutat, nachdem sie kurze Zeit aufgekocht wurden, in die Konservengläser (also nicht Blechdosen) gefüllt und reichlich 3/4 Stunde lang nochmals gekocht; hierdurch werden alle Gärungsfermente zerstört. Dieses Verfahren ist sehr zu empfehlen, denn die Pilze können jahrelang aufbewahrt werden, behalten ihren natürlichen Geschmack so vorzüglich, daß sie kaum von frisch gesammelten und sofort zubereiteten Pilzen zu unterscheiden sind. Außerdem fällt hierbei das umständliche Verlöten der Blechdosen weg.

14. Trocknen der Pilze

Das Trocknen der Pilze ist sehr einfach. Die abgeputzten und in Scheiben oder Stücke geschnittenen Pilze werden, ohne sie vorher zu waschen, entweder in der Sonne oder auf dem Ofen getrocknet.

15. Richtige Verwendung der einzelnen Sorten

Nicht jeder Pilz eignet sich etwa zur Suppe oder zum Einmachen in Essig usw., die einzelnen Sorten erfordern vielmehr auch eine verschiedenartige Verwendung. In den nachfolgenden Zeilen lasse ich daher eine Zusammenstellung über die zweckmäßigste Verwertung der am häufigsten vorkommenden eßbaren Pilze folgen.

a) Suppenpilze:

Band 1: Morcheln, getrocknete Totentrompete, Stockschwämmchen, Reifpilz, (Runzel-Schüppling), Kiefernblut-Reizker (echter Reizker), Pfifferling, Champignons, Nelken-Schwindling, Steinpilz, Filziger Röhrling (Ziegenlippe), Ziegenbärte, Maronen-Röhrling.

Band 2: Speise-Morchel, Spitz-Morchel, Halbfreie Morchel, Schweinsohr, stark riechender Pfifferling, Rauchgraue Keule, sämtliche Korallenpilze, Hasen-Röhrling, Bronze-Röhrling, Körnchen-Röhrling, Wald-Champignon, Nebelgrauer Trichterling, Echter Ritterling, Schwarzfasriger Ritterling, Kaiserling, Hasenohr, die Trüffeln.

Band 3: Helm-Kreisling, Riesenlorchel, Böhmische Verpel, Grauer Korallenpilz, Schopf-Tintling, Waldfreund-Rübling, Wohlschmeckender Schirmling, sämtliche Ritterlinge.

b) Pilze zur Bratenbrühe:

Band 2: Knoblauch-Schwindling (zum Hammelbraten) und die Streulinge.

c) Gemüsepilze:

Band 1: Alle eßbaren Pilze.

Band 2: Alle eßbaren Pilze mit Ausnahme der Pilze unter b) sowie des Blassen Duft-Milchlinges (siehe Beschreibung).

Band 3: Weißliche Trüffel, Riesen-Porling.

d) Gewürzpilze:

Band 3: Sämtliche eßbaren Pilze mit Ausnahme des Riesen-Porlings, des Waldfreund-Rüblings und des Schopf-Tintlings.

e) Pilze zum Einmachen in Essig:

Band 1: Steinpilz, Perlpilz, Pfifferling, Semmel-Porling (Semmelpilz), Schaf-Porling (Schafeuter), Semmel-Stoppelpilz, Habichtspilz, die eßbaren Täublinge, Kiefernblut-Reizker (echter Reizker).

Band 2: Klebriger Hörnling, Hasen-Röhrling, Bronze-Röhrling, Körnchen-Röhrling, sämtliche eßbaren Täublinge, die Ritterlinge.

Band 3: Rötlicher Gallerttrichter, Wiesel-Täubling, Roter Heringstäubling, sämtliche Ritterlinge.

f) Pilze zum Sterilisieren:

Band 1: Alle eßbaren Pilze.

Band 2: Fast sämtliche, eßbaren Pilze mit Ausnahme derjenigen unter b).

Band 3: Sämtliche eßbaren Pilze, ausgenommen der Waldfreund-Rübling und der Riesen-Porling.

e) Pilze zum Trocknen:

Band 1: Morcheln, Totentrompete, Schafporling (Schafeuter), Parasolpilz (Riesenschirmling), Mehlpilz, Champignons, Stockschwämmchen, Pfifferling, Nelken-Schwindling, Steinpilz, Maronen-Röhrling, Birken-Röhrling (Kapuzinerpilz), Krause Glucke, Kastanienbrauner Becherling.

Band 2: Sämtliche eßbaren Morcheln und Lorcheln, Hasenohr, Schweinsohr, Stark riechender Pfifferling, Rauchgraue Keule, sämtliche Korallenpilze, Ziegenfuß, Eichhase, Hasen-Röhrling, Bronze-Röhrling, Knoblauch-Schwindling, Wald-Champignon, Nebelgrauer Trichterling, sämtliche eßbaren Ritterlinge, Ackerschirmpilz, Birnen- und Hasen-Stäubling, die Streulinge, die Trüffeln.

Band 3: Dottergelber Spateling, Helm-Kreisling, Riesenlorchel, Böhmische Verpel, Morchel-Becherling, Schnecken-Öhrling, Herkuleskeule, Wurmförmige Keule, die Korallenpilze.

Wie hütet man sich vor Pilzvergiftungen?

Nichts steht der allgemeinen Verwertung der Pilze im Haushalte so hindernd entgegen als die Furcht vor einer Vergiftung durch dieselben. Jeder Vergiftungsfall, der ja meistens die Runde durch die Tagesblätter macht, schreckt immer von neuem ab, sich mit den Pilzen abzugeben und sie als Kost auf die Tafel zu bringen. Dazu kommen noch die zur Pilzzeit in Zeitungen und Zeitschriften zu lesenden Verhütungsmaßregeln, welche recht wissenschaftlich klingen, die zu merken aber niemandem einfällt und auch keinen Pfifferling wert sind. Wenn das Publikum solche offenbar von Unkundigen geschriebenen Regeln liest, wonach fast alle Pilze giftig sind, verzichtet es lieber auf den Genuß der Pilze.

Um nur einiges von den vielen gutgemeinten, aber total falschen Regeln zu widerlegen, diene folgendes zum Beweis: Da heißt es: „Alle eigentlichen Blätterpilze sind zu meiden – ausgenommen der Champignon, Pfifferling und Kaiserling". Wäre das richtig, so müßte man das Stockschwämmchen, den Hallimasch, den Mehlpilz, Nelken-Schwindling, Knoblauch-Schwindling, sämtliche eßbaren Täublinge, den Parasolpilz, die eßbaren Ritterlinge und noch viele andere ausschließen. Weiter: „Alle Pilze mit Farbenveränderung beim Druck oder Zerschneiden taugen nichts!" Dann fort mit dem Maronen-Röhrling, dem Sand-Röhrling, dem Kornblumen-Röhrling und dem echten Reizker usw. Ferner: „Alle Pilze mit Milchsaft sind verdächtig!" Auch der Brätling, der echte Reizker und die eßbaren Milchlinge? Endlich soll Geruch, Geschmack, Farbe des Hutes, glänzende oder klebrige Oberfläche usw. die Verdächtigkeit und Giftigkeit beweisen. Ein Pilzkenner hat für solche Regeln nur ein – Lächeln.

Ebensowenig können sogenannte Erkennungsmittel, die beim Kochen angewendet werden sollen, wie Hineinhalten eines silbernen Löffels, der beim Braunwerden die Giftigkeit anzeigen soll, Mitkochen von Zwiebeln usw. irgend etwas beweisen. Alles hier Empfohlene gehört zum Wahnglauben.

Um zu wissen, ob ein Pilz giftig ist oder nicht, gibt es nur eine Regel: Lerne die Pilze so kennen, wie du die giftigen Früchte anderer Gewächse von den nicht giftigen zu unterscheiden weißt.

Wichtig dabei ist: Iß nur Pilze, die du genau kennst! Schätze Deine Pilzkenntnisse realistisch ein! Und: Vorsicht vor den giftigen Doppelgängern, vor allem der tödlich giftigen Arten Grüner, Weißer, Spitzhütiger Knollenblätterpilz, Pantherpilz, Ziegelroter Rißpilz und dem roh stark giftigen Kahlen Krempling!

Ungenießbare, wenn auch nicht giftige Doppelgänger von Speisepilzen, sollte man ebenfalls genau kennen, denn schon ein einziges Exemplar der stark bitteren oder scharfen Arten kann ein ganzes Pilzgericht verderben.

Wenn die Giftigkeit von verschiedenen Pilzen wissenschaftlich durch Experimente an Tieren, wie Hunden und Katzen, festgestellt werden soll, so ist das mehr als gewagt, ja wohl verkehrt, denn diese Tiere sind keine Pflanzenfresser. Man zwinge doch einmal diese Tiere, Sauerkraut zu fressen! Erbrechen und Durchfall werden die unausbleiblichen Folgen sein. Demgemäß müßte das Sauerkraut, nach obiger Theorie, auch giftig sein. Manche Sammler glauben, daß ein von Tieren angefressener Pilz nicht giftig sein könne. Weit gefehlt! Die für Menschen giftigen Stoffe sind z. B. für Weidevieh, Wild und Nagetier unschädlich und um so harmloser für Schnecken und Insekten. Selbst der Grüne Knollenblätterpilz, der gefährlichste Giftpilz, ist oft von Schnecken oder Maden angefressen.

Die weitaus meisten Pilzvergiftungen kommen, wie ich nach den mir bekannt gewordenen Tatsachen feststellen kann, durch falsche Auswahl und Zubereitung vor, und zwar, indem erstens zu alte oder wässerige Pilze genommen, oder zweitens diese zu lange aufbewahrt wurden, ehe sie zur Verwendung kommen. Alle anerkannt guten und eßbaren Pilze können Erkrankungen und Vergiftungen herbeiführen, sobald sie verspeist werden, denn mit dem Alter tritt ein Verwesungszustand ein, der dem menschlichen Auge zwar nicht sichtbar ist, sich aber durch schwere Krankheitserscheinungen recht unangenehm bemerkbar macht. Bei dem hohem Eiweißgehalte und ihrem überaus schwammigen und wässerigen Charakter werden die Pilze beim Älterwerden von mikroskopisch kleinen, sich während weniger Stunden ins Riesenhafte vermehrenden Spaltpilzen durchsetzt und erzeugen dann die lebensgefährlichsten Magen- und Darmentzündungen. Man beachte demnach stets die Regel: „Nimm nur gesunde und junge Pilze!“ Ganz besonders aber ist zu warnen vor dem zu langen und falschen Aufbewahren der Pilze. Hierdurch entwickeln sich dieselben Zustände. So wie man die Pilze eingesammelt hat, putze und reinige man dieselben. Ein Stehenlassen der Pilze bei Wärme oder in warmen Räumen bis zum nächsten Tage ist schon höchst gefährlich, ganz abgesehen davon, daß dieselben von den Pilzmaden während einer Nacht ganz gehörig zerfressen werden, man hebe sie deshalb kühl auf. Mancher Pilzfreund hat seine schönen, gesunden und madenfreien Pilze am anderen Tage größtenteils von Würmern zerfressen vorgefunden. Zwei Beispiele von Pilzvergiftungen aus hiesiger Stadt mögen meine Ausführungen beweisen.

Eine Familie war, noch dazu an einem regnerischen Tage, Pilze sammeln gegangen und hatte eine gehörige Menge eingetragen. Spät abends müde und abgespannt nach Hause kommend, ließ man die Tagesausbeute während der Nacht in den Pilzsäcken und Körben im Zimmer stehen. Am andern Morgen erst wurden die Pilze geputzt. Es waren nur gute Arten, aber leider auch alte Exemplare eingesammelt worden. Trotz der Warnung, die älteren Pilze vom Genusse auszuschließen, erschienen sie der Familie noch genießbar und gerade diese Pilze wurden zubereitet, während man die jüngeren für den nächsten Tag aufbewahrte. Die Folgen waren traurig. Bereits wenige Stunden nach dem Essen trat bei einzelnen Gliedern der Familie Unwohlsein ein, und abends waren alle 6 Mitglieder schwer krank. Fürchterliches Erbrechen und Durchfall unter gräßlichen Schmerzen, bei teilweiser völliger Gleichgültigkeit gegen das Leben trat bei allen ein. Ärztlicherseits konnte nur Selterswasser angeraten werden, da ja bei dem Erbrechen jedes medizinische Mittel versagte. Erst nach einigen Tagen trat gänzliche Genesung ein. Ein weiterer Fall betraf die Familie eines Hausmannes. Derselbe war an einem Sonnabend mit mir Pilze sammeln gegangen. Jeden der gesammelten Pilze sah ich an und fand sie alle eßbar. Ich selbst hatte genau dieselben Sorten. Während nun meine Pilze sofort nach der Heimkehr geputzt und am nächsten Tage verspeist wurden, ließ mein Begleiter seine Pilze im Korbe in der warmen Stube bis Sonntagabends stehen. Die Hälfte derselben war bereits verschimmelt und unbrauchbar geworden, aber der Rest wurde doch noch zubereitet und abends verzehrt. Die Folgen traten hier ebenfalls in ähnlicher Weise, nur etwas schwächer, ein, da die genossene Menge eine geringere gewesen war.

Was ist bei Pilzvergiftungen zu tun?

Die Kennzeichen von Pilzvergiftungen treten je nach Art der genossenen Pilze nach wenigen Minuten bis vielen Stunden mit den für die Giftstoffe charakteristischen Symptomen auf. Bei den ersten Erscheinungen einer Vergiftung, als da sind: Kratzen und Brennen im Halse, Drücken, Schmerzen des Magens mit Erbrechen oder Brechreiz, Auftreiben des Leibes, Taumeln, Schwindelanfälle, Durchfall, Magen- und Leibkrämpfe usw., suche man so schnell als möglich den Magen zu entleeren, nötigenfalls durch künstlichen Brechreiz, wie Finger in den Hals stecken, Kitzeln des Schlundes mit einer Feder, oder indem man ein warmes, gesalzenes Wasser (1 Eßlöffel Salz auf ein Glas Wasser), keinesfalls jedoch Alkohol oder Milch trinkt. Bei Verdacht auf eine Pilzvergiftung ist auf jeden Fall ein Arzt zu Rate zu ziehen. Der Kranke sollte, sobald Erbrechen und Durchfall dies zulassen, möglichst ruhig liegen. Er muß warm zugedeckt sein, nötigenfalls kann mit einer Wärmflasche oder warmen Kompressen, die auf den Leib gelegt werden, nachgeholfen werden. Bei Erregungszuständen helfen kalte Umschläge auf dem Kopf. Vergiftungserscheinungen, die 8-40 Stunden nach dem Genuß der Pilzmahlzeit auftreten, deuten auf eine lebensgefährliche Vergiftung, und es ist erforderlich, daß der Erkrankte sofort in ein Krankenhaus gebracht wird.

Eine große Hilfe für den Arzt ist die Bestimmung der Pilzart, die die Vergiftung hervorgerufen hat. Deshalb sollten Pilzabfälle, Speisereste und Erbrochenes sichergestellt werden. Anhand dieser kann gegebenenfalls die Pilzart ermittelt werden.

Wie kann man Pilze züchten?

In der Pilzzucht sind die Franzosen, Belgier und Österreicher uns Deutschen weit voraus, denn sie wissen den Wert einzelner ganz besonders vorzüglicher Pilze besser zu schätzen und dieselben gewinnbringend zu verwerten. Vor allem sind es die großartigen Champignonzüchtereien um Paris, die uns ein Bild von der hohen Bedeutung des Wertes des Champignons geben können. So kann man aus den statistischen Tabellen ersehen, daß sich die tägliche Ernte von Paris, wo diese Pilze hauptsächlich gezüchtet werden, auf 27 000 Kilo beläuft. Berechnet man das Kilo nur zu 80 Pfennige, so ergibt das im Jahre einen Betrag von 7 884 000 Mark. Das ist aber nur eine Gegend Frankreichs. Man kann daher den Wert der Gesamtzüchtung in Frankreich allein auf über 30 000 000 Mark schätzen.

Bei jeder Pilzzüchterei gilt als erste Forderung, diejenigen Bedingungen zu schaffen, unter denen die Pilze im Freien gedeihen. Von jeher ist nun der Champignon als derjenige Pilz bezeichnet worden, dessen Züchtung man zuerst vornahm. Sehr bald erkannte man, daß auf Esel- oder Pferdedünger der Champignon am besten gedeiht, denn auf den mit Pferdedünger gedüngten Wiesen erschien der Champignon wie von selbst. Liebhaber dieses Pilzes, welche die künstliche Zucht versuchten, ersannen und erprobten verschiedene Methoden, um diese Zucht so gewinnbringend wie möglich zu gestalten. Allein alle Methoden dieser Pilzzüchter lassen sich auf eine einfache und keine allzu große Kunst erfordernde zurückführen. Da ich selbst jahrelang mit Glück Champignons gezüchtet habe, so will ich in Kürze die von mir erprobte Art und Weise der Züchtung mitteilen.

Zunächst gehört zur Anlegung einer Züchtung ein besonderer Raum, ein dunkler Keller, Schuppen oder sonst ein dunkler Ort, um darin den dazu nötigen Pferdedünger unterzubringen. Der Pferdedünger selbst muß aber eine besondere Zubereitung erfahren, die darin besteht, daß man denselben zunächst in größere Haufen ungefähr 1 Meter hoch setzt, schichtenweise feststampft und so ziemlich 8 Tage der Erwärmung überläßt. Hierauf werden die Haufen nochmals umgesetzt und wieder stehengelassen, bis eine gleichmäßige, feuchte Masse hergestellt ist, die nicht zu speckig, aber auch nicht zu trocken sein darf. Ganz vorzüglich bewährt sich die Untermengung von verrottetem Laube, daß man sich zu diesem Zwecke im Herbste sammeln muß. Hat der Dünger nun nach ungefähr 2-3 Wochen bei 2-3maligen Umsetzen diese gleichmäßige Beschaffenheit, so bringt man ihn an Ort und Stelle. Hier wird er schichten- und beetweise festgestampft bis zu einer Höhe von 40 cm. Die Beete selbst können, je nach den Verhältnissen, 60-100 cm breit werden. Nach 8 Tagen nimmt man das Einbringen der Brut vor. Letztere bezieht man am besten von renommierten Champignonzüchtereien oder Handelsgärtnereien. Meist erhält man sie in Backsteinform. Diese zerteilt man in walnußgroße Brocken, bringt die Stücke in ein 3 cm tiefes Loch, welches man mit der Hand in die Beete wühlt, deckt mit Erde zu und drückt dieselbe fest an. Die Entfernung der Löcher kann 20-35 cm in 20 cm Reihenweite betragen. Hat man viel Brut, so kann man noch enger spicken. So wie man damit fertig ist, wird mit dem Rücken der Schaufel das betreffende Beet festgeschlagen. Hierauf deckt man die Beete noch mit trockenem, strohigen Pferdedünger oder verrottetem Laube einige Zentimeter hoch zu, damit die Oberfläche der Beete nicht austrocknet. Nach 10-12 Tagen untersucht man die Anlage, um sich zu überzeugen, wie weit die Brut sich entwickelt hat, indem man an vorher bezeichneten Stellen die Bedeckung lüftet und nachsieht, ob der Dünger mit weißen, schimmelartigen Fäden durchzogen ist. Wenn dies der Fall ist, wird die Decke beseitigt und gute feuchte Komposterde 2-3 cm aufgebracht und fest angedrückt. Nach weiteren 14 Tagen werden sich weiße, wie Schimmel aussehende Flecken im Beete zeigen, das ist das erste Zeichen guten Erfolges. Ist die Erde sehr trocken, so besprengt man sie leicht mit lauem Wasser, dem man etwas Salpeter zugesetzt hat. Die sich nun bald zeigenden Champignons dreht man sorgfältig aus der sprossenden Nachkommenschaft heraus. Sobald die Erde zu trocken wird, erneut man die Besprengung der Beete mit lauem, salpeterhaltigem Wasser.

In ähnlicher Weise wird in England in großen Mengen der Perlpilz gezüchtet, da aus demselben ein ausgezeichneter Pilzextrakt (Ketchup) gewonnen wird.

Bei meiner praktischen Pilzzüchterei lernte ich einen, bisher in keinem Pilzbuch als eßbar bezeichneten Pilz, den Violetten Bläuling (Llaccaria amethysta, Huds.), als vorzüglichen Speisepilz kennen. Auf dem Komposthaufen, von dem ich die Erde zur Bedeckung der Champignonbeete entnahm, standen einige Pilze dieser Art, und fast gleichzeitig mit dem Champignons erschienen anfangs zu meinem Ärger in großer Menge diese Bläulinge und zwar in prächtigen Exemplaren. Da der Geruch und Geschmack des rohen Pilzes angenehm waren, so versuchte ich denselben erst in kleinen Portionen und fand ihn sehr wohlschmeckend. In den nächsten Tagen wurde derselbe bereits als leckere Speise von meiner ganzen Familie genossen. Handkörbevoll wurde er nun aus dem Keller geholt, woselbst sich meine Champignonzucht befand.

Ganz vorzüglich läßt sich der Stockschwamm (Kuehneromyces mutabilis Schaeff.) kultivieren. Zu diesem Zwecke sammelt man in bekannter Weise die Sporen und bringt dieselben in kleinere Medizingläser, in denen sie, nachdem sie mit Wasser gefüllt wurden, umgeschüttelt werden. Das Wasser wird jedoch erst dann zu den Sporen gegossen, wenn man die Absicht hat, eine Aussaat vorzunehmen. Hat man nämlich alte, womöglich hartem Holze angehörige Stöcke gefunden, so hat man nur nötig, in die mürbe Rinde oder die morschen Wurzeln dieser Stöcke mit einem Messer Einschnitte zu machen und in solche einen oder mehrere Tropfen der Sporenflüssigkeit einzuträufeln, um an diesen Stöcken im nächsten Jahre reichliche Ernten von diesem prächtigen Suppenpilze halten zu können. Eines ist aber dabei wohl zu beachten, daß man diese Aussaat nur bei feuchtem oder regnerischem Wetter vollzieht, da sonst ein Vertrocknen des sich entwickelnden Pilzmyzels eintritt. Meister der Zucht aller eßbaren, an Stöcken wachsenden Pilze sollen die Japaner und Chinesen sein.

Hochinteressant und lohnend ist die Morchel- und Lorchelzucht im Garten. Zu diesem Zwecke bestimme man ein etwas schattiges Beet, das humusreich und sandig sein muß. Zum Düngen nimmt man entweder recht fette Komposterde oder Kuh- und Pferdedünger in verrottetem Zustande, mische Latrinenjauche darunter und bringt das eine oder andere recht seicht unter. Außerdem ist es immer nötig, obenauf etwas Komposterde zu bringen. Sobald es regnet, bestreut man das Beet mit reiner Holzasche, um den Morcheln und Lorcheln die nötigen Kalisalze zukommen zu lassen. Sobald die Asche nach einigen Tagen vom Regen tüchtig ausgelaugt worden ist, nimmt man eine Portion Morcheln oder Lorcheln, wäscht sie zunächst mit heißem Wasser 2-3mal tüchtig aus, also genau so, wie man bei der Zubereitung der Speise verfährt, und besprengt nun mit diesem Wasser das betreffende Beet. Dieses Besprengen nimmt man ebenfalls am besten bei feuchter, regnerischer Witterung vor. Das Beet bleibt nun bis zum nächsten Frühjahr, vollständig von weiterer Bepflanzung ausgeschlossen, unberührt liegen. Damit das Unkraut nicht zu mächtig wird, bedeckt man das Beet mit alter klarer Lohe oder losen Fichtennadeln. Im nächsten Frühjahre werden sich nach warmem Regen die Morcheln zeigen. Bei sehr trockener Witterung hingegen müssen die Beete mit lauem Wasser tüchtig besprengt werden.

Im Jahre 1883 erschien in Sarlat in Frankreich ein kleines Schriftchen unter dem Titel: Trufficulture. Guide practique du trufficulteur par Charles Laval, propriétaire à Eybène (Dordogne), welches in eingehender Weise die Trüffelkultur behandelt. Der betreffende Verfasser, welcher Mitglied der Ackerbaugesellschaft ist, gibt in diesem Werkchen auf Grund seiner vielfältigen Erfahrungen das Verfahren an, wie man die Trüffeln künstlich bauen kann.

Die Trüffeln lieben nicht nur einen tonigen Kalkboden, ein Gemisch von Kalk- und Ton-, oder Sand- und Kalkboden, sondern sind auch in ihrem Vorkommen an Laubbäume verschiedener Art gebunden, ganz besonders aber an die Eichen und Buchen. Nur in solchen Laubholzbeständen findet man dieselben an den äußersten Wurzelspitzen der erwähnten Bäume. Laval behandelt nun in eingehender und hochinteressanter Weise die zur Kultur notwendigen Bodenverhältnisse, die Anlage der Beete von sogenannten Trüffeleichen, die Pflege der Anlagen bis zum Ertrage, die Erhaltung der Trüffelkulturen, das Einernten der Trüffeln und zum Schlusse die Anlagekosten und den pekuniären Erfolg der Trüffelanlagen. (Wie hochbedeutsam für Frankreich die Trüffel ist, dürfte die Tatsache bezeugen, daß in den letzten Jahren die Einnahme beim Trüffelverkauf nach Chalin ca. 50 Millionen Franks betrug.)

Da vorstehend beschriebene Kultur der Trüffeln jedoch immer mehr oder weniger vom Zufall abhängig ist, so ist es mit größter Freude zu begrüßen, daß es einem deutschen Naturforscher, Herrn Dr. Rudolf Hesse in Marburg, gelungen ist, auf Grund seiner hochinteressanten Versuche und Erfahrungen die Frage über die Kultur der Trüffeln in wissenschaftlicher Weise praktisch zu lösen. Im Jahre 1890 wurden von diesem berühmten Pilzforscher im Auftrage des Königl. Preußischen Ministeriums für Landwirtschaft, Domänen und Forsten die ersten Trüffelkulturen angelegt. In der Nähe von Wilhelmshöhe bei Kassel sind nun mit Erfolg aus ausgelegtem Trüffelmaterial, und zwar sowohl aus solchem von frischen, aber durchaus gesunden und reifen, kurz vor dem Erweichungsprozeße stehenden Trüffeln, als auch aus solchem, welches getrockneten, gleichfalls gesunden, namentlich gegen Schimmelbildung aller Art geschützten und reifen Trüffelfruchtkörpern entnommen wurde, Trüffeln verschiedener Art in auf Muschelkalk stehenden Buchen- und Eichenwäldern gezüchtet worden. Es gelang ihm, die unter No. 64 abgebildete und beschriebene Sommertrüffel (Tuber aestivum Vitt.), sowie die Holztrüffel (Tuber excavatum Vitt.) und einige andere unterirdische Tuberaceen zur vollen Ausbildung zu bringen.

Hoffentlich gelingt es den vorzüglichen und erfolgreichen Bemühungen hervorragender Männer, die Trüffelkulturen auch in Deutschland zu einer ansehnlichen Einnahmequelle zu gestalten.

Wie werden die Pilze eingeteilt?

Da das vorliegende Pilzwerk in erster Linie nur eine Einführung in die Pilzkunde bezweckt, so kann von der Aufstellung eines wissenschaftlichen

Systems abgesehen werden. Die folgende praktische Übersicht der Pilze wird genügen.

Alle Pilze, zu denen auch die mikroskopisch kleinen gehören, wie der Schimmel-, der Kartoffelpilz usw., können in zwei große Gruppen gesondert werden, nämlich in solche, die ihre Lebensbedingungen auf noch lebenden Pflanzen oder Tieren finden – Parasiten oder Schmarotzer genannt – oder solche, die auf sich zersetzenden und verwesenden Körpern der Pflanzen und Tiere wachsen und deshalb Fäulnisbewohner heißen. Mit letzteren haben wir es ganz besonders in dem vorliegenden Pilzwerke zu tun. Dieselben wachsen entweder unter oder auf der Erde. Jeder dieser Pilze muß als Fruchtkörper angesehen werden, der in besonderen Fruchtlagern die Samen, Sporen genannt, enthält.

Je nach der eigenen Absonderung der Sporen, entweder auf meist keulenförmigen Zellen (Basidien) und gestielt, oder in besonderen Sporenschläuchen (Asci) teilt man diese Pilze in stielsporige (Ständerpilze) und schlauchsporige (Schlauchpilze) ein.

Um nun aber die gesammelten Pilze nach dem vorliegenden Werkchen schnell aufzufinden, möge man folgende erprobte Winke beachten. Bei nur oberflächlichem Betrachten der Pilze wird jeder Laie dieselben in ihm bekannte und benannte Formen bringen. So unterscheidet man nach dem Äußeren zunächst Hutpilze und anders gestaltete. Hutpilze gibt es aber in so großer Artenzahl, daß man dieselben genauer ansehen muß. Schneidet man einen solchen Pilz der Länge nach durch, so wird man beim oberen Teile des Pilzes, Hut genannt, drei Teile bestimmt unterscheiden können, nämlich die Oberhaut, das Fleisch und das sogenannte Futter.

Ganz besonders ist nun bei der Bestimmung das Futter ins Auge zu fassen, dann nach diesem, welches als Fruchtlager die Sporen enthält, unterscheiden wir beispielsweise

1. Die Röhrlinge. No. 1-16. Das Fruchtlager besteht aus innig aneinander gewachsenen Röhren. Bei dem allbekannten Steinpilze kann man dies am besten sehen.

2. Die Porlinge. No. 17 und 18. Das Fruchtlager besteht aus sehr kurzen Röhrchen, so daß sie eigentlich nur Poren oder feine Löcherchen zeigen, z. B. das Schafeuter.

3. Die Stachellinge. No. 19 und 20. Das Fruchtlager zeigt nur stachelähnliche Gebilde, z. B. der Habichtspilz.

4. Die Runzlinge und Faltenpilze. No. 21, 26 und 27. Auf der Unterseite zeigen sich glatte Runzeln oder wachsartige Falten, z. B. der Pfifferling.

5. Die Blätterpilze. No. 29-61. Die Hüte tragen als Sporenlager nur Blätter oder Lamellen. Zu ihnen gehören die meisten Basidienpilze. Der Fliegenpilz kann als Muster dienen.

Auch die andersgestalteten Pilze kann man nach bekannten Formen einordnen. So gibt es

Korallenartige Pilze, auch Ziegenbärte genannt. No. 23-25 sind derartige Gebilde. Das die korallenartigen Äste umgebende Fruchtlager ist glatt.

Becherpilze. No. 65 und 66. Bei diesen befindet sich in der becherartigen Vertiefung das Fruchtlager.

Morchelartige Pilze. No. 62 und 63. Das Fruchtlager umgibt in der äußeren Hülle den Hof.

Kugelpilze. a) Oberirdisch wachsende: Die Boviste No. 28, 67 und 68. b) Unterirdisch wachsende: Die Hirschbrunst, No. 22, und die Trüffel, No. 64.

Was ist beim Sammeln der Pilze zu beachten?

Möge nun das Pilzsammeln einen praktischen oder wissenschaftlichen Zweck verfolgen, so hat man mancherlei zu beachten, soll der Erfolg zur Zufriedenheit ausfallen. Zum Sammeln der Pilze lasse man sich vor allem einen Koffer fertigen aus starker Pappe mit Segelleinwand überzogen, mit Ölfarbe angestrichen und so eingerichtet, daß der Deckel beim Sammeln abzuheben geht und unten über den Boden gesteckt werden kann. An beiden Stirnseiten des Koffers müssen Lederösen befestigt werden, durch die ein um den ganzen Koffer gehender breiter Lederriemen gezogen werden kann, an dem man den Koffer trägt. Durch diesen Riemen wird der abgenommene Deckel gleichzeitig am Boden festgehalten. Mein Pilzkoffer hat eine Länge von 35 cm, ist 23 cm breit und 22 cm hoch, innen sind zwei Abteilungen, eine kleinere, in welche zwei leere Zigarrenkistchen bequem hineingehen und die für die wissenschaftliche Ausbeute bestimmt ist, sowie eine größere, um die für die Küche gesammelten Pilze aufzunehmen. Als Messer erfüllt eine starke sogenannte Gärtnerhippe am vollkommensten den Zweck, da man mit derselben sehr schnell die Pilze aus der Erde ablösen und emporheben kann, auch die festangewachsenen Baumpilze, die Baumporlinge usw., bequem abzuschneiden instande ist. Für wissenschaftliche Zwecke bedarf man zum Einhüllen zarter Pilze noch etwas Seidenpapier und neben den Zigarrenkistchen kleinere Pappkästchen. Mit dem oben beschriebenen Koffer kann man sich nicht nur überall zeigen, sondern es werden die Pilze auch sicher vor dem Zerdrücken und Zerquetschen bewahrt, was beim Sammeln in Pilznetzen und Pilzsäckchen nicht der Fall ist.

Hiermit wäre das „Wie ist zu sammeln“ erledigt, und es bleibt nur noch das „Wo“ übrig. Es ist nämlich durchaus nicht zu empfehlen, aufs Geradewohl in Wald und Flur zu gehen, sondern auch hierbei sind einige praktische

Erfahrungen zu beachten. Zuerst ist die Lage eines Waldes ins Auge zu fassen. Hier sind in nur einigermaßen günstigen, d. h. etwas feuchten Jahren die nach Süden und Westen gelegenen Teile und Abhänge bedeutend ertragreicher als die nach Norden oder Nordosten liegenden. Nur in ganz trockenen Jahren ist es umgekehrt der Fall. Sehr bald wird man ferner auch die Erfahrung machen, daß sehr viele Sorten ihren besonderen Standort behaupten, auf denen sie immer in reicher Anzahl zu finden sind. So haben Wiesen, Waldränder, Waldwiesen, moosig-grasige Stellen, Hochwälder, Stangenwaldungen, Gebüsche, Waldwege, Dickichte usw. ihrem ziemlich bestimmten Bestand an eigenen Sorten und halten ihn oft jahrelang fest. Hat man sich einmal diese Standorte ordentlich gemerkt, so wird man beim Wiederbesuchen derselben selten umsonst gehen, man wird immer seinen Teil finden.

Durch diese sichere Kenntnis der Standorte bin ich stets in der Lage, binnen 5-6 Stunden, also an einem Nachmittage, 80-100 Sorten Pilze in 4-500 Exemplaren für die Pilzausstellungen sammeln zu können. Wie alle Pflanzen bedürfen auch die Pilze unserer Obhut und sollten nicht über Gebühr abgeerntet und schon gar nicht willkürlich zertreten oder gar ausgerissen werden. Selbst zur Bestimmung einzelner Pilze müssen diese Exemplare nicht unbedingt abgedreht oder abgeschnitten werden. Bitte beachte beim Sammeln der Pilze die Liste der geschützten Pilzarten.

Geschützte Pilzarten

laut Bundesartenschutzverordnung vom 19.12.1986

wissenschaftlicher Name	*deutscher Name*	*Schutzstatus*
Albatrellus spec.	alle Schaf- und Semmel-Porlinge	G
Amanita caesarea	Kaiserling	G
Boletus aereus	Weißer Bronze-Röhrling	G
Boletus appendiculatus	Gelber Bronze-Röhrling	G
Boletus edulis	Steinpilz	(G)
Boletus fechtneri	Sommer-Röhrling	G
Boletus regius	Königs-Röhrling	G
Bolutus speciosus	Blauender Königs-Röhrling	G
Cantharellus spec.	alle Leistlinge	(G)
Gomphus clavatus	Schweinsohr	(G)
Gyrodon lividus	Erlengrübling	G
Hygrocybe spe.	alle Saftlinge	G
Hygrophorus marzuolus	Märzschneckling	G
Lactarius volemus	Brätling	(G)
Leccinum spec.	alle Rauhfuß-Röhrlinge	(G)
Morchella spec.	alle Morcheln	(G)
Tricholoma flavovirens	Grünling	G
Tuber spec.	alle echten Trüffeln	G

Verwendete Zeichen:

G geschützt. Diese Arten dürfen generell nicht gesammelt werden.

(G) geschützt, doch Sammeln für private Zwecke in kleinen Mengen gestattet.

Abbildungen und Beschreibung
der Pilze

Band 1

No. **1.**

Steinpilz. Herrenpilz.

Boletus edulis Bull.

Eßbar.

Der **Hut** des jungen, halb in der Erde sitzenden Pilzes ist halbkugelig, später polsterförmig. Bei alten Exemplaren wendet sich der **Rand** etwas nach oben. Die Farbe desselben ist anfangs weißlich, weißlichgelb, später gelbbraun bis dunkelbraun. Je nach dem Standorte ändert sich die Farbe, indem bei sonnigem Stande die dunkle, bei schattigem und feuchtem die hellere Färbung hervortritt. Das **Fleisch** ist weiß und verändert sich nicht, bei alten Exemplaren färbt es sich jedoch unter der Oberhaut etwas rötlich.

Die **Röhren** auf der Unterseite des Hutes sind zuerst stets weiß, später gelblich und werden im Alter grünlich. Sie sind nicht angewachsen und lösen sich leicht vom Fleische.

Der **Stiel** ist im Jugendzustande immer knollig verdickt, streckt sich später walzenförmig und ist durchweg weichfleischig. Die Farbe desselben ist hellbräunlich, häufig fein genetzt, in ausgewachsenem Zustande mit langmaschiger Zeichnung

Der **Geruch** ist angenehm, der **Geschmack** nußartig.

Standort in Laub- und Nadelwäldern, besonders aber in Kieferwaldungen vorzugsweise auf Waldwiesen und an grasigen Waldrändern.

Er **wächst** bei günstiger Witterung bereits von Ende Mai ab, häufiger im Sommer bis zum Herbste.

Wert: Ist wohl der bekannteste und wohlschmeckendste aller Pilze, ebenso fein als Suppen- wie als Gemüsepilz, läßt sich auf jede Art einmachen und sehr gut trocknen.

Sehr oft wird er mit dem Gallen-Röhrling (Abbildung No. 2) verwechselt. Heute werden mehrere Arten unterschieden, die jedoch hier nicht aufgeführt werden können.

No. **1**.

Steinpilz. Herrenpilz.

Boletus edulis Bull.

Eßbar.

No. **2.**

Gallen-Röhrling.

Tylopilus felleus Bull.

Ungenießbar.

Der **Hut** gleicht in der Form in jedem Alter dem des Steinpilzes und täuscht auf den ersten Blick oft den erfahrenen Pilzkenner. Die Farbe des Hutes dagegen wird nie so dunkel wie beim Steinpilz, sondern ist hellbraun und wird später meistens rötlichbraun. Das **Fleisch** ist ebenso wie beim Steinpilz weiß, bekommt aber beim Bruche eine zartrötliche Färbung.

Die **Röhren** des Futters sind, abweichend vom Steinpilze, in erwachsenem Zustande zartrosa gefärbt, auch ist das Futter voller, fast schaumartig und oft nach unten gewölbt.

Der **Stiel** ist ganz besonders charakteristisch. Schon von Jugend an ist derselbe grubig genetzt; das Netz selbst hat eine grünlich-gelbbraune Färbung. Anfangs knollig verdickt, streckt er sich bald walzenförmig.

Der **Geschmack** ist sehr bitter und wird in dieser Beziehung von keinem Pilze übertroffen. Irrtümlich unter gute Pilze gemischt, macht auch nur einer das Gericht durch seine Bitterkeit ungenießbar.

Den **Standort** teilt er mit dem Steinpilze, nur findet er sich weniger auf rasigen Plätzen, sondern mehr in Waldungen.

Er **wächst** im Sommer und ist bis Anfang des Herbstes zu **finden**. In nassen Jahren ist er stets, oft in Menge, zu **finden**, in trockenen Jahren seltener.

No. **2.**

Gallen-Röhrling.

Tylopilus felleus Bull.

Ungenießbar.

No. **3.**

Birken-Röhrling. Birkenpilz. Kapuzinerpilz.

Leccinum scabrum Bull.

Eßbar.

Der **Hut** ist bei feuchtem Wetter und in den frühen Morgenstunden mehr oder weniger schleimig, glatt und in der Farbe veränderlich. Bald ist er hellbräunlich, bald rotbräunlich, ja auch grau oder dunkelbraun bis schwärzlich. Von der dunkleren Färbung dürfte er wohl auch den Namen Kapuzinerpilz tragen. Der **Hut** ist gewölbt, polsterartig und wird bis 12 cm breit. Das **Fleisch** ist weiß und verändert sich nicht.

Die **Röhrenschicht** mit kleinen, feinen Mündungen ist im Anfange weiß, wird später aber grau.

Der **Stiel** ist schlank, verhältnismäßig schwach, flockig-schuppig und oft in der Mitte etwas bauchig. Im Jugendzustande ist das **Fleisch** desselben weich und brüchig, wird im Alter aber faserig und zäh.

Der **Geschmack** ist angenehm, aber etwas weichlich.

Standort in lichten Laubwaldungen und Gebüschen. Wo Birken stehen, ist er fast unfehlbar zu finden.

Er **wächst** im Spätsommer und Herbste.

Wert: Guter Speisepilz, nur etwas weich. Verwertung dieselbe wie beim Steinpilze.

No. **3.**

Birken-Röhrling. Birkenpilz. Kapuzinerpilz.

Leccinum scabrum Bull.

Eßbar.

No. **4.**

Rothaut-Röhrling. Espen-Rotkappe.

Leccinum rufum Schaeff.

Eßbar.

Der **Hut** ist fast stets trocken, etwas feinfilzig und wird nur bei sehr nassem Wetter schmierig. Die rotbraune, oft ins orangefarbige gehende Oberhaut ist immer nach dem Futter zu eingeschlagen, bei jungen Pilzen dicht an den **Stiel** angedrückt. Dieses Merkmal unterscheidet ihn vom rotbraunen Birkenpilze. Das **Fleisch** wird außerdem nach dem Bruche oder Anschneiden violett, dann bläulich-schwarz.

Die **Röhren** sind schmutzigweiß mit grauen Mündungen.

Der **Stiel** ist markig, nach oben schwächer werdend und mit grauen oder schwärzlichen Schüppchen flockig bekleidet.

Geruch und **Geschmack** sind angenehm.

Seinen **Standort** hat er unter Zitterpappeln (Espen).

Er **wächst** vom Sommer bis Spätherbst.

Wert: Wegen seines häufigen Vorkommens und seines Wohlgeschmackes ein sehr bekannter und beachteter Pilz. Während er als Suppen- und Gemüsepilz vorzüglich ist, eignet er sich zum Trocknen und Einmachen weniger, da er stets eine schwärzliche Färbung annimmt.

Heute werden die Rotkappen entsprechend ihrer verschiedenen Wirtsbäume und z. T. unterschiedlicher Verfärbung des Fleisches in mehrere Arten unterteilt, die jedoch hier nicht aufgeführt werden können. Alle sind gute Speisepilze.

No. **4.**

Rothaut-Röhrling. Espen-Rotkappe.

Leccinum rufum Schaeff.

Eßbar.

No. **5.**

Butter-Röhrling. Butterpilz.

Suillus luteus L.

Eßbar.

Der **Hut** ist bei feuchtem Wetter und am Morgen außerordentlich schmierig und schleimig, bei trockenem Wetter glänzend, gelblich, gelbbraun oder dunkelgelbbraun, nie rötlich. Im Jugendzustande ist der **Rand** des Hutes stets mit dem Stiele durch einen weißen Schleier verbunden, der bei der Vollentwicklung als bläulich-schwarzer hängender Ring am Stiele zurückbleibt. Der Oberhaut ist leicht abziehbar. Das **Fleisch** ist gelblich-weiß und unveränderlich.

Die hellgelb aussehenden **Röhren** sind mit dem Stiele verwachsen, aber nicht mit dem Hutfleische.

Der **Stiel** ist zylindrisch und wird bis 10 cm hoch. Er ist weißlich, fleischig voll und trägt ziemlich lange den schließlich verschwindenden Ring. Oberhalb desselben **finden** sich bräunliche, flockige Punkte.

Geruch und **Geschmack** sind obstartig säuerlich.

Er **wächst** im Sommer und im Herbste.

Standort ganz besonders auf grasigen Waldwegen, Waldwiesen und Waldrändern, zwischen Moos und Gras und in jungen bis mannshohen Fichtenanpflanzungen.

Wert: Wird leider hier und da wegen seines schleimigen Hutes nicht so beachtet, wie er es verdient. Da die Oberhaut fast mit einem Male abziehbar ist, ist er leicht zu putzen. Er gehört unstreitig zu unseren besten Speisepilzen, läßt sich aber nicht trocknen.

Er ist aber nur bedingt eßbar, da er bei einigen Personen allergieähnliche Erscheinungen hervorgerufen haben soll.

No. **5.**

Butter-Röhrling. Butterpilz.

Suillus luteus L.

Eßbar.

No. **6.**

Gold-Röhrling. Goldgelber Lärchen-Röhrling.

Suillus flavus Withering.

Eßbar.

Der anfangs kugelige **Hut** ist durch einen häutigfädigen Schleier mit dem Stiele verbunden, wird bis 15 cm breit und ist lebhaft gelb oder rotgelb. Im Jugendzustande ist die Oberhaut stets schleimig, im Alter aber glänzend trocken.

Das **Fleisch** ist weich und gelb.

Die **Röhren** sind zusammengesetzt, schmutzig-gelblich und haben kleine, eckige Mündungen.

Der bis zu 7 cm hohe **Stiel** ist blaßgelb und hat am oberen Teile einen meist klebrigen, schwachwulstigen Ring. Oberhalb des Ringes ist der **Stiel** punktiert.

Der **Geruch** ist rein obstartig, der **Geschmack** gut.

Er **erscheint** ziemlich früh im Sommer und kommt meist truppweise vor.

Seinen **Standort** hat er vorzugsweise auf Waldwegen, an Straßengräben und im Nadelwalde.

Wert: Er gehört ebenfalls zu den wohlschmeckenden Pilzen.

No. **6.**

Gold-Röhrling. Goldgelber Lärchen-Röhrling.

Suillus flavus Withering.

Eßbar.

No. **7.**

Kuh-Röhrling. Kuhpilz.

Suillus bovinus L.

Eßbar.

Der **Hut** besitzt eine blaß-lederbraune oder rötlichgelb-braune Farbe und ist bei feuchtem Wetter etwas schmierig. Der Oberhaut ist glatt, der **Rand** scharf und oft sehr wellig verbogen. Die Hüte sind sehr oft miteinander verwachsen. Das **Fleisch** ist gelblichweiß, beim Bruche etwas rötlich werdend. Die Hüte biegen sich, ohne zu brechen.

Die **Röhren** sind am Rande sehr kurz, werden nach dem Stiele zu etwas länger und haben sehr weite Mündungen; sie sind eckig, langgestreckt und fast strahlig angeordnet.

Der **Stiel** ist gleichmäßig dick, wird bis 6 cm lang, trägt dieselbe Farbe wie der **Hut** und ist glatt.

Geruch und **Geschmack** sind schwach, etwas obstartig.

Er **wächst** im Sommer bis zum Herbste.

Standort: Er gehört zu den am häufigsten vorkommenden Pilzen und wächst in Nadelwäldern unter Kiefern, vorzugsweise auf sandigem Boden.

Wert: Gehört zu den eßbaren, wenn auch nicht gerade wohlschmeckenden Pilzen, ist jedoch äußerst wertvoll zur Bereitung des Pilzextraktes; er kommt in jedem Jahre und fast überall in großen Mengen vor.

No. **7.**

Kuh-Röhrling. Kuhpilz.

Suillus bovinus L.

Eßbar.

No. **8.**

Sand-Röhrling. Sandpilz.

Suillus variegatus Sw.

Eßbar.

Der **Hut**, anfangs halbkugelig gewölbt, hat einen scharf eingerollten **Rand**, ist bräunlichgelb und mit büschelig-haarigen kleinen Flocken besetzt. Im Alter und nach Regenwetter verschwinden diese Flocken. Die Oberfläche ist trocken, bei Regenwetter jedoch etwas schleimig. Das **Fleisch** ist gelblichweiß und läuft beim Zerschneiden mehr oder weniger bläulich an.

Die **Röhren** sind sehr kurz, haben eine enge Mündung und sind schmutzig-gelblich, bräunlich oder auch olivgrün.

Der **Stiel** ist gleichmäßig dick, wird selten über 5 cm lang und ist in der Farbe etwas heller als der Hut.

Der **Geruch** ist eigentümlich scharf, nicht unangenehm, der **Geschmack** mild.

Er **wächst** im Sommer und im Herbste.

Standort: In Nadelwäldern und vorzugsweise in solchen mit sandigem Boden.

Wert: Obwohl nicht zu den besseren Speisepilzen zählend, schmeckt er doch ganz gut. Wegen seines häufigen Vorkommens ist er ganz besonders zur Herstellung von Pilzextrakt geeignet, läßt sich aber nicht gut trocknen.

No. **8.**

Sand-Röhrling. Sandpilz.

Suillus variegatus Sw.

Eßbar.

No. **9.**

Filziger Röhrling. Ziegenlippe.

Xerocomus subtomentosus L.

Eßbar.

Der **Hut** ist stets kurzfilzig und von graugelblicher bis grüngelblicher Färbung, mitunter auch graubraun, hat aber immer einen olivgrünen Schein. Im Alter, besonders bei trockenem Wetter, zerreißt sehr oft die Oberhaut und es bilden sich Felder. Bei Verletzung der Oberhaut werden die Wunden je nach der Witterung kirschrot oder gelb. Das **Fleisch** ist derb und blaßgelb, wird aber beim Bruche mitunter etwas bläulich. Ganz besonders zeichnet er sich aus durch

die **Röhren**, welche bei jungen Exemplaren schönen zitronengelb, bei älteren Exemplaren schmutziggelb sind. Sie haben sehr weite und eckige Mündungen, derart angeordnet, daß kleinere mit größeren, engere mit weiteren vermischt sind.

Der **Stiel** ist meist rötlichbraun angelaufen und verhältnismäßig dünn und schlank.

Der **Geruch** des Pilzes ist säuerlich obstartig, der **Geschmack** sehr schwach.

Er **wächst** im Sommer und im Herbste.

Seinen **Standort** hat er vorzugsweise in Laub- und Nadelwäldern, sowie auf lehmigen Böschungen der Hohlwege im Walde. Er kommt meist einzeln vor.

Wert: Er gehört unstreitig zu den wohlschmeckendsten Pilzen und kann verschiedenartige Verwendung finden, nur taugt er nicht viel zum Trocknen.

No. **9.**

Filziger Röhrling. Ziegenlippe.

Xerocomus subtomentosus L.

Eßbar.

No. **10.**

Rotfuß-Röhrling.

Xerocomus chrysenteron Bull.

Eßbar.

Der **Hut** ist flach gewölbt, braun oder braungelb, anfangs feinfilzig, später glatt und oft rissig gefeldert, zumal bei trockenem Wetter.

Bei Verletzung erscheint das **Fleisch** dicht unter der Oberhaupt purpurrot, während es beim Durchschnitt gelblich aussieht und mitunter bläulich anläuft.

Die **Röhren** sind in der Jugend, wie beim Filzigen Röhrling, schön zitronengelb, werden im Alter aber grünlich-gelb. Die Mündungen sind ziemlich groß und eckig.

Der verhältnismäßig dünne und schlanke **Stiel** ist bei den auf Waldwiesen stehenden Exemplaren prächtig purpurrot, bei im Walde stehenden nur rot angehaucht, meist bräunlich-gelb.

Der **Geruch** des Pilzes ist schwach obstartig, der **Geschmack** mild.

Er **wächst** im Sommer und im Herbst.

Seinen **Standort** hat er auf Waldwiesen, an Waldrändern, in Laub- und Nadelwäldern, meist truppweise.

Wert: Er ist ein Speisepilz, schmeckt angenehm.

No. **10.**

Rotfuß-Röhrling.

Xerocomus chrysenteron Bull.

Eßbar.

No. **11.**

Maronen-Röhrling.

Xerocomus badius Fr.

Eßbar.

Der anfangs halbkugelig gewölbte, später ausgebreitete **Hut** hat eine glatte, bei feuchtem Wetter klebrige, bei trocknem Wetter glänzende kastanienbraune Oberhaut und einen Durchmesser von 6-12 cm.

Das weiße, im Alter etwas gelbliche **Fleisch** wird beim Bruche nach den **Röhren** zu schwach blau, nach der Oberhaut etwas rötlich.

Charakteristische Merkmale: Die kleinmündigen, schmutziggelben bis olivgrünen **Röhren** werden beim Drucke blau und sind am Stiele buchtig angewachsen.

Der **Stiel** selbst ist von fast gleicher Farbe wie der Hut, gleich dick, mitunter gekrümmt.

Der **Geruch** ist frisch obstartig, der **Geschmack** angenehm.

Er **wächst** im Sommer und im Herbste.

Seinen **Standort** hat er in Nadelwäldern, vorzugsweise unter Kiefern auf sandigem Boden.

Wert: Er gehört zu den wohlschmeckenden Pilzen.

No. **11.**

Maronen-Röhrling.

Xerocomus badius Fr.

Eßbar.

No. 12.

Satans-Röhrling. Satanspilz.

Boletus satanas Lenz.

Sehr giftig.

Der Satanspilz ist wohl der schönste unter den Röhrlingen. Sein **Hut** ist anfangs halbkugelig und breitet sich später polsterartig aus. In der Regel weißlich-lederfarbig, geht er oft in bräunlich-grünliche Färbung über. Er wird mitunter bis 20 cm breit. Das **Fleisch** wird beim Schnitt rötlich, violett und dann dunkelblau.

Die **Röhren** zeigen innen eine gelbe Färbung, die Mündungen sind dunkelrot; beim Drucke durch den Finger werden die Röhren dunkelblau.

Der **Stiel** ist nach dem Hute zu prachtvoll chromgelb, nach unten hin dunkelrot gefärbt und mit einem maschenartigen Netze überzogen. Dieses Netz findet sich jedoch nicht immer ganz scharf ausgeprägt, sondern unterbrochen und flockig aussehend.

Er **wächst** erst im Spätsommer und Herbste.

Der **Geruch** ist angenehm, bei älteren Exemplaren jedoch aasartig, der **Geschmack** nußartig süß.

Seinen **Standort** hat er in Laubwäldern unter Buchen; nach meiner Erfahrung wächst der Satanspilz aber nur auf Kalkboden, deshalb ist er nicht überall zu finden, in vielen Gegenden höchst selten.

Wert: Sehr giftig. Häufig wird der Wolfs-Röhrling und der Hexen-Röhrling mit ihm verwechselt.

No. **12.**

Satans-Röhrling. Satanspilz.

Boletus satanas Lenz.

Sehr giftig.

No. 13.

Netzstieliger Hexen-Röhrling. Hexenpilz.

Boletus luridus Schaeff.

Eßbar.

Der **Hut** ist polsterförmig, bei jungen und mittleren Exemplaren nach dem Stiele zu eingezogen und nur bei feuchtem Wetter schmierig. Die Farbe ist mehr oder weniger dunkelgraubraun bis schwarzbraun mit grünlichem Schimmer. Anfangs filzig, wird er im Alter glatt. Das **Fleisch** ist gelb und wird schnell dunkelblau.

Die **Röhren** sind an den Mündungen lebhaft karminrot, später schmutzigrot.

Der **Stiel**, welcher sich dickbauchig und knollenartig entwickelt, ist nach dem Hute zu ebenfalls karminrot, flockig, schuppig und nach unten hin gelblichgrün.

Er **wächst** schon im Frühsommer und bleibt bis zum Herbste.

Geruch und **Geschmack** sind gut.

Sein **Standort** ist in Laubwäldern und unter Gebüsch in Parkanlagen.

Wert: Der Hexen-Röhrling wird vielfach noch als giftig bezeichnet, ist es nach meinen Erfahrungen aber nicht; er wird häufig als Kuh-Röhrling eingetragen und gegessen. Vor allem eignet er sich als Gemüse. Er ist eßbar nach dem Abkochen, ohne Alkohol. Bei Vergleichung der Abbildungen mit den anderen rotfüßigen und ähnlich aussehenden Pilzen ist eine Verwechslung nicht gut möglich.

No. **13.**

Netzstieliger Hexen-Röhrling. Hexenpilz.

Boletus luridus Schaeff.

Eßbar.

No. **14.**

Wolfs-Röhrling.

Boletus lupinus Fr.

Giftig.

Der **Hut** ist wie beim Hexen-Röhrling polsterförmig, gelblich oder grüngelb, niemals dunkelbraun. Die Oberfläche ist kahl, glatt und trocken. Das **Fleisch** ist gelb und läuft nach dem Brechen oder Zerschneiden blau an.

Die **Röhren** sind an den Mündungen orangerot, später schmutzig-rotgelb und kleinlöcherig.

Der **Stiel** ist stets, meist nach oben hin, oft aber auch vollständig dunkelrosa flockig gefärbt. Ebenso ist er, wie bei den vorigen Pilzen, im Jugendzustande dickbauchig, streckt sich aber später walzenförmig.

Er **wächst** meistens erst im Herbste.

Sein **Standort** ist in Wäldern unter Buchen auf Kalkböden.

Geruch und **Geschmack** sind säuerlich.

Wert: Er ist angeblich giftig. Bei einem Vergiftungsfalle, der durch diesen Pilz herbeigeführt wurde, konnte ich nicht entscheiden, ob die Giftigkeit oder das Alter des Pilzes die Vergiftung herbeigeführt hatte. Ich konnte nur ermitteln, daß der Betreffende ein altes Exemplar mit genossen hatte.

No. **14.**

Wolfs-Röhrling.

Boletus lupinus Fr.

Giftig.

No. **15.**

Dickfuß-Röhrling.

Boletus calopus Fr.

Ungenießbar.

Der **Hut** ist blaßgelb, ins graubräunliche übergehend, fühlt sich wie feines Leder an und ist dick und gewölbt. Das **Fleisch** ist beim Bruche erst weiß, wird aber bald bläulich.

Die **Röhren**, welche nach dem Stiele hin kürzer werden und sehr feine Mündungen besitzen, sind anfangs gelb, später grünlich und laufen beim Drucke grünblau an.

Der **Stiel** ist im Jugendzustande knollig verdickt, nach unten zu prachtvoll karminrot mit scharf ausgeprägter Netzzeichnung, nach oben hin gelb. Im Alter wird er gleichmäßig walzenförmig und verliert die Färbung fast ganz, beim Drucke wird er stets schmutziggrün.

Er **wächst** im Sommer und im Herbste.

Geruch nicht angenehm; **Geschmack** bitter.

Standort in Nadelwäldern, besonders im Gebirge, noch häufiger in Laubwäldern.

Wert: Wegen seines bitteren Geschmacks nicht genießbar; gilt als giftverdächtig.

No. **15.**
Dickfuß-Röhrling.
Boletus calopus Fr.
Ungenießbar.

No. **16.**

Pfeffer-Röhrling. Pfefferpilz.

Boletus piperatus Bull.

Verdächtig.

Der **Hut** besitzt eine sich fast immer gleichbleibende bräunlichgelbe Farbe, ist an feuchtem Standort und bei nassem Wetter klebrig, an trockenem Standort und bei trockenem Wetter glänzend. Das ziemlich dünne **Fleisch** ist gelblich und sehr weich.

Die **Röhren**, die an den Stiel angewachsen sind, haben ziemlich große eckige Mündungen und sind rostbraun.

Der kurze **Stiel** hat die Farbe des Hutes, nach unten zu geht dieselbe aber stets ins schwefelgelbliche über.

Er **wächst** schon im frühen Sommer bis zum Herbste.

Der **Geschmack** ist scharf pfefferartig.

Seinen **Standort** hat er meist in dichten Nadelholzpflanzungen oder moosigen Heiden.

Wert: Er gilt als schwach giftig und soll bei empfindlichen Menschen allergische Reaktionen hervorrufen. Er kann in geringen Mengen von Pilzliebhabern als pikanter Würzpilz genommen werden.

No. **16.**

Pfeffer-Röhrling. Pfefferpilz.

Boletus piperatus Bull.

Verdächtig.

No. 17.
Semmel-Porling. Semmelpilz.

Albatrellus confluens Alb. u. Schw.

Eßbar.

Die Hüte dieses Pilzes sind stets miteinander innig verwachsen und bilden eine gestaltlose Masse von 12-18 cm Breite. Sie sehen bald semmelgelb, bald rötlichgelb aus und werden bei trockenem Wetter rissig.

Das **Fleisch** ist weiß und fest, schmeckt etwas bitter.

Die Unterseite besteht aus ganz kurzen **Röhrchen**, die von außen als kleine feine Löcher (Poren) erscheinen.

Der **Stiel** ist strunkartig und sitzt in der Erde.

Standort: In Nadelwäldern nur auf dem Erdboden.

Er **wächst** meist erst im Herbste.

Wert: Im Jugendalter ist er ganz vorzüglich, im Alter jedoch bitter. Ganz besonders ist es die Oberhaut, welche die Bitterkeit enthält und deshalb entfernt werden muß. Beim Kochen und Einmachen nimmt er eine hellrötliche Färbung an.

No. 18.
Schaf-Porling. Schafeuter.

Albatrellus ovinus Schaeff.

Eßbar.

Der **Hut** ist verschieden gestaltet, teils gewölbt oder wellig verbogen, teils eben und weiß oder graugelblich, im Alter und bei trockenem Wetter rissig gefeldert. Er wird bis über 10 cm breit.

Das **Fleisch** ist derb und weiß.

Die kurzen **Röhren** des Futters haben feine, runde Mündungen.

Der daumendicke **Stiel** ist voll, weiß, oft gekrümmt und nach unten abgerundet.

Seinen **Standort** hat er vorzugsweise in Nadelwäldern, oft truppweise, und kommt stellenweise häufig vor.

Er **wächst** vom Sommer bis zum Herbste.

Wert: Wegen seines schönen und sehr schmackhaften Fleisches gehört er zu den besten Speisepilzen. Er läßt sich vielseitig verwerten.

No. **17.**

Semmel-Porling. Semmelpilz.

Albatrellus confluens Alb. u. Schw.

Eßbar.

No. **18.**

Schaf-Porling. Schafeuter.

Albatrellus ovinus Schaeff.

Eßbar.

No. **19.**

Semmel-Stoppelpilz.

Hydnum repandum L.

Eßbar.

Der **Hut** ist weißlichgelb, gelblich oder rötlich, meist flach gewölbt, mitunter gebuckelt, kahl und am Rande wellig verbogen. Er wird bis 15 cm breit und ist sehr fleischig.

Als Sporenbehälter trägt er **Stacheln**, die sehr zerbrechlich sind und ungleich blaß-fleischfarben aussehen.

Der **Stiel** ist kurz, markigvoll, am Grunde etwas verdickt und gelblichweiß.

Der **Geruch** ist angenehm, der **Geschmack** mild, nur bei älteren Exemplaren bitter.

Zu **finden** ist er in Laub- und Nadelwäldern und bildet öfters sogenannte Hexenringe oder Halbkreise.

Er **wächst** vom Juli bis November.

Wert: Er gehört im Jugendzustande zu den wohlschmeckendsten Pilzen, wird jedoch im Alter bitter und ungenießbar.

No. **19.**

Semmel-Stoppelpilz.

Hydnum repandum L.

Eßbar.

No. 20.

Habichts-Stacheling. Habichtspilz. Rehpilz.

Sarcodon imbricatum L.

Eßbar.

Der **Hut** ist anfangs etwas eingerollt, fast eben und nur im Alter in der Mitte eingedrückt, schokoladenbraun und mit fleischigen, großen, sparrigen Schuppen kreisförmig besetzt, die bei alten Exemplaren schwarzbraun werden.

Das derbe **Fleisch** ist schmutzigweiß.

Die **Stacheln**, welche am Stiele herablaufen, sind sehr dicht stehend, ziemlich lang und geben der Unterseite das Aussehen eines Hirsch- oder Rehfelles; daher wird er auch im Volksmunde als Hirsch- oder Rehpilz bezeichnet.

Der **Stiel** ist weißgrau, daumendick und kurz.

Der **Geruch** ist eigenartig aromatisch, ebenso der **Geschmack**.

Seinen **Standort** hat er im Nadelwalde, unter Fichten und Kiefern.

Er **wächst** Ende des Sommers und im Herbste oft in großer Menge.

Wert: Ein guter Speisepilz, der sich ganz besonders zum Sterilisieren eignet. Alt und naß schmeckt er bitter. Der Habichts-Stacheling ist roh jedoch giftig; eßbar nach dem Abkochen.

No. **20.**

Habichts-Stacheling. Habichtspilz. Rehpilz.

Sarcodon imbricatum L.

Eßbar.

No. **21.**

Totentrompete. Herbsttrompete.

Craterellus cornucopioides L.

Eßbar.

Der schwarzgraue oder auch schwärzlich-braune, füllhornartige oder trompetenförmige **Fruchtkörper** ist dünnfleischig, auf der inneren Fläche schuppig und wellenförmig bogig berandet.

Der **Stiel** ist grau und bis zum Grunde röhrig-hohl.

Der **Geruch** ist schwach und der **Geschmack** fade.

Wächst im Herbste.

Standort in Wäldern, besonders aber in Buchenwäldern und kommt oft massenhaft in großen, dicht zusammengewachsenen Trupps vor, meist unter Gebüschen und in feuchten Gründen.

Wert: Frisch zubereitet ist die Totentrompete zwar wohlschmeckend, aber getrocknet und verwertet wie die Morchel, übertrifft sie diese an Wohlgeruch und Geschmack. Sie gehört deshalb zu den vorzüglichsten und wohlschmeckendsten Pilzen. Ihr großer Wert wird zu wenig gewürdigt.

No. **21.**

Totentrompete. Herbsttrompete.

Craterellus cornucopioides L.

Eßbar.

No. **22.**

Warzige Hirschbrunst.

Elaphomyces granulatus Fr.

Ungenießbar.

Der unter der Erdoberfläche wachsende, kugelförmige **Fruchtkörper** ist anfangs von gelblichen Fasern umhüllt, sieht gelblich oder ockerfarbig, dann braun aus. Die Hülle ist mit kleinen Warzen oder Körnchen besetzt. Sie wird bis walnußgroß. Das Innere enthält purpurschwarze Sporen, gewöhnlich Staub genannt.

Der **Geruch** ist eigenartig, fast unangenehm, der **Geschmack** bitter.

Wird **ausgewachsen** im Herbste in der Erde gefunden und kommt vorzugsweise in Nadelwäldern vor.

Wert: Ungenießbar.

No. **23.**

Krause Glucke. Fette Henne.

Sparassis crispa Fr.

Eßbar.

Dieser eigenartige Pilz besteht aus außergewöhnlich zahlreichen gelblichweißen, über- und nebeneinander sich drängenden, arabeskenartigen Blättern, die auf der Ober- und Unterseite platt und eben sind. Das **Fleisch** ist weiß. Er bildet oft riesige Köpfe und wird mitunter bis zu 15 Pfund schwer.

Der **Strunk** ist fleischig, dick und kommt tief aus der Erde heraus.

Der **Geruch** ist äußerst würzig, morchelartig, duftend und der **Geschmack** nußartig.

Er **wächst** vom August bis Ende September.

Als **Standort** liebt er Kiefernwaldungen, wo er oft dicht an den Stämmen der Bäume zu finden ist.

Wert: Frisch und getrocknet gehört er zu unseren vorzüglichsten und wertvollsten Speisepilzen.

No. **22.**

Warzige Hirschbrunst.

Elaphomyces granulatus Fr.

Ungenießbar.

No. **23.**

Krause Glucke. Fette Henne.

Sparassis crispa Fr.

Eßbar.

No. **24.**

Hahnenkamm. Rötliche Koralle.

Romaria botrytis Pers.

Eßbar.

Dieser Pilz trägt hier und da noch den Namen Trauben-Bärentatze, roter Hirschschwamm, Korallenschwamm, Hahnenkamm- oder Blumenkohlschwamm. Er hat einen dicken **Strunk**, der mitunter sehr dick und knollig ist. Das weiße **Fleisch** ist sehr derb.

Die aus dem Strunke emporsteigenden Äste und Zweige verzweigen sich nach verschiedenen Seiten, sind gerade oder gekrümmt, ziemlich rund und fleischig. Die kurz abgestutzten Enden der Ästchen sind rötlich. Er wird bis 12 cm hoch und mitunter bis 16 cm breit.

Er **wächst** vom Juli bis Oktober auf sandigem Boden der Nadelwälder und in Laubholzwaldungen.

Wert: Im Jugendzustande und so lange er nicht bitter schmeckt, ist er eßbar und wohlschmeckend, in älterem Zustande verursacht er aber heftiges Leibweh und Diarrhöe.

No. **25.**

Gelbwerdende Koralle.

Ramaria flavescens Schaeff.

Eßbar.

Dieser Pilz, der im Volksmunde Bärentatze, Bocksbart, Hahnenkamm genannt wird, besitzt einen weißgelblichen, knolligen, dicken, aufrechten **Strunk**, aus dem eine Anzahl walziger Äste, die sich wieder in mehrere kleinere Zweige teilen, emporsteigen. Die kleinen Äste endigen in eine meist zweiteilige stumpfe Spitze.

Das besonders in der Jugend sehr zarte **Fleisch** des Strunkes ist weiß und dicht, das der Äste sehr brüchig.

Die Höhe der Koralle beträgt gewöhnlich 4-12 cm.

Der **Geruch** ist schwach, nicht unangenehm, der **Geschmack** meist etwas bitterlich, besonders bei älteren Exemplaren.

Vorkommen und **Wert** wie vorige Art.

No. **24.**
Hahnenkamm.
Rötliche Koralle.
Romaria botrytis Pers.
Eßbar.

No. **25.**
Gelbwerdende Koralle.
Ramaria flavescens Schaeff.
Eßbar.

No. **26.**

Echter Pfifferling. Eierschwamm.

Cantharellus cibarius Fr.

Eßbar.

Der **Hut** ist im Jugendzustande gewölbt, später ausgebreitet mit eingeroll-tem Rande und zuletzt trichterförmig, kraus und gelappt. Die Farbe ist dotter-gelb, nach der Mitte zu meist hellgelb; das **Fleisch** ist gelblich.

Das Fruchtlager an der Unterseite des Hutes läuft faltenförmig an dem Stiele herab, ist aderförmig und durch Querfalten miteinander reich verästelt.

Der **Stiel** erweitert sich nach oben trichterförmig und ist voll und fest.

Der **Geruch** ist sehr angenehm, der **Geschmack** pfefferartig.

Er **wächst** oft schon im Juni und findet sich bis zum Herbste in großen Mengen.

Standort: Fast überall, besonders im Dickicht der Nadelwaldungen, moosi-gen Stellen, sowie in Laubwaldungen.

Wert: Als einer unserer vorzüglichsten und am häufigsten vorkommenden Speisepilze, eignet er sich für alle Zubereitungsarten; getrocknet muß er min-destens zwei Stunden vor der Zubereitung in Wasser erweicht werden, sonst ist er etwas zäh. Er hält sich von allen Pilzen am längsten frisch, ist fast gar nicht madig und verursacht wenig Arbeit beim Reinigen.

No. **26.**

Echter Pfifferling. Eierschwamm.

Cantharellus cibarius Fr.

Eßbar.

No. **27.**

Falscher Pfifferling.

Hygrophoropsis aurantiaca Wulf.

Verdächtig.

Der **Hut** ist seiner Form nach dem des echten Pfifferlings sehr ähnlich, im Ganzen aber schwächer gebaut und an seiner dunkleren orangeartigen Färbung leicht zu erkennen. Die älteren Pilze haben auf dem Hute nach innen meistens eine weißliche Färbung. Die Oberfläche ist mit zartem Flaume bedeckt und fühlt sich wie feines Waschleder an. Die **Blätter** (Lamellen) sind dichtstehend und laufen, sich 3-4mal gabelförmig teilend, am Stiele herab.

Der **Stiel** selbst ist schwach, oft gekrümmt, mitunter am Ende etwas schwärzlich.

Der **Geruch** ist schwach mehlartig, der **Geschmack** mild.

Er **wächst** erst im Herbste, viel später als der Echte Pfifferling.

Seinen **Standort** hat er in Nadelwäldern und auf alten Baumstümpfen.

Wert: Er ist besser als sein Ruf und dürfte höchstens verdächtig sein. Vergiftungsfälle durch denselben sind unbekannt. In manchen Jahren ist er selten zu finden, in anderen dagegen wieder häufiger.

No. **27.**

Falscher Pfifferling.

Hygrophoropsis aurantiaca Wulf.

Verdächtig.

No. **28.**

Dickschaliger Kartoffelbovist.

Scleroderma citrinum Pers.

Giftig.

Unter Bovist versteht man einen Pilz, der einen vollständig geschlossenen **Fruchtkörper** darstellt und kugel-, birn-, knollen- oder kartoffelförmig ist. Im Jugendzustande ist das Innere dieser Pilze immer weiß, markig und derb, im reifen Zustande dagegen mit staubfeinem Samen ausgefüllt; vollständig reif platzen sie und es wird der Samen vom Winde überallhin zerstäubt. Im Volksmunde sind sie auch unter dem Namen Wieseneier, Schafeier, Staubpilze bekannt. Mit Ausnahme des Kartoffelbovists sind sie fast alle eßbar.

Der Kartoffelbovist gleicht einer Kartoffel, kommt oft nesterweise aus der Erde empor , nur an einem faserartig dünnen Stiele auf der Erde sitzend. Er erlangt bisweilen einen Durchmesser von 7 cm. Die Farbe ist rötlich oder bräunlichgelb, nach unten gelblichgrün und die Oberfläche ist in kleine Felder zerrissen, die sich warzenartig hervorheben. Das Innere ist anfangs weiß, färbt sich aber später blau, zuletzt blauschwarz.

Der **Geruch** ist stark aromatisch.

Standort: Hauptsächlich in Laub- und Nadelwäldern, vorzugsweise auf sauren Böden.

Er **wächst** im Spätsommer und Herbste.

Wert: Er ist unstreitig giftig. Häufig wird der Kartoffelbovist als Trüffel angesehen; letztere wächst aber nur unter der Erdoberfläche.

No. **28.**

Dickschaliger Kartoffelbovist.

Scleroderma citrinum Pers.

Giftig.

No. 29.
Samtfuß-Krempling.

Paxillus atrotomentosus Batsch.

Ungenießbar.

Der außerordentlich dickfleischige **Hut**, meist einseitig vorgestreckt gewachsen, erreicht mitunter einen Durchmesser von 20 cm und mehr. Die Oberfläche ist rostbraun, samtartig filzig, bei trockenem Wetter rissig. Der **Rand** des Hutes ist scharf eingerollt. Das **Fleisch** ist gelblich-weiß, wäßrig. Die **Blätter** sind kurz herablaufend, gelblich.

Der **Stiel** ist kurz, dick und außen mit dichtem, schwarzbraunen oder ganz schwarzen, dichtzottigen Filze bekleidet.

Der **Geruch** ist säuerlich, ebenso der **Geschmack**.

Er **wächst** von Juli bis November.

Standort: In Nadelwäldern am Grunde alter Stämme oder an Wurzeln.

Wert: Er ist zähfleischig, besitzt keinen Wohlgeschmack und dient nicht als Speisepilz.

No. 30.
Kahler Krempling.

Paxillus involutus Batsch.

Giftig.

Der anfangs flach gewölbte, bis 12 cm breite **Hut** wird später fast trichterförmig. Die Oberfläche ist glatt, glänzend und ockerbraun bis gelbbraun, in der Mitte etwas schleimig. Eine Abart ist fast gelb. Das **Fleisch** ist gelblich und wird bei Verletzung bräunlich oder rotbräunlich. Der **Rand** des Hutes ist ebenfalls scharf eingerollt (das charakteristische Kennzeichen der Kremplinge, daher auch ihr Name), filzig-zottig. Die gelblichen **Blätter** sind nach hinten durch Queradern verbunden, laufen am Stiele herab und werden durch Druck braunfleckig.

Geruch und **Geschmack** angenehm, etwas säuerlich.

Er **wächst** im Sommer und im Herbste.

Seinen **Standort** hat er in Laub- und Nadelwäldern, am Boden und seltener am Grunde alter Stämme.

Wert: Er ist roh giftig, hat aber auch schon in gekochtem oder gebratenem Zustand zu Vergiftungen geführt und sollte deshalb gemieden werden.

No. **29.**

Samtfuß-Krempling. *Paxillus atrotomentosus Batsch.*

Ungenießbar.

No. **30.**

Kahler Krempling. *Paxillus involutus Batsch.*

Giftig.

No. **31.**

Schopf-Tintling. Spargelpilz.

Coprinus comatus Pers.

Jung eßbar.

Der häufig bis 10 cm lange **Hut** ist zylinderförmig und breitet sich nach und nach kegelförmig aus. Der **Rand** schließt sich anfangs dicht an den **Stiel** an, zerschlitzt sehr bald und löst sich zu einer schwarzen, tintenähnlichen Flüssigkeit auf. Die Oberfläche ist mit dicken, sparrig abstehenden Schuppen dicht besetzt. Das **Fleisch** ist weiß.

Die sehr dicht stehenden **Blätter** sind zunächst weiß, werden dann rosenrot, bräunlich und endlich schwarz.

Der mit einem Ringe versehene **Stiel** ist schlank, am Grunde verdickt und innen hohl.

Der **Geruch** ist gut, das **Fleisch** fast geschmacklos.

Er **wächst** oft schon im Mai und findet sich bis zum November.

Seinen **Standort** hat er meist in feuchten Gärten und gut gedüngten Wiesen, sowie in Gräben.

Wert: Er ist im Jugendzustande eßbar und wohlschmeckend, muß aber sofort zubereitet werden. Gibt auch sehr gute Suppen.

No. **31.**

Schopf-Tintling. Spargelpilz.

Coprinus comatus Pers.

Jung eßbar.

No. **32.**

Großer Schmierling. Kuhmaul.

Gomphidius glutinosus Schaeff.

Eßbar.

Der **Hut** ist anfangs durch seinen spinnwebartigen und schleimigen Schleier mit dem Stiele verbunden, der am Stiele nur ganz kurze Zeit als Ring zurückbleibt. Die Oberfläche ist schmutzigbraungrau, mit schleimigem Überzuge, oft schwarzfleckig werdend.

Das **Fleisch** ist weißlich, später schmutziggrau.

Die **Blätter** laufen am Stiele herab, sind anfangs weißlich, dann grau, zuletzt schwarzgrau, sehr dick und fast gallertartig.

Der **Stiel** ist sehr schleimig, anfangs mit dem häutigen Ringe behaftet, untenhin gelb, innen voll und ebenfalls gelb.

Der **Geruch** ist schwach, der **Geschmack** gut, nur etwas weichlich.

Seinen **Standort** hat er in Nadelwäldern, vorzugsweise unter Fichten.

Er **wächst** vom Juli an.

Wert: Befreit von der schleimigen Oberhaut ist er eßbar.

No. **32.**

Großer Schmierling. Kuhmaul.

Gomphidius glutinosus Schaeff.

Eßbar.

No. 33.
Wachsgelber Saftling. Wachsiger Saftling.

Hygrocybe ceracea Wulf.

Eßbar.

Der wäßrige wachsgelbe **Hut** wird bis 4 cm breit, ist etwas klebrig, glänzend und am Rande fein gestreift.

Die **Blätter** laufen etwas am Stiele herab.

Der **Stiel** selbst ist zart, gelb und hohl.

Geruch und **Geschmack** sind ganz unbedeutend.

Er **wächst** im Herbste auf Grasplätzen und feuchten Wiesen.

Wert: Da er massenhaft vorkommt, ist das Einsammeln sehr zu empfehlen, denn er gibt ein wohlschmeckendes Gericht. Beim Kochen wird die Brühe gelb.

No. 34.
Granatroter Saftling.

Hygrocybe punicea Fr.

Eßbar.

Der anfangs glockenförmige **Hut** breitet sich später bis zu 12 cm Durchmesser aus und hat eine blutrote, im Alter gelbrot werdende und schließlich verblassende Farbe. Er ist glatt, in der Jugend etwas klebrig. Das **Fleisch** ist wäßrig und gelbrötlich. Die **Blätter** sind am Grunde aderartig verbunden und bauchig, gelb und in altem Zustande rötlich.

Der **Stiel** ist rotgelb, nach dem Grunde verblassend, bauchig, anfangs voll, später hohl, faserig und gebrechlich.

Er **wächst** im Herbste auf moosigen Waldwiesen, Waldrändern und Heideplätzen.

Wert: Er ist eßbar und wohlschmeckend. Der ausgekochte Saft ist rötlichgelb.

No. **33.**
Wachsgelber Saftling. Wachsiger Saftling. *Hygrocybe ceracea Wulf.*
Eßbar.

No. **34.**
Granatroter Saftling. *Hygrocybe punicea Fr.*
Eßbar.

No. 35.
Brätling. Milchbrätling.

Lactarius volemus Fr.

Eßbar.

Der **Hut** ist gleichmäßig, rotgelb oder hellrötlichbraun und wird bis 12, ja 15 cm breit. Im Alter bekommt er Risse, in der Jugend ist der Hutrand etwas eingerollt.

Das **Fleisch** ist fest, dick und enthält sehr viel weiße Milch. Diese tropft bei Verletzung sehr reichlich heraus.

Die **Blätter** sind anfangs blaßgelb, werden später bräunlich und färben sich beim Drucke braun.

Der **Stiel** ist in der Farbe dem Hute gleich, ziemlich dick, wird bis 12 cm hoch und rundet sich am Ende ab.

Der **Geruch** ist bei jungen Exemplaren angenehm, während ältere tranig riechen.

Der **Geschmack** ist angenehm, fast süß.

Seinen **Standort** hat er in Laub- und Nadelwaldungen meist an feuchten Stellen und kommt oft truppweise vor.

Er **wächst** im Sommer und Herbste.

Wert: Er wird vielfach roh gegessen und gibt besonders eine ganz vorzügliche Speise, wenn er gerieben und dann gebacken wird.

No. **35.**

Brätling. Milchbrätling.

Lactarius volemus Fr.

Eßbar.

No. **36.**

Rotbrauner Milchling.

Lactarius rufus Scop.

Ungenießbar.

Einer der am häufigsten vorkommenden Pilze. Sein **Hut** ist rotbraun und am **Rand** etwas filzig, anfangs kleinflockig und gebuckelt, später trichterförmig vertieft bei einer Breite von 5-12 cm. Das **Fleisch** ist gelblichbraun.

Die **Blätter** sind hellgelblich, später rötlichbraun.

Der **Stiel** hat die gleiche Farbe wie der **Hut**, ist erst voll, dann hohl.

Einen besonderen **Geruch** besitzt er nicht, jedoch ist die bei Verletzungen reichlich hervorquellende weiße Milch sehr scharf brennend.

Seinen **Standort** hat er fast nur in Nadelwäldern und kommt in größter Menge vor.

Er **wächst** vom Anfange des Sommers bis zum Spätherbste.

Wert: Leider ist er wegen seines eigenen bitterlichen Geschmackes nicht genießbar. Die verschiedenartigsten Zubereitungen meinerseits ergaben nie ein wohlschmeckendes Gericht. Giftig ist er nicht.

No. **36.**

Rotbrauner Milchling.

Lactarius rufus Scop.

Ungenießbar.

No. 37.
Kiefernblut-Reizker. Echter Reizker.

Lactarius deliciosus Tr.

Eßbar.

Der **Hut** dieses vorzüglichen Pilzes ist orangefarbig oder ziegelrot, meist gezont in orangefarbige und grünliche Ringe. Im Alter wird er grünspanfarbig, wie denn auch bei Verletzung diese Farbe stets hervortritt. Jung ist er flach mit nach unten gleichmäßig gebogenem Rande, später wird er trichterförmig. Bei feuchtem Wetter ist der Hut schmierig und wächst dann glatt ohne Zonenringe.

Das **Fleisch** ist ebenfalls rötlichgelb und läßt beim Bruche eine orangerote Milch reichlich heraustropfen, das sicherste Zeichen für diesen Pilz.

Die gelben **Blätter** laufen etwas am Stiele herab und werden beim Drucke ebenfalls sofort grünspanfarbig.

Der anfangs fast volle, bald aber hohe **Stiel** ist dem Hute gleichfarbig.

Der **Geruch** ist außerordentlich aromatisch, der **Geschmack** mild und angenehm würzig.

Seinen **Standort** hat er fast nur in Nadelwäldern, vorzugsweise unter Kiefern.

Er **wächst** oft in großer Menge bereits Ende Juni bis in den November hinein.

Wert: Er gehört zu den wertvollsten Speisepilzen und läßt sich auf alle möglichen Arten verwerten, nur beim Trocknen verliert er an Geruch und Geschmack. Der von ihm bereitete Pilzextrakt wird im Wohlgeschmack von keinem Extrakt anderer Pilze übertroffen.

No. **37.**

Kiefernblut-Reizker. Echter Reizker.

Lactarius deliciosus Tr.

Eßbar.

No. **38.**

Birken-Reizker. Birken-Milchling.

Lactarius torminosus Schaeff.

Leicht giftig.

Im Jugendzustande sieht der **Hut** dieses Pilzes dem des guten Reizkers oft täuschend ähnlich, nur wird er nie ziegelrot oder grünlich, sondern ist mehr fleischfarben, aber ebenfalls mehr oder weniger gezont. Sehr charakteristisch ist der stets zottig behaarte **Rand** des Hutes.

Das **Fleisch** ist weiß und sondert eine weiße Milch ab, während der gute Reizker orangerote Milch hat.

Die **Blätter** sind weißlich.

Der **Stiel** ist dem Hute gleichfarbig, im Alter hohl und brüchig.

Der **Geruch** des Giftreizkers ist besonders auffallend, sein **Geschmack** aber bitter, beißend und scharf.

Er steht gern unter Birken, in Gebüschen, auf Heideplätzen, moosigen Wiesen und da mitten unter den echten Reizkern.

Er **wächst** im Sommer und Herbste.

Wert: Er ist leicht giftig, kann aber nach besonderer Vorbehandlung als Speisepilz verwendet werden.

No. **38.**

Birken-Reizker. Birken-Milchling.

Lactarius torminosus Schaeff.

Leicht giftig.

No. **39.**

Pfeffer-Milchling.

Lactarius piperatus Scop.

Nicht giftig.

Der glatte und kahle weiße **Hut** ist stets trocken, nie klebrig und wird mitunter außergewöhnlich breit. Ich habe Exemplare von 30 cm Durchmesser gefunden. Nach der Mitte zu vertieft er sich stets.

Das **Fleisch** ist weiß und sehr milchreich.

Die **Blätter** laufen am Stiele etwas herab, stehen sehr dicht und sind sehr schmal.

Der **Stiel** ist dick, markig, weiß und kurz, bei den größten Exemplaren nur bis 6 cm lang.

Der **Geruch** ist aromatisch, der **Geschmack** sehr scharf pfefferartig.

Seinen **Standort** hat er in Laub- und Nadelwaldungen; vorzugsweise in Eichen- und Buchenwäldern.

Er **wächst** im Sommer und Herbste.

Wert: In Siebenbürgen gehört er zu den beliebtesten Speisepilzen und wird daselbst in besonderer Weise mit Speck auf dem Roste gebraten. Wegen seines schönen und vielen Fleisches habe ich die verschiedensten Zubereitungsversuche gemacht, konnte ihm jedoch bis jetzt keinen besonderen Wohlgeschmack abgewinnen. Das Fleisch wird beim Braten grünlich-grau und behält einen eigenen bitteren Geschmack. In größeren und kleineren Portionen ist er mit stets bekommen.

No. **39.**

Pfeffer-Milchling.

Lactarius piperatus Scop.

Nicht giftig.

No. **40.**

Olivbrauner Milchling. Tannen-Reizker.

Lactarius turpis Fr.

Ungenießbar.

Der derbfleischige **Hut** dieses Milchlings wird 6-15 cm breit. Die Oberfläche ist glatt, bei jungen Pilzen dunkelolivgrün, später schmutzig-olivbraun bis olivumbrabraun, in der Mitte oft schwärzlich. Der glatte **Rand** ist zunächst eingerollt, später eben, bisweilen eingerissen, kurzzottig-filzig.

Das **Fleisch** ist weißlich bis blaßgelblich, später bräunlich und fest.

Der derbfleischige, bis zu 2,5 cm dicke **Stiel**, wird 3-6 cm hoch, ist zylindrisch, anfangs voll, erst spät hohl, bisweilen grübchenförmig, in der Farbe etwas heller als der Hut.

Der **Geruch** ist dumpfig und der **Geschmack** der bei Verletzungen reichlich herausquellenden Milch, die bald grau wird, scharf.

Er **wächst** vom Juli bis Oktober in Wäldern und Parkanlagen auf saurem Boden. Im Flachland vorzugsweise unter Birken, im Gebirge vorzugsweise unter Fichten.

Wert: Ungenießbar. Roh giftig.

No. **40.**

Olivbrauner Milchling. Tannen-Reizker.

Lactarius turpis Fr.

Ungenießbar.

No. 41.

a) Verblassender Täubling.

Russula pulchella Broszcow

Eßbar.

Der **Hut** ist in der Jugend rötlich, bald aber gelb werdend, im Alter verbleichend, außerdem unregelmäßig, wellig verbogen, glatt, bis 8 cm breit.

Der **Rand** ist dünn, anfangs eingebogen, später emporstrebend.

Das **Fleisch** ist weiß und fest.

Die **Blätter** sind weißlich.

Der **Stiel** ist voll, markig, weiß und wird später grau.

Der **Geruch** ist angenehm, der **Geschmack** nußartig.

Standort: In Wäldern und Parkanlagen, vorzugsweise unter Birken.

Er **wächst** nicht allzu häufig vom Juni bis September.

Wert: In rohem Zustande der am besten schmeckende Pilz. Außerdem ein vorzüglicher Speisepilz.

---

b) Speise-Täubling.

Russula vesca Fr.

Eßbar.

Der **Hut** ist ziemlich fleischig, fest, flach gewölbt, später trichterförmig, fleischfarbig, dabei in der Mitte etwas dunkler.

Der **Rand** ist dünn, häutig und im Alter gestreift.

Das **Fleisch** ist weiß und fest.

Die **Blätter** sind weißlich, dünn und dichtstehend, dabei sehr brüchig.

Der **Stiel** ist voll, mitunter netzförmig gerunzelt.

Der **Geruch** ist angenehm, der **Geschmack** des rohen Pilzes lieblich wie Nußkern und wird von keinem anderen Pilze übertroffen.

Seinen **Standort** hat er in Laub- und Nadelwäldern, auf Heideplätzen und trockenen, sonnigen Stellen.

Er **wächst** von Juni bis Oktober.

Wert: Dem des vorigen gleich.

No. **41.**

a) Verblassender Täubling.

Russula pulchella Broszcow. Eßbar.

b) Speise-Täubling. *Russula vesca Fr.* Eßbar.

No. **42.**

Spei-Täubling.

Russula emetica Schaeff.

Giftig.

Der **Hut** desselben ist dünnfleischig und meist dunkelbraunrot. Die Farbe verändert sich wenig, sie ist nur mehr oder weniger hell oder dunkler. Der **Rand** ist etwas gefurcht.

Das **Fleisch** ist weiß, jedoch unter der abziehbaren Oberhaut meist rötlich.

Die **Blätter** sind gleichlang und grauweiß.

Der **Stiel** trägt meist die Farbe des Hutes, dann und wann etwas heller.

Den **Geruch** habe ich bei frisch gepflückten Pilzen stets ekelhaft widerlich gefunden, er verliert sich aber allmählich.

Der **Geschmack** ist sehr scharf brennend.

Standort fast nur auf feuchten Wiesen, in Wäldern, auf grasigen Stellen unter Kiefern und Fichtengebüsch.

Er **wächst** vom Juli bis November.

Wert: Sehr giftig! Der Geruch des frischen Pilzes wirkt bei schwachen Personen brechenerregend.

No. **42.**

Spei-Täubling.

Russula emetica Schaeff.

Giftig.

No. 43.
Wechselfarbiger Spei-Täubling.

Russula fragilis Pers.

Ungenießbar.

Der **Hut** ist sehr dünn und gebrechlich, flach, 3-6 cm breit. Der **Rand** ist häutig und höckerig gefurcht, die Farbe dunkelrot, violett, ziegelrot oder weißlich.

Die **Blätter** sind reinweiß und etwas bauchig.

Der **Stiel** ist höchstens 2-5 cm hoch, sehr gebrechlich, meist hohl und weiß, mitunter mit rötlichem Anflug.

Der **Geruch** ist schwach, der **Geschmack** sehr scharf.

Seinen **Standort** hat er häufig in Laub- und Nadelwäldern. Er **wächst** von Juli bis November.

Wert: Ungenießbar.

No. 44.
Scharfer Zinnober-Täubling.

Russula rubra Fr.

Ungenießbar.

Der **Hut** ist immer ganz trocken, feurig purpurrot und nur bei Regenwetter etwas klebrig, im Anfange gewölbt, später flach und nach innen vertieft. Der **Rand** ist glatt und ungestreift.

Das **Fleisch** ist weiß.

Die **Blätter** sind ziemlich dicht stehend, mit kürzeren und gegabelten gemischt, weißlich, dann und wann mit roter Schneide.

Der **Stiel** ist voll, fest, weiß, unten schwach rötlich.

Der **Geruch** ist schwach, der **Geschmack** sehr scharf.

Seinen **Standort** hat er in Wäldern.

Er **wächst** vom August bis zum Spätherbste.

Wert: Ist trotz seines scharfen Geschmackes eßbar, sollte aber wegen Verwechslung mit anderen Täublingen von Nichtkennern lieber nicht gesammelt werden.

No. **43.**

Wechselfarbiger Spei-Täubling. *Russula fragilis Pers.*

Ungenießbar.

No. **44.**

Scharfer Zinnober-Täubling. *Russula rubra Fr.*

Ungenießbar.

No. **45.**

Stink-Täubling.

Russula foetens Pers.

Ungenießbar.

Der **Hut** steigt aus der Erde eiförmig, fast kugelig empor, breitet sich später flach aus und ist 8-15 cm breit. Die Oberfläche ist anfangs klebrig und schmierig, gelbbraun oder schmutzig-ockerfarben. Der **Rand** ist dünn und, was für den Pilz charakteristisch ist, höckerig gefurcht.

Die **Blätter** sondern im Jugendzustande Wasser ab, sind teilweise gegabelt, anfangs weißlich, später bräunlich.

Der **Stiel** ist nach unten abgerundet, zuerst voll, dann hohl.

Der **Geruch** ist ekelerregend, widerlich stinkend.

Seinen **Standort** hat er in Laub- und Nadelwäldern.

Wert: Ungenießbar.

No. **45.**

Stink-Täubling.

Russula foetens Pers.

Ungenießbar.

No. **46.**

Grünblättriger Schwefelkopf.

Hypholoma fasciculare Huds.

Giftig.

Sein **Hut** ist anfangs halbkugelig, später verflacht, schwefelgelb, in der Mitte dunkler, fast rötlichgelb und wird bis 5 cm breit.

Das **Fleisch** ist hellgelb.

Die **Blätter** sind anfangs schwefelgelb, später grünlich und werden zuletzt schwärzlichgrün.

Der **Stiel** ist hohl, glatt und faserig.

Der **Geruch** ist nicht angenehm, der **Geschmack** bitter.

Standort: An alten Baumstümpfen und Wurzeln, sehr zahlreich und mitunter gemeinsam mit dem Stockschwämmchen.

Er **wächst** vom Mai ab.

Wert: Giftig!

No. **46.**

Grünblättriger Schwefelkopf.

Hypholoma fasciculare Huds.

Giftig.

No. **47.**

Stockschwämmchen.

Kuehneromyces mutabilis Schaeff.

Eßbar.

Der **Hut** ist anfangs gewölbt, später flach ausgebreitet mit etwas stumpfer Erhöhung in der Mitte, lederbraun und nach dem Rande zu oft ringförmig mit wäßrig-hellbraunem Farbentone.

Das **Fleisch** ist etwas wäßrig und bräunlich.

Die **Blätter** sind anfangs hellbraun, später rostbraun.

Der **Stiel** ist ganz besonders charakteristisch, nämlich feinsparrig geschuppt mit einem häutigen, bräunlich-schwärzlichem Ringe, der allerdings oft verschwindet. Nach unten ist er schwärzlichbraun, nach oben hellbraun.

Der **Geruch** ist sehr aromatisch, der **Geschmack** gut.

Seinen **Standort** hat er an alten, vorzugsweise harten Stöcken und **wächst** an denselben stets in Büscheln.

Er **wächst** bereits vom Mai ab.

Wert: Als Suppenpilz einer der vorzüglichsten und gesuchtesten. Läßt sich außerdem sehr gut züchten (siehe Seite 12).

No. **47.**

Stockschwämmchen.

Kuehneromyces mutabilis Schaeff.

Eßbar.

No. **48.**

Honiggelber Hallimasch.

Armillaria mellea Fl. Dan.

Bedingt eßbar.

Der **Hut** ist honiggelb bis schmutzigbraun, mit bräunlichen leicht abwischbaren Schüppchen und kleinen Faserbüscheln besät. Anfangs eingerollt, mit dem Stiele durch einen Schleier verbunden, breitet er sich später flach aus. Er wird bis 12 cm breit.

Das **Fleisch** ist hellbräunlich.

Die **Blätter** stehen weitläufig, sind weißlich bleich, später bräunlich und oft gefleckt.

Der **Stiel** trägt einen flockigen Ring, ist anfangs rötlichbraun, später graugelb und nach unten olivbraun oder grünlichgrau. Am Grunde ist er verdickt, wird 5-12 cm lang und ist faserig und zäh.

Der **Geruch** ist schwach süßlich, der **Geschmack** säuerlich-herb, zusammenziehend, unangenehm.

Er **wächst** erst im September in großer Menge an alten Stöcken, alten Stämmen und Wurzeln. Die Sporen der älteren höher stehenden Hüte lagern sich oft schimmelartig auf die unteren. Sein Myzel bildet bei Abschluß des Lichtes eigentümliche Stränge (Rhizomorpha), die nicht nur in altem Holze (wie in Bergwerken), sondern auch in frischen Stämmen anzutreffen sind und zerstörend auf das Holz und Leben der Bäume einwirken. Der Pilz gehört deshalb zu den von allen Forstleuten gefürchteten Schädlingen. – Von dem Myzel befallenes Holz und Wurzeln leuchten im Finstern lebhaft.

Wert: Trotz seines im frischen Zustande garstigen Geschmackes, ist er zubereitet ein wohlschmeckender Pilz. Der er roh leicht giftig ist, soll er kurz abgekocht und das Kochwasser weggeschüttet werden.

No. **48.**

Honiggelber Hallimasch.

Armillaria mellea Fl. Dan.

Bedingt eßbar.

No. **49.**

Reifpilz. Zigeuner. Runzel-Schüppling.

Rozites caperatus Pers.

Eßbar.

Der **Hut** ist anfangs glockenförmig, später ausgebreitet, 6-12 cm Durchmesser, gelblich-ockerfarbig, teilweise mit weißen zarten Flocken überzogen und meist grubig gefurcht. Die **Blätter** sind lehmfarbig, später rostbraun und an der feingesägten Schneide weißlich.

Der **Stiel** wird bis 12 cm lang, ist voll, feinfaserig und hat einen abstehenden häutigen Ring.

Geruch und **Geschmack** sind angenehm.

Er **wächst** vom August bis zum eintretenden Froste und meist truppweise.

Seinen **Standort** hat er in Laub- und Nadelwäldern, vorzugsweise auf sauren Böden.

Wert: Er gehört zu den wohlschmeckendsten Pilzen, wird daher von Kennern besonders gesucht und geschätzt.

No. **49.**

Reifpilz. Zigeuner. Runzel-Schüppling.

Rozites caperatus Pers.

Eßbar.

No. **50.**

Nelken-Schwindling. Feld-Schwindling.

Marasmius oreades Fr.

Eßbar.

Der dünnfleischige **Hut** ist etwas zähe, anfangs kegelförmig, später etwas ausgebreitet und gebuckelt. Er erlangt einen Durchmesser bis 6 cm. Die Oberfläche ist glatt, trocken ledergelb oder hellbräunlich, nach dem Rande zu öfters schwach wäßrig gezont, besonders bei feuchtem Wetter. Der **Rand** ist anfangs eingebogen, später gestreift.

Der **Stiel** ist voll, knorpelartig hart, bis 12 cm hoch, gefärbt wie der Hut und mit einem ganz feinen weißlichen Filze überzogen.

Der **Geruch** ist stark würzig, nelkenartig, der **Geschmack** höchst angenehm.

Er **wächst** das ganze Jahr hindurch, schon vom Mai bis zum Winter.

Seinen **Standort** hat er vorzugsweise auf Wiesen in Kreisen und Reihen, seltener an lichten Laubwaldstellen.

Wert: Wegen seines lieblichen, würzigen Wohlgeschmackes zählt er zu den feinsten Suppenpilzen. Getrocknet schrumpft er außerordentlich zusammen.

No. **50.**

Nelken-Schwindling. Feld-Schwindling.

Marasmius oreades Fr.

Eßbar.

No. **51.**

Lila-Dickfuß. Safranfleischiger Dickfuß.

Cortinarius traganus Fr.

Giftig.

Dieser Pilz ist ein Schmuck unserer Wälder.

Der **Hut** ist lilafarbig, feinschuppig und faserig, später verbleichend, anfangs halbkugelig, nachher ausgebreitet flach.

Das **Fleisch** ist safrangelblich.

Die **Blätter** sind im Anfang safrangelb-ockerfarbig, dann blaß-erdbraun, ausgerandet und fein gekerbt.

Der **Geruch** ist eigenartig, der **Geschmack** gut.

Seinen **Standort** hat er in Nadelwäldern, vorzugsweise unter Fichten.

Er **wächst** von August bis September.

Wert: Giftig!

No. **51.**

Lila-Dickfuß. Safranfleischiger Dickfuß.

Cortinarius traganus Fr.

Giftig.

No. **52.**

Mehlpilz. Mehlräsling.

Clitopilus prunulus Scop.

Eßbar.

Der ziemlich fleischige **Hut** ist anfangs flach gewölbt, oft mit stumpfem Höcker in der Mitte, dann niedergedrückt trichterförmig. Die Oberhaut ist weiß bis grau-weiß, fühlt sich wie Handschuhleder an, bei feuchtem Wetter etwas klebrig, bei trockenem Wetter glatt. Der **Rand** ist in der Jugend eingerollt. Die anfangs weißen, später rötlichen **Blätter** laufen am Stiele herab.

Der **Stiel** ist kurz, oft exzentrisch stehend und in den Hut trichterförmig ausgehend.

Der **Geruch** ist charakteristisch mehlartig, der **Geschmack** angenehm.

Er **wächst** im Sommer und im Herbste.

Standort: In Wäldern und auf Waldplätzen, er liebt moosige und etwas grasige Stellen.

Wert: Ist eßbar und hat einen eigenen, aber durchaus nicht unangenehmen Geschmack. Mit anderen Pilzen gemischt ist er gut zu verwerten.

No. **52.**

Mehlpilz. Mehlräsling.

Clitopilus prunulus Scop.

Eßbar.

No. **53.**

Parasolpilz. Riesenschirmling.

Macrolepiota procera Scop.

Eßbar.

Der **Hut** erscheint anfangs wie ein Paukenschlägel und breiten sich dann schirmdachförmig aus. Dabei platzt die graubraune dürre Oberhaut und bildet braune dachziegelförmig liegende Schuppen, nach der Mitte in einen dunkelbraunen Buckel übergehend. Das **Fleisch** ist im Jugendzustande weich, später aber zäh und dürr. Dieser Pilz gehört zu den imposantesten, denn sein Hut wird bis 25, ja 30 cm breit.

Die **Blätter** stehen dicht, sind breit, weiß, weich und ganz frei vom Stiele.

Der mitunter über fußhohe, prächtig braungefleckte, röhrig-hohle **Stiel** ist nach aufwärts etwas verdünnt und am Grunde knollig verdickt. Außerdem trägt er einen dicken, lederartigen und verschiebbaren Ring.

Der **Geruch** ist angenehm, und das Fleisch hat einen süßen **Geschmack**.

Seinen **Standort** hat er auf lichten Laubwaldstellen, Grasplätzen und an Waldrändern.

Er **wächst** in den Monaten Juli bis Oktober.

Wert: Im Jugendzustande wohlschmeckend, verliert er im Alter den Geschmack und ist dann zäh.

No. **53.**

Parasolpilz. Riesenschirmling.

Macrolepiota procera Scop.

Eßbar.

No. **54.**

Rötlicher Holzritterling.

Tricholomopsis rutilans Schaeff.

Eßbar.

Der anfangs glockenförmige **Hut** ist mit einem dichten, purpurroten feinen Filz bedeckt, der sich später in Schüppchen und Körnchen, welche auf gelbem Grunde aufliegen, auflöst. Das **Fleisch** ist zart und gelb. Die **Blätter** sind gelb gefärbt, an der Schneide etwas verdickt und im Alter fein gesägt.

Der **Stiel** ist meist walzenförmig, anfangs voll, später etwas hohl und dem Hute gleichfarbig mit purpurfarbigem Anfluge.

Der **Geruch** und **Geschmack** sind angenehm.

Seinen **Standort** hat er vorzugsweise in Nadelwäldern am Grunde alter Baumstämme. Er **wächst** in den Monaten Juli bis November.

Wert: Er ist ein recht wohlschmeckender Pilz und eignet sich auch gut zum Einmachen. Er sollte jedoch nur in kleineren Mengen im Mischgericht zubereitet werden, da er leichte Verdauungsbeschwerden erzeugen kann.

No. **54.**

Rötlicher Holzritterling.

Tricholomopsis rutilans Schaeff.

Eßbar.

No. **55.**

Fliegenpilz.

Amanita muscaria L.

Giftig.

Als Schmuck der Wälder überall bekannt.

Sein lebhaft scharlachroter **Hut**, der mitunter auch in gelblichroter Färbung vorkommt und mit mehr oder weniger dicken, weißen Pusteln oder Warzen bedeckt ist, kennzeichnet ihn besonders. Das **Fleisch** ist weiß, ebenso die **Blätter** (Lamellen) des Futters.

Der **Stiel**, welcher anfangs voll, später hohl ist, zeichnet sich durch seine weiße Farbe aus; er ist geschmückt mit einer hängenden Manschette, am Grunde in eine kugelige oder eiförmige, ringförmig berandete Knolle übergehend.

Geruch und **Geschmack** sind durchaus nicht unangenehm, das Fleisch schmeckt sogar sehr gut.

Seinen **Standort** hat er häufig unter Birken auf saurem Boden.

Er **wächst** bereits im Anfang des Sommers und ist bis zum eintretenden Froste zu finden.

Wert: Giftig! Er ist wohl zweifellos der bekannteste Giftpilz. In früheren Zeiten wurde er als Fliegengift benutzt, deshalb sein Name. (Siehe: *Wie hütet man sich vor Pilzvergiftungen?*, Seite 9).

No. **55.**

Fliegenpilz.

Amanita muscaria L.

Giftig.

No. **56.**

Perlpilz. Rötender Wulstling.

Amanita rubescens Pers.

Eßbar.

Im Volksmunde der hellrote Fliegenpilz genannt, besitzt er einen schmutzig-rötlichen, blaß-fleischfarbigen, braunrötlichen oder bräunlichen **Hut**, der mehr oder weniger mit Pusteln besetzt ist, ähnlich wie der Fliegenpilz. Unter der leicht abziehbaren Oberhaut zeigt sich das **Fleisch** blaßrötlich, ist aber im Innern weiß.

Die **Blätter** sind anfangs weiß, erst im Alter etwas rötlich und dicht stehend.

Der ganz besonders in der Jugend kegelförmige, ebenfalls rötlich angehauchte **Stiel** streckt sich später ziemlich gleichmäßig schlank und walzig. Vom Hute laufen bis ans Ende der Manschette feine Striche. Der Fuß des Stieles läuft in einem mit Schuppen und Warzen bedecken Knollen aus.

Der **Geruch** ist schwach, der **Geschmack** anfangs mild, später etwas kratzend.

Seinen **Standort** hat er vorzugsweise in Nadel- und Laubwäldern. Er ist ein häufig vorkommender Pilz.

Er **wächst** ziemlich früh und ist im Herbste seltener zu finden.

Wert: Nach dem Abziehen der Oberhaut bildet er einen vorzüglichen Speisepilz (siehe: *Wie hütet man sich vor Pilzvergiftungen?*, Seite 9). Zum Trocknen eignet er sich nicht, wohl aber zum Gemüse und Einmachen und besonders zum Bereiten von Pilzextrakt (siehe Seite 5).

Unerfahrene Pilzsammler sollten ihn als Speisepilz meiden, da er mit dem giftigen Pantherpilz verwechselt werden kann.

No. **56.**

Perlpilz. Rötender Wulstling.

Amanita rubescens Pers. Eßbar.

No. **57.**

Pantherpilz.

Amanita pantherina DC.

Giftig.

Der anfangs kugelförmige **Hut** breitet sich später flach aus und erhält einen Durchmesser bis zu 10 cm. Seine Farbe ist umbra-, leder- oder graubraun. Ziemlich regelmäßig gestellte weiße Warzen haften auf der Oberhaut. Der **Rand** ist etwas gestreift, das **Fleisch** weiß. Die **Blätter** sind ebenfalls weiß und dichtstehend.

Der **Stiel** besitzt am Grunde einen fast rundlichen Knollen, welcher von einer abziehbaren Hülle umgeben ist. Im Anfange ist der Stiel voll, später hohl und schlank, bis 10 cm lang. Vom Hute laufen bis ans Ende der Manschette feine Striche.

Der **Geruch** ist wie Rettich oder Rüben, der **Geschmack** wie beim Perlpilz, anfangs mild, später etwas kratzend.

Seinen **Standort** hat er vorzugsweise in Laubwäldern.

Wert: Giftig! Er hat eine ähnliche Wirkung wie der Fliegenpilz, jedoch etwas stärker.

No. **57.**

Pantherpilz.

Amanita pantherina DC.

Giftig.

No. **58.**

Grüner Knollenblätterpilz.

Amanita phalloides Fr.

Tödlich giftig.

Der **Hut** ist heller grün, dunkel-olivgrün oder gelblich-grün, selten mit weißen Fetzen der früheren Hülle bedeckt, 6-10 cm breit.

Das **Fleisch** ist weiß, ebenso die **Blätter**. (Die Blätter des Champignons, der so oft mit diesem Pilze verwechselt wird, sind nie weiß, sondern rosarot bis schokoladenbraun.)

Der **Stiel** ist schlank, anfangs markig, später an der Spitze hohl, weiß und mit einer gelblich-weißen Manschette versehen. Charakteristisch und das untrüglichste Kennzeichen dieses Giftpilzes ist die ausgeprägte runde Knolle am Fuße des Stieles. Diese Knolle ist mit einer häutigen Scheide umgeben.

Seinen **Standort** hat er vorzugsweise unter Eichen und Buchen, selten auch in Nadelwäldern.

Geruch und **Geschmack** sind durchaus nicht unangenehm; der Geschmack sogar mild und gut, der Geruch honigartig.

Er **wächst** vom Sommer bis zum Herbste.

Wert: Wohl kein Pilz ist so giftig wie dieser; er ist um so gefährlicher, weil die Wirkung des Giftes erst nach 8-20 Stunden eintritt.

No. **58.**

Grüner Knollenblätterpilz.

Amanita phalloides Fr.

Tödlich giftig.

No. **59.**

Wiesen-Champignon. Feld-Egerling.

Agaricus campestris L.

Eßbar.

Der **Hut** kommt fast kugelförmig aus der Erde, wird halbkugelig und breitet sich dann flachgewölbt aus. Die Farbe ist weiß, selten bräunlich, seidenhaarig, flockig und klein, schuppig. Einzelne Pilze werden bis 15 cm breit. Das **Fleisch** ist dick, massig und weiß, bei Verletzung wird es oft rötlich.

Die anfangs rosaroten, später schokoladenbraun werdenden **Blätter** kennzeichnen den Champignon ganz vorzüglich.

Der **Stiel** ist voll, weiß und trägt in der Mitte einen dicken weißen, häutigen Ring oder Manschette. Er wird mitunter bis 8 cm hoch.

Geruch und **Geschmack** sind ganz vorzüglich.

Er **wächst** auf Wiesen, Feldern und an lichten Waldrändern.

Ganz besonders gedeiht er in trockenen Jahren nach einem Regen auf mit Pferdedünger oder Jauche gedüngten Wiesen mitunter schon Ende Juni, dann im Hochsommer und im Herbste.

Wert: Unstreitig der im Geschmacke beste Pilz, weshalb er auch überall gezüchtet wird. (Siehe: *Wie kann man Pilze züchten?*, Seite 12).

Seine Verwendbarkeit ist eine außerordentlich vielseitige.

No. **59.**

Wiesen-Champignon. Feld-Egerling.

Agaricus campestris L.

Eßbar.

No. 60.
Schaf-Champignon. Weißer Anisegerling.

Agaricus arvensis Schaeff.

Eßbar.

Der **Hut** ist weiß, meist etwas gelblich werdend, zumal bei Berührung, flockig (kleieartig),später kahl und glatt. Aus der Erde kommt er kegelförmig empor, breitet sich aus und wölbt sich rund. Er wird ebenfalls bis 15 cm breit. Das **Fleisch** ist unveränderlich weiß und dick.

Die **Blätter** sind im Gegensatze zum Wiesen-Champignon anfangs weißlichgrau und färben sich erst, nachdem die Hülle geplatzt ist, rötlich, später schwarzbraun.

Der **Stiel** ist nach unten verdickt und hohl. Er trägt einen aus doppelter Lage bestehenden weißen Ring.

Geruch und **Geschmack** sind angenehm; beim Reiben anisartig.

Seinen **Standort** teilt er mit dem Wiesen-Champignon, kommt jedoch auch in Gebüschen und vereinzelt in Wäldern vor.

Er **wächst** bedeutend später als der Wiesen-Champignon, erst Ende des Sommers.

Wert: Im Geschmack und Geruch zwar etwas geringer als der Wiesen-Champignon, findet er doch dieselbe Verwertung wie jener.

No. 61.
Zucht-Champignon. Zucht-Egerling.

Agaricus Campestris-praticola Vitt.

Eßbar.

Dieser Champignon ist nur eine Abart des Wiesen-Champignons und zeichnet sich durch seinen bräunlichroten, feinschuppigen **Hut** ganz besonders aus. Außerdem wird das **Fleisch** beim Schnitt stets hellrötlich. Im übrigen ist er dem Wiesen-Champignon ganz gleich.

Über die Züchtung desselben siehe Seite 12.

No. **60.**

Schaf-Champignon. Weißer Anisegerling.

Agaricus arvensis Schaeff. Eßbar.

No. **61.**

Zucht-Champignon. Zucht-Egerling.

Agaricus Campestris-praticola Vitt. Eßbar.

No. **62.**

Spitz-Morchel.

Morchella conica Pers.

Eßbar.

Der hohle **Hut** ist kegelförmig nach oben geschlossen und an seinem Rande mit dem Stiele verwachsen. Die Oberfläche wird durch vielfach miteinander verbundene Rippen netzartig in kleine Gruben geteilt. Die Färbung ist grau-, gelb- oder dunkelbraun. Das **Fleisch** ist zart, zerbrechlich und sehr wohlschmeckend.

Der **Stiel** wird bis 5 cm lang, ist walzigrund und weiß.

Die Morchel **wächst** vorzugsweise im Frühlinge nach warmem Regen, seltener findet man sie vereinzelt im Herbste.

Standort: Fast nur auf Waldwiesen, an Waldrändern und in Gärten.

Wert: Als sehr beliebte Delikatesse wird sie überall gesammelt und verkauft.

No. **63.**

Frühjahrs-Lorchel.

Gyromitra esculenta Fr.

Giftig.

Der **Hut** ist sehr unregelmäßig, höckerig, grubig und mit wellenartig verlaufenden dicken Falten überzogen. Die Farbe ändert sich von hellbraun bis dunkelbraun.

Das **Fleisch** ist wachsartig, sehr zerbrechlich und nicht stärker wie dünnes Leder.

Der **Stiel** ist faltig, dick, kurz, zusammengedrückt, anfangs markig und weiß, später hohl und grau.

Sie **wächst** ebenfalls im Frühlinge, vorzugsweise in Nadelwäldern, besonders unter Kiefern in Jungpflanzungen.

Wert: Giftig!

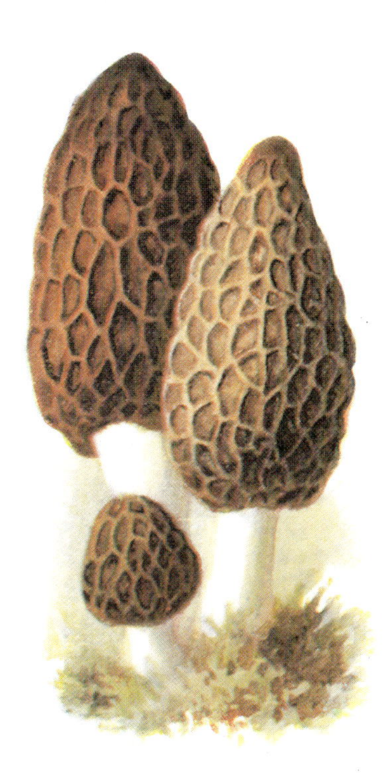

No. **62.**
Spitz-Morchel.
Morchella conica Pers.
Eßbar.

No. **63.**
Frühjahrs-Lorchel.
Gyromitra esculenta Fr.
Giftig.

No. **64.**

Sommer-Trüffel. Deutsche Trüffel.

Tuber aestivum Vitt.

Eßbar.

Die Sommer-Trüffel gehört zu den unterirdisch wachsenden Pflanzen, die von einer ziemlich festen Hülle umschlossen, im Innern die Samenschläuche, eingebettet in eine fleischige oder durch Hohlräume in Kammern geteilte Gewebsmasse, enthalten. Der rundliche **Fruchtkörper** der Sommer-Trüffel ist schwarzbraun und mit großen pyramidenförmigen Warzen bedeckt. Das weiße **Fleisch** zeigt beim Durchschnitt eine bräunlich-weiße Marmorierung.

Vorzugsweise liebt sie kalkhaltigen, tonigen, fruchtbaren Boden in dichter Nähe von Eichen, Hainbuchen, Rotbuchen, Kastanien und anderen Laubbäumen. Während die Sommer-Trüffel in den Laubwaldungen und Gebüschen Norditaliens und Frankreichs mit der echten französischen Trüffel gemeinsam und ziemlich häufig vorkommt, **finden** wir sie vorzugsweise in Norddeutschland, ganz besonders in Thüringen, in Hannover, im Rheinland und in Schlesien.

Man findet sie vom September an bis ziemlich zum Januar in einer Tiefe bis zu 15 cm. In sehr vielen Gegenden werden besonders abgerichtete Hunde oder Schweine zum Suchen der Trüffeln verwendet.

Wert: Obgleich am Werte der echten französischen Trüffel nachstehend, gehört die Sommertrüffel mit zu den gesuchtesten und teuersten Leckerbissen. Getrocknet verliert sie an dem ihr eigentümlichen würzigen **Geruch**. Zur Würze von Würsten, Pasteten usw. wird sie sehr gern verwendet. Unwissende werden öfters von gewissenlosen Händlern durch den Kartoffelbovist getäuscht und betrogen.

No. **64.**

Sommer-Trüffel. Deutsche Trüffel.

Tuber aestivum Vitt.

Eßbar.

No. **65.**
Orange-Becherling.

Aleuria aurantia Pers.

Eßbar.

Der becher- oder napfförmige **Fruchtkörper**, der mitunter bis 8 cm breit wird, sitzt mit kurzem Stiele anfangs halbkugelig, dann ausgebreitet dicht auf der Erde. Die innere Färbung dieses Becherlings ist lebhaft orangerot, außen blaß, oft weißlich bereift.

Er **wächst** vom Frühjahr bis zum Herbst meist herdenweise.

Seinen **Standort** hat er auf tonigen, lehmigen, nackten und feuchten Boden, an Grabenrändern, in Nadelwäldern, ganz besonders aber in Buchenwäldern.

Wert: Eßbar.

No. **66.**
Kastanienbrauner Becherling.

Peziza badia Pers.

Eßbar.

Der napfförmige **Fruchtkörper** ist kastanienbraun, anfangs am Rande eingebogen, später auch ausgebreitet.

Das **Fleisch** ist brüchig, wachsartig.

Er **wächst** von Anfang des Sommers bis zum Herbste.

Seinen **Standort** hat er auf feuchtem, sandigen Boden in Laub- und Nadelwäldern, an Wegrändern und Grabenböschungen.

Wert: Ist eßbar und wohlschmeckend. Hier und da wird er als „Ohrenmorchel“ gesammelt und zum Verkauf gebracht. Wegen seiner Brüchigkeit muß er besonders vorsichtig transportiert und wegen des anhaftenden Sandes sorgfältig gereinigt werden.

No. **65.**
Orange-Becherling. *Aleuria aurantia Pers.*
Eßbar.

No. **66.**
Kastanienbrauner Becherling. *Peziza badia Pers.*
Eßbar.

No. 67.
Schwärzender Bovist.

Bovista nigrescens Pers.

Jung eßbar.

Die kugeligen oder eiförmigen **Fruchtkörper** sind in der Jugend weiß und gleichen ausgewachsen einem Ei oder einem jungen Egerlinge. Die äußere Hülle ist ganz glatt, etwas dicker als Papier, zerreißt aber bei der Reife und zerfällt dann in Lappen. Die innere Haut ist anfangs ebenfalls weiß, wird dann bräunlichschwarz und bekommt in der Mitte ein kleines rundes Loch, aus dem die staubartigen **Poren** vom Winde in alle Richtungen zerstreut werden.Das Innere ist in der Jugend reinweiß und färbt sich im Alter schwarzbraun.

Auf Wiesen und Triften, besonders in Schafhütungen, **wächst** er im Herbste oft in Menge.

Wert: Ist im Jugendzustande, solange er innen noch markig und weiß aussieht, eine wohlschmeckende Speise. Läßt sich in diesem Zustande leicht trocknen.

No. 68.
Flaschen-Stäubling.

Lycoperdon perlatum Pers.

Jung eßbar.

Dieser Stäubling ist sehr verschieden gestaltet, bald hoch, bald niedrig, im oberen Teile kugelförmig, sich nach unten zu einem stark walzigen Stiele zusammenziehend, am Grunde faltig. Die äußere Hülle ist mit leicht abbrechenden **Stacheln** oder auch mit kegelförmigen Körnern oder Warzen bedeckt. Anfangs weißlich, bräunt sich bald die Oberfläche, auf welcher bei der Reife in der Mitte eine rundliche Mündung aufbricht, aus welcher die olivenbraunen Sporen ausstäuben. Das Innere ist in der Jugend markig und weiß.

Er **wächst** von Juni bis November in Laub- und Nadelwäldern stets truppweise und häufig.

Wert: Derselbe ist gleich dem des Schwärzenden Bovist.

No. **67.**

Schwärzender Bovist. *Bovista nigrescens Pers.*

Jung eßbar.

No. **68.**

Flaschen-Stäubling. *Lycoperdon perlatum Pers.*

Jung eßbar.

Abbildungen und Beschreibung
der Pilze

Band 2

No. **69.**

Rauhaarige Erdzunge. Gemeine Haarzunge.

Trichoglossum hirsutum Pers.

Ungenießbar.

Der keulenförmige, länglich-eiförmig zusammengedrückte **Fruchtkörper** ist schwarz und rauhhaarig. Mit dem walzenförmigen Stiele wird er bis 7 cm hoch.

Der Pilz **wächst** auf sumpfigen, moorigen Wiesen vom August bis November.

Wert: Ungenießbar.

No. **70.**

Grüngelbes Gallertkäppchen.

Leotia lubrica Pers.

Eßbar.

Der gewölbte, gallertartige und schlüpfrige **Hut** steht mit seinen darmartig gefalteten, eingerollten Rändern vom Stiele etwas ab. Er wird bis 1 cm breit und ist mehr oder weniger grünlich-gelb. Mit dem Stiele erreicht er eine Höhe von 3-8 cm.

Der **Stiel** selbst ist zylindrisch, hohl, oft zusammengedrückt und ebenfalls schlüpfrig.

Er **wächst** meist büschelförmig in feuchten und schattigen Wäldern vom Juli bis Oktober.

Wert: Eßbar.

No. **69.**

Rauhaarige Erdzunge. Gemeine Haarzunge.

Trichoglossum hirsutum Pers.

Ungenießbar.

No. **70.**

Grüngelbes Gallertkäppchen.

Leotia lubrica Pers.

Eßbar.

No. **71.**

Speisemorchel.

Morchella esculenta L.

Eßbar.

Der **Hut** besitzt eine rundlich-eiförmige, bei einer Abart fast kegelförmige, Gestalt und ist mit zellenartigen Gruben bedeckt, deren Wandlungen sich als Längs- und Querfalten oder Rippen netzartig über den Hut ausbreiten. Diese zellenartigen Gruben sind ziemlich tief. Der Hut selbst hat einen Längsdurchmesser von 7-12 cm und eine Breite von 5-8 cm.

Das Hutfleisch ist ziemlich brüchig und auf der Innenseite rein weiß, feinfilzig und kleiig, bei älteren Exemplaren leicht rosa angehaucht. Die Farbe des Hutes wechselt von hell-ockerfarbig bis im Alter schwärzlichen Rippenrändern.

Der 4-10 cm hohe **Stiel** ist weiß, später hell-gelblich, oft dick, wie aufgeblasen, mit kurzen Falten oder unregelmäßigen Erhöhungen versehen und mit kleieartigen, feinen Körnchen behaftet.

Ihren **Standort** hat die Morchel in Auwäldern, an Flußufern, Waldrändern, unter Gebüsch, vorzugsweise auf feuchtem Lehm- oder Sandboden. Man findet sie mehr auf lehmigem als sandigem Boden.

In der Ebene **erscheint** die Morchel bereits im April, im Gebirge erst im Mai. Anfang Juni ist sie selten zu finden, kommt überhaupt nicht sehr häufig vor.

Wert: Als Speisemorchel ist sie sehr geschätzt.

No. **71.**

Speisemorchel.

Morchella esculenta L.

Eßbar.

No. **72.**

Hohe Morchel.

Morchella gigas Batsch.

Eßbar.

Der **Hut** wird bis über 10 cm lang, ist fast kegelförmig und spitz auslaufend. Die Zellen sind eng und langgestreckt, die Faltenränder werden sehr bald schwärzlich, während die Farbe des Hutes braun oder grünlich-braun ist. Das auf der Unterseite weiße **Fleisch** ist dicht mit kleiigen Körnchen bedeckt.

Der hohle, bis 10 cm lange **Stiel** ist meist nach oben verdickt, faltig-rinnig, kleiig, im jungen Zustande weiß, im alten gelblich.

Geruch und **Geschmack** sind angenehm und eigenartig.

Ihren **Standort** hat die Spitzmorchel an Waldrändern, auch in Wäldern, auf Grasplätzen, an Eisenbahndämmen und in Gebüschen.

Erscheinungszeit: April und Mai.

Wert: Eßbar, aber nicht so feinschmeckend wie die Speisemorchel.

No. **72.**

Hohe Morchel.

Morchella gigas Batsch.

Eßbar.

No. **73.**

Halbfreie Morchel. Käppchen-Morchel.

Morchella rimosipes DC.

Eßbar.

Der **Hut** ist bei dieser Art nur zur Hälfte am Stiele angewachsen, zeigt ziemlich regelmäßig verlaufende Längs- und Querrippen, die infolge dessen fast rautenförmige, nicht sehr tiefe Zellen einschließen. Von allen Morchelarten hat sie den kleinsten Hut, der oft zwiebelartige Formen aufweist und nur 3 cm lang und ebenso breit ist. Die Farbe ist bräunlich-olivgrün.

Der **Stiel** wird bis 10 cm hoch, ist von oben bis ziemlich nach unten fein gefurcht, mitunter verbogen, nach oben und am Grunde etwas verdickt. Er ist von weißen, kleiigen Körnchen dicht besetzt. Das Innere ist hohl und ebenfalls mit feinen Körnchen bestäubt.

Geruch und **Geschmack** sind eigenartig, aber angenehm.

Standort: Meist in lichten Laubwäldern, besonders in parkartigen Anlagen, auf fettem, fruchtbarem Boden.

Erscheinungszeit: April und Mai.

Wert: Ist eßbar und wohlschmeckend.

No. **73.**

Halbfreie Morchel. Käppchen-Morchel.

Morchella rimosipes DC.

Eßbar.

No. **74.**

Bischofsmütze. Mützen-Lorchel.

Gyromitra infula Schaeff.

Eßbar.

Der **Hut**, der bis 10 cm hoch und bis 8 cm breit wird, ist eigenartig aufgeblasen und wird aus 2-4 ziemlich regelmäßigen Lappen mit hornartig aufstrebenden Ecken gebildet. Der gelappte **Rand** ist teilweise an den **Stiel** angewachsen. Die Oberfläche ist glatt, zimtbraun, die Unterseite des Fleisches ist weiß und feinfilzig.

Der bist 8 cm hohe und 2 cm dicke **Stiel** ist in der Regel walzig, mitunter auch zusammengedrückt, oft etwas grubig, gebogen oder gerade, weiß oder rötlich, anfangs flockig gefüllt, später hohl.

Geschmack und **Geruch** angenehm.

Standort: Auf feuchten, ausgebrannten Waldstellen, an faulenden Stöcken, auf alten Holzablagerungsstellen, bei Holzverwertungsfabriken, weniger auf Wiesen. Nicht selten, an einzelnen Stellen häufig.

Sie **erscheint** im Herbste.

Wert: Eßbar und wohlschmeckend.

No. **74.**

Bischofsmütze. Mützen-Lorchel.

Gyromitra infula Schaeff.

Eßbar.

No. **75.**

Herbst-Lorchel.

Helvella crispa Fr.

Eßbar.

Der **Hut** wird bis 5 cm hoch und besteht aus 3-4 ganz unregelmäßigen, sehr dünnfleischigen Lappen, die sich oft zurückschlagen. Sie sind weißlichgelb, auf der Unterseite weiß.

Der bis 10 cm hohe **Stiel** ist mit erhabenen, unregelmäßigen, starken Rippen versehen, so daß tiefe Längsgruben entstehen. Die Rippen sind röhrig, was beim Querschnitte deutlich zu erkennen ist.

Geschmack und **Geruch** sind angenehm.

Standort: Vorzugsweise in Laubwäldern, in Gebüschen und unter Gesträuch.

Erscheinungszeit: Im Frühlinge vereinzelt, im Herbste oft in Menge.

Wert: Eßbar und wohlschmeckend.

No. **75.**

Herbst-Lorchel.

Helvella crispa Fr.

Eßbar.

No. **76.**

Gruben-Lorchel.

Helvella lacunosa Afz.

Eßbar.

Der **Hut** ist aufgeblasen, verschieden gestaltet, teils eingesattelt und mehrzipfelig, teils mit eingerollten Lappen. Er wird 3-6 cm hoch und breit und ist bräunlich-schwarz oder dunkelgrau-schwärzlich. Das Innere ist durch Querwände in zellige Hohlräume geteilt. Das **Fleisch** ist dünn, brüchig und die innere Fläche grau.

Der 3-10 cm hohe **Stiel** ist mit erhabenen, miteinander verbundenen Rippen bekleidet, so daß er langgrubig erscheint, teils hellgrau, teils dunkelaschgrau. Das Innere des Stieles ist ebenfalls in zellige Hohlräume geteilt.

Geschmack und **Geruch** sind angenehm.

Die Gruben-Lorchel **wächst** in Wäldern, auf Waldwiesen oder am Grunde alter morscher Bäume und Baumstümpfe. Hier und da häufig.

Sie kommt im Frühlinge wie im Herbste vor.

Wert: Eßbar und wohlschmeckend.

No. **76.**

Gruben-Lorchel.

Helvella lacunosa Afz.

Eßbar.

No. **77.**

Wellige Wurzel-Lorchel.

Rhizina undulata Fr.

Eßbar.

Der kastanienbraune **Fruchkörper** breitet sich anfangs kreisförmig aus und hat meist einen weißen, dicken **Rand**. Später gestaltet er sich länglich elliptisch und wird 6-12 cm lang. Der Fruchtkörper ist wellig verbogen, aufgeblasen und liegt stiellos krustenförmig auf der Erde, mit wurzelartigen Strängen sich festklammernd. Das **Fleisch** ist häutig und zerbrechlich.

Der Haftling **wächst** meist in Nadelwäldern, besonders auf alten Brandstellen, oft in großer Menge im Herbste.

Wert: Er ist ein Waldschädling, wie dies Prillieux und Roumeguère zuerst in Frankreich nachgewiesen haben, denn die Wurzeln der Bäume werden von dem strangartigen Myzel durchwuchert und zum Absterben gebracht. Ebenso ist durch Hartig seine zerstörende Wirkung an verschiedenen Arten von Nadelbäumen in Schlesien, Mecklenburg usw. festgestellt worden.

No. **78.**

Hasenohr.

Otidea leporina Fr.

Eßbar.

Der **Fruchtkörper** dieses Becherlings ist meist einseitig bis zum Grunde gespalten, so daß er mehr oder weniger ohrförmig erscheint. Die Form ist dabei sehr verschieden, teils ist der **Rand** nach innen eingebogen, teils, und zwar bei großen Exemplaren, gestreckt oder leicht nach außen gewendet. Die Farbe ist ockergelb oder ockerfarbig-rotgelb. Außen ist die Farbe etwas heller.

Der kurze **Stiel** ist etwas gerippt oder ganz glatt, dabei feinfilzig.

Erscheinungszeit: Sommer und Herbst.

Standort: In Buchen- und Fichtenwäldern, weniger häufig.

Wert: Eßbar.

No. **77**a. **Wellige Wurzel-Lorchel.** Jung.
Rhizina undulata Fr. Eßbar.

No. **77**b. **Wellige Wurzel-Lorchel.** Alt.
Rhizina undulata Fr. Eßbar.

No. **78.**
Hasenohr.
Otidea leporina Fr.
Eßbar.

No. **79.**

Blasenförmiger Becherling.

Peziza vesiculosa Bull. Eßbar.

Der junge **Fruchtkörper** ist anfangs fast kugelig und breitet sich später glocken- bis napfförmig aus. Der **Rand** ist schon in der Jugend mehr oder weniger wellig gekerbt oder eingeschnitten. Je nach dem Standorte wird er 2-12 cm breit und zeigt verschiedene Gestalt. Die innere Fläche ist hell oder schmutzig dunkelbräunlich-gelb, außen heller, fast weißlich und feinflockig bestäubt.

Er sitzt auf einem kurzen, undeutlichen **Stiele**.

Der Blasenförmiger Becherling **findet** sich häufig gesellig auf Schutt-, Dung-, Komposthaufen und in Mistbeeten.

Er **wächst** vom Mai bis zum September.

Wert: Eßbar.

No. **80.**

Schildborstling.

Scutellinia scutellata L. Ungenießbar.

Die **Scheibe** dieses kleinen schlüsselförmigen Becherlings hat eine leuchtend mennigrote, außen jedoch blaßrote Farbe. Der **Rand** ist mit feinen, steifen, dunkelbraunen Borsten besetzt. Der Fruchkörper wird nur bis 1 cm breit.

Der Schildborstling **findet** sich von Mai bis Oktober auf faulem Holze, meist am Grunde alter Baumstümpfe und auf dem Boden.

Wert: Ungenießbar.

No. **81.**

Gänzender Schwarzborstling.

Pseudoplectania nigrella Pers. Ungenießbar.

Die **Scheibe** dieses Becherlings hat eine aschgrau-schwarze Farbe und ist außen mit feinem, dichtem Filz bekleidet. Er ist anfangs halbkugelig, später schlüsselförmig ausgebreitet und wird bis 1,2 cm im Durchmesser groß.

Vom Frühling bis Herbst herdenweise auf dem Erdboden zu **finden**. Meist häufig.

Wert: Ungenießbar.

No. **79**a. **Blasenförmiger Becherling.** Jung.
Peziza vesiculosa Bull. Eßbar.

No. **79**b. **Blasenförmiger Becherling.** Alt.
Peziza vesiculosa Bull. Eßbar.

No. **80.**
Schildborstling.
Scutellinia scutellata L.
Ungenießbar.

No. **81.**
Gänzender Schwarzborstling.
Pseudoplectania nigrella Pers.
Ungenießbar.

No. **82.**

Winter-Trüffel.

Tuber brumale Vitt.

Eßbar.

Diese Trüffel ist im Äußeren der Sommer-Trüffel (siehe No. 64, Band 1) ähnlich, nur sind die Warzen breitgedrückter, haben mehr feine Streifen und treten nicht so deutlich hervor.

Das innere weiße Adernetz ist labyrinthartig verzweigt und das **Fleisch** grauschwarz, während es bei der Sommertrüffel rot-bräunlich aussieht. Der **Geruch** ist stärker als bei der vorhergenannten Art und wird bei alten Exemplaren sogar widerlich, wenn man sie unzerschnitten trocknen will.

Ihren **Fundort** hat die Winter-Trüffel vorzugsweise in Eichenwaldungen. In Deutschland kommt sie nur im Elsaß vor, während sie in Frankreich und Italien viel gefunden wird.

Die **Reifezeit** ist im Herbste und im Winter.

Wert: Ist eine der wertvollsten und besten Trüffeln.

No. **83.**

Olivbraune Trüffel.

Tuber excavatum Vitt.

Ungenießbar.

Der **Fruchtkörper** ist kugelig, buchtig, wird bis über walnußgroß, zeigt sehr häufig Löcher, die durch Insekten- und Wurmfraß entstanden sind. Am Grunde ist er stets ausgehöhlt und hat auch im Innern mitunter Hohlräume, meist in der Mitte, von wo aus die gelblich-weißen Adern strahlenförmig nach dem Rande laufen. Die Hülle selbst ist glatt und schmutzig-gelbrot. Das **Fleisch** ist in der Jugend erst gelblich, dann orangefarben, wird später gelblich-braun bis dunkel-schmutzigbraun. Das Fleisch ist holzig und wird beim Trocknen steinhart.

Das **Verbreitungsgebiet** ist fast dasselbe wie bei der Sommer-Trüffel. Ganz besonders häufig scheint sie im Schwarzburgischen, in den Wäldern um Sondershausen und im Bebraer Forste vorzukommen, sowie in Thüringen, außerdem in Italien, Frankreich und England.

Sie **findet** sich bereits im Herbste ausgewachsen vor.

Wert: Wegen ihres holzigen Fleisches ungenießbar.

No. **82.**
Winter-Trüffel.
Tuber brumale Vitt.
Eßbar.

No. **83.**
Olivbraune Trüffel.
Tuber excavatum Vitt.
Ungenießbar.

No. **84.**

Weißtrüffel.

Choiromyces maeandriformis Vitt.

Eßbar.

Die **Fruchtkörper** werden mitunter kopfgroß, gewöhnlich zeigen sie Kartoffelgröße. Im Äußeren ähneln sie auch den Kartoffeln, denn die ziemlich dünne Hülle ist glatt, oft rissig, anfangs grauweiß, später hell-bräunlich. Die Form ist sehr verschieden, teils rundknollig, teils höckerig.

Das zarte, aber dennoch derbe **Fleisch** ist anfangs weißlich, wird später grau-gelblich und erscheint durch dunkle labyrinthartige Adern marmoriert.

Im **Geruch** und **Geschmack** soll die Weißtrüffel den französischen Trüffeln gleichstehen. Sie kommen in Laub- und Nadelwäldern, besonders in Auen- und Buchenwäldern, in Fichtenforsten, auf Lehm-, Ton- und Mergelboden nesterweise dicht unter der Erdoberfläche wachsend vor. Sie ist unter den Trüffelarten am leichtesten zu finden, da sie häufig mit ihrem Scheitel aus der Erde herausragt.

Die **Reifezeit** tritt bereits im Juli ein und währt bis Ende September.

Die Weißtrüffel, eine wärmeliebende Art, kommt zerstreut im Flach- und Hügelland in Süd- und im südlichen Mitteleuropa, einschließlich Bayern, Thüringer Becken, um Dessau, Sachsen und Südpolen, Moskauer Gebiet, vor. Sehr vereinzelt in England, Jütland bei Wismar, Nordost-Polen und in den baltischen Republiken.

Wert: Ausgezeichneter Würzpilz. Man verwendet junge Fruchtkörper, in Scheiben geschnitten und rasch getrocknet.

No. **84.**

Weißtrüffel.

Choiromyces maeandriformis Vitt.

Eßbar.

No. 85.
Zitterling. Zitterzahn. Eispilz.

Pseudohydnum gelatinosum Vitt.

Eßbar.

Der meist sitzende oder seitlich gestielte **Fruchtkörper** ist muschel- oder halbhutförmig, gallertartig-zitternd, wässerig weißlich-grau, fast durchscheinend, auf der Oberseite mit Haarbündeln bedeckt oder kleiig-körnig, auf der Unterseite mit **Stacheln** bekleidet.

Seinen **Standort** hat der Pilz an alten, faulen Stöcken.

Er **wächst** vom Juli bis November.

Wert: Unbekannt.

No. 86.
Klebriger Hörnling.

Calocera viscosa Pers.

Genießbar.

Der zähe **Fruchtkörper** ist strauchartig ästig. Die mehr oder weniger gabelig verzweigten Äste stehen aufrecht und sind am Ende meist zugespitzt. Sie sind klebrig, goldgelb oder orangefarben.

Seinen **Standort** hat der Pilz an alten Wurzeln oder Baumstöcken, die er mit seinem strangförmigen Myzel oft mehrere Dezimeter lang durchzieht.

Wert: Wegen seines Äußeren wird er meist mit dem Goldgelben Korallenpilz verwechselt und als solcher bezeichnet. Gebraten ist er sehr zäh, getrocknet jedoch und nacher mit Weinessig und Gewürz aufgekocht, genießbar und vorzüglich geeignet zum Garnieren von sauren Speisen.

No. **85.**

Zitterling. Zitterzahn. Eispilz.

Pseudohydnum gelatinosum Vitt.

Eßbar.

No. **86.**

Klebriger Hörnling.

Calocera viscosa Pers.

Genießbar.

No. **87.**

Schweinsohr.

Gomphus clavatus Pers.

Eßbar.

Der vollständig fleischige **Fruchtkörper** hat ausgewachsen eine unregelmäßig kreiselförmige Gestalt, ist oben abgestutzt, mehr oder weniger eingebuchtet, oft trichterförmig mit vorstehenden Rändern oder auch glatt, rauh und blassgelblich. Die Außenseite, die die Fruchtschicht trägt, ist aderig runzelig, violett, pupurfarbig oder ockergelblich.

Das **Fleisch** ist weiß und dicht.

Von einem **Stiele** kann man kaum sprechen, da derselbe mit dem Fruchtkörper so verwachsen ist, daß man keine Begrenzung findet.

Geruch und **Geschmack** sind angenehm.

Er **wächst** im August und September.

Seinen **Standort** hat der Pilz in Laub- und Nadelwäldern, vorzugsweise auf Kalkböden.

Wert: Dieser Pilz gehört zu unseren besten und wohlschmeckenden Speisepilzen. Da er in Deutschland immer seltener wird, sollte man ihn stehenlassen.

No. **87.**

Schweinsohr.

Gomphus clavatus Pers.

Eßbar.

No. **88.**

Stark riechender Pfifferling.

Cantharellus xanthopus Pers.

Eßbar.

Der fleischig-häutige **Fruchtkörper** ist trompetenförmig, wird bald hohl, 5-10 cm hoch, 5 cm breit, besitzt einen dünnen, wellenförmigen **Rand**. Die Oberfläche ist rauchgrau, teils glatt, teils flockig-schuppig. Die Fruchtseite ist entfernt gerippt, im Alter mit verzweigten Runzeln und rein gelb.

Der **Stiel** ist hohl, leuchtend gelb, oft zusammengedrückt und dann gefurcht.

Der **Geruch** ist angenehm, der **Geschmack** gering, etwas wässrig.

Seinen **Standort** hat der Pilz in Nadelwäldern, an feuchten Stellen im Moose, er wächst herdenweise und ist oft mit anderen zusammengewachsen.

Erscheinungszeit: Im Herbste.

Wert: Dieser Pfifferling ist eßbar und wohlschmeckend. Leider ist er nicht überall zu finden. Wo er aber vorkommt, wächst er in Mengen.

No. **89.**

Zungenkeule.

Clavariadelphus ligula Schaeff.

Eßbar.

Der mehr oder weniger keulenförmige **Fruchtkörper** wird bis 8 cm hoch, ist zartfleischig und weich, sehr zerbrechlich, glatt oder bei älteren, sehr dick keulenförmigen, höckerig und grubig. Die Farbe ist gelblich-weiß, ockerfarbig oder rötlich-gelb. Der obere Teil des Fruchtkörpers zeigt sich zuweilen statt keulenförmig unregelmäßig breitgedrückt oder tütenförmig, hohl, mit einzelnen hervorragenden rundlichen Spitzen.

Der **Stiel** ist am Grunde etwas zottig.

Seinen **Standort** hat der Pilz in Nadelwäldern, meist in großen Trupps oder herdenweise.

Er **wächst** vom August bis November.

Wert: Er ist essbar und schmackhaft. Da er meist in großer Menge auf einer Stelle vorkommt, lohnt sich das Sammeln.

No. **88.**

Stark riechender Pfifferling.

Cantharellus xanthopus Pers.

Eßbar.

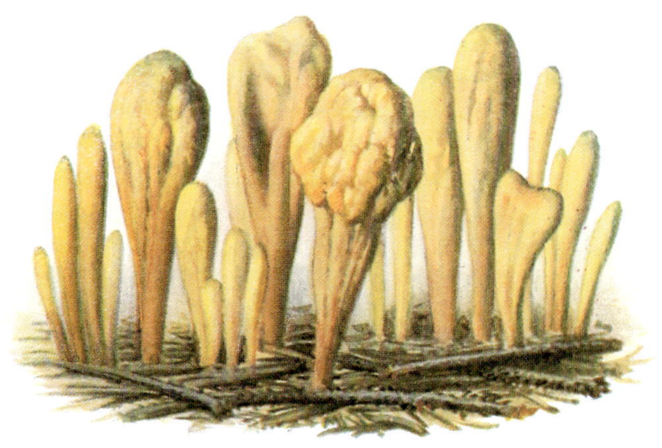

No. **89.**

Zungenkeule.

Clavariadelphus ligula Schaeff.

Eßbar.

No. **90.**

Rauchgraue Keule.

Clavaria fumosa Pers.

Eßbar.

Von allen Händlingen wird diese Art am längsten, nämlich von 5 bis 20 cm. Der **Fruchtkörper** steht aufrecht, ist einfach, in der Jugend weißgelblich, dann bräunlich und endlich fleischrötlich-braun. Ältere Fruchtkörper werden breitgedrückt und rinnig, anfangs sind sie stielrund und hohl. Das **Fleisch** ist zerbrechlich. Der **Stiel** ist am Grunde zottig-filzig.

Der **Geruch** ist angenehm, der **Geschmack** wässrig und gering.

Seinen **Standort** hat der Pilz in feuchten Waldgräben der Nadelwaldungen, auf abgefallenen Zweigen; in Unmasse an den Stellen, wo der Regen Nadeln und Holzästchen zusammengeschwemmt hat. Er kommt fast überall vor.

Erscheinungszeit: Juli bis November.

Wert: Er ist wohlschmeckend. Obgleich der einzelne Fruchtkörper wenig Fleisch bietet, so geben die oft an einzelnen Stellen in riesiger Anzahl wachsenden Exemplare gute Ausbeute. Wegen seiner Brüchigkeit und Zartheit muß er in Körbchen für sich gesammelt werden.

No. **91.**

Heidekeule.

Clavaria argillacea Pers.

Eßbar.

Der röhrige, glatte, weißlich-gelbe **Fruchtkörper** wird bei ausgewachsenen Exemplaren rinnig oder spaltet sich der Länge nach. Er wird bis 7 cm hoch und ist nicht brüchig.

Der **Stiel** ist weißlich bis gelblich.

Ihren **Standort** hat die Heidekeule auf trockenem Sandboden in Heiden und Silbergrasfluren.

Sie **wächst** von Juli bis Mai.

Wert: Eßbar, kommt nicht häufig vor.

No. **90.**
Rauchgraue Keule.
Clavaria fumosa Pers.
Eßbar.

No. **91.**
Heidekeule.
Clavaria argillacea Pers.
Eßbar.

No. **92.**

Goldgelbe Wiesenkeule.

Ramariopsis helveola Pers.

Ungenießbar.

Der schlanke, fleischige **Fruchtkörper** verdünnt sich nach unten, ist oben etwas keulenförmig verdickt, an der Spitze abgerundet oder spindelförmig zugespitzt. Die **Farbe** ist außen lebhaft goldgelb oder orangefarbig, innen jedoch weiß.

Gewöhnlich sind eine Anzahl Fruchtkörper am Grunde büschelig zu einem losen Bündel verwachsen.

Standort: In Wäldern auf grasigen oder moosigen Stellen.

Erscheinungszeit: September und Oktober.

Wert: Ungenießbar.

No. **93.**

Goldgelbe Koralle.

Ramaria aurea Schaeff.

Eßbar.

Der **Fruchtkörper** wird bis 15 cm hoch. Der **Strunk** ist dick und teilt sich schon von unten an in weißfleischige, derbe Äste, die weißlich-gelb, nach oben gerade aufstrebend, vollständig rund mit hellgoldgelber **Farbe** in meist zweiteilige, stumpfe Spitzchen endigen.

Der Pilz **wächst** vereinzelt oder truppweise vornehmlich in Nadelwäldern.

Er wird von August bis Oktober gefunden.

Wert: Er ist sehr wohlschmeckend.

No. **92.**

Goldgelbe Wiesenkeule.

Ramariopsis helveola Pers.

Ungenießbar.

No. **93.**

Goldgelbe Koralle.

Ramaria aurea Schaeff.

Eßbar.

No. **94.**
Schöne Koralle. Dreifarbige Koralle.

Ramaria formosa Pers.

Giftig.

Der reichverästelte **Fruchtkörper** steigt aus dem bis 3 cm dicken Strunke bis 8 cm, ja mitunter 16 cm hoch empor (es wurden bis 400g schwere Fruchtkörper gefunden). Die Äste sind oft verbogen, am Grunde weißlich oder gelblich, nach oben schön hellgelblich-rot oder fleischrötlich. Sie endigen in 2 bis 5 mehr oder weniger stumpfe Spitzchen.

Seinen **Standort** hat der Pilz in Laubwäldern, vorzugsweise unter Buchen.

Geruch und **Geschmack** sind angenehm.

Erscheinungszeit: August bis Oktober.

Wert: Giftig. Die Schöne Koralle wird häufig auch von Pilzkennern mit der Goldgelben Koralle oder ähnlicher eßbarer Arten verwechselt.

No. **95.**
Kammförmige Koralle.

Clavulina cristata Holmsk.

Eßbar.

Der äußerst reich verästelte **Fruchtkörper** wird bis 5 cm hoch und hat dann einen 1 cm dicken **Strunk.** Die weißen, derbfleischigen Äste sind am Ende mit kammartigen, scharfen Spitzchen gekrönt.

Seinen **Standort** hat der Pilz vorzugsweise in Nadel- und lichten Laubwäldern, besonders in der Nähe der Bäume.

Geruch und **Geschmack** sind angenehm.

Erscheinungszeit: August bis November.

Wert: Wegen seines Wohlgeschmacks und seines häufigen Vorkommens sehr wertvoll; läßt sich sehr gut trocknen.

No. **94. Schöne Koralle. Dreifarbige Koralle.**
Ramaria formosa Pers. Giftig.

No. **95. Kammförmige Koralle.**
Clavulina cristata Holmsk. Eßbar.

No. **96. Derber Korkstacheling.**

Hydnellum compactum Pers.

Ungenießbar.

Der kreiselförmige **Hut** ist anfangs meist gewölbt, später flach ausgebreitet, graubraun oder dunkelbraun am Rande mit weißen zarten Filze überzogen. Die Mitte ist grubig und höckerig. Er wird bis 15 cm breit; die Höhe des Pilzes beträgt bis 10 cm. Oft sind mehrere **Fruchtkörper** zusammengewachsen und auf einem Stiele vereinigt.

Das **Fleisch** ist derb, korkig, filzig, und innen braun, manchmal violett gezont.

Die **Stacheln** sind spitz, nach dem Stiele zu am längsten, nach dem Rande kleiner, anfangs grau, später braun mit hellen Spitzen.

Der **Stiel** ist kurz, dick und fehlt manchmal ganz.

Der **Geruch** ist angenehm würzig.

Standort: In Laubwäldern.

Erscheinungszeit: August bis Oktober.

Wert: Ungenießbar.

No. **97. Dauer-Porling.**

Coltricia perennis L.

Ungenießbar.

Der anfangs stets trichterförmige **Hut** breitet sich im Alter scheibenförmig aus und ist dünn lederartig. Kreisrunde, feinhaarige, zimtbraune und ockerfarbige bis graubraune Zonen schmücken die Oberfläche. Der **Rand** ist dünn und scharf. Oft fließen mehrere Hüte zusammen.

Die **Röhrchen** sind kurz, nur bis 2 mm lang; die **Poren** groß, eckig, später zerschlitzt, anfangs weißlich, später braun.

Der dünne, 2-3 cm lange **Stiel** ist meist am Grunde verdickt, rostbraun und mit samtartigem Filze bekleidet.

Seinen **Standort** hat der Dauer-Porling nur in Nadelwäldern, besonders auf sandigem Boden.

Er **wächst** vom Juli bis November und noch im Frühlinge findet man alte Exemplare unverwest vor.

Wert: Große, trichterförmige Exemplare werden hier und da getrocknet, lackiert und zu Schmuckgegenständen, wie kleinen Aschenbechern usw., verwendet. Sonst wertlos.

No. **96. Derber Korkstacheling.**
Hydnellum compactum Pers. Ungenießbar.

No. **97. Dauer-Porling.**
Coltricia perennis L. Ungenießbar.

No. **98.**

Schwefel-Porling.

Laetiporus sulphureus Bull.

Jung eßbar.

Die nach einer Seite miteinander verwachsenen **Hüte** sind sehr vielgestaltig, teils halbkreisförmig, teils fächerartig, teils knollig-polsterförmig und erreichen oft eine Länge von 30 cm und 25 cm Breite. Die Dicke ist ebenfalls verschieden, nach dem Stiele hin bis 10 cm. Die Oberhaut ist meist glatt, schwefelgelb bis orangefarben, wird im Alter aber weißlich. Das **Fleisch** ist jung weich, saftig, käseartig, gelb, im Alter aber weiß und leicht zerreiblich.

Die **Röhrchen** sind schwefelgelb und haben feine, jedoch unregelmäßige **Poren**.

Geruch und **Geschmack** sind angenehm pilzartig.

Der Schwefel-Porling **findet** sich an den Stämmen und in den Höhlungen verschiedener Laubbäume, oft dachziegelartig übereinander wachsend, in Menge. An Eichen und Birnbäumen kommt er am häufigsten vor.

Er **wächst** vom Juni bis zum November.

Wert: Ist im Jugendzustande ein guter Speisepilz, später ungenießbar. Roh giftig.

No. **99.**

Schmetterlings-Porling. Schmetterlings-Tramete.

Trametes versicolor L.

Ungenießbar.

Der **Fruchtkörper** besteht aus übereinanderstehenden, halbkreis- oder nierenförmigen, dünnen Hüten, deren **Fleisch** trocken, lederartig zäh und faserig ist. Die Oberhaut ist glänzend und zeichnet sich durch ihre bunte Zonung aus. Diese Zonen sind von innen nach außen zu schwärzlich-braun, hellbraun, grau, bläulich, gelb und weißlich, dabei fein samthaarig.

Der **Rand** ist dünn und wellig.

Die **Röhrchen** haben feine, unregelmäßige, im Alter zerschlitzte Mündungen, sind anfangs weiß, später schmutziggelb.

Seinen **Standort** hat der Schmetterlings-Porling auf alten Stöcken verschiedener Laubbäume, wie Birken, Erlen, Eichen, Linden, Pappeln, Weiden. Er **findet** sich fast das ganze Jahr hindurch.

Wert: Wegen seiner holzigen Beschaffenheit ist er nicht zu genießen.

No. **98.** **Schwefel-Porling.**
Laetiporus sulphureus Bull. Jung eßbar.

No. **99.**
Schmetterlings-Porling. Schmetterlings-Tramete.
Trametes versicolor L. Ungenießbar.

No. **100.**
Grüner Porling. Kamm-Porling.

Albatrelluss cristatus Schaeff.

Ungenießbar.

Die **Hüte** dieses Pilzes sind sehr unregelmäßig, meist halbiert, oft zungen- oder fächerförmig, selten einzeln, meist am Grunde miteinander verwachsen. Oft bilden sie dann ineinandergewachsene Massen. Die Oberfläche ist anfangs feinzottig, später rissig und meist schmutzig grünlich-gelb, nach dem Rande grünlich-braungelb. Der Hut wird im Durchmesser über 10 cm groß. Sein **Fleisch** ist anfangs weich und krümelig und wird später trocken und hart. Es ist im Jugendzustande weißlich-gelb, im Alter grünlich.

Die **Röhren** laufen am Stiele herab. Die **Poren** sind zuerst weiß, dann schmutzig-gelblich, unregelmäßig eckig und zerschlitzt.

Der **Stiel** ist kurz und erweitert sich nach dem Hute zu.

Seinen **Standort** hat der Pilz in Laub- und Nadelwaldungen, vorzüglich auf begrasten Waldwegen. Er findet sich nicht zu häufig.

Erscheinungszeit: September und Oktober.

Wert: Er ist ungenießbar.

No. **101.**
Ziegenfuß.

Albatrellus pes-caprae Pers.

Eßbar.

Die **Hüte** dieses Pilzes sind unregelmäßig, teils halbliert oder nierenförmig, dabei wellig verbogen und rundlappig eingeschnitten. Die Oberfläche ist schuppig, geflockt, kaffeebraun, im Alter schwarzbraun. Das **Fleisch** ist weiß und brüchig. Oft sind mehrere Pilze miteinander verwachsen.

Die Mündungen der **Röhrchen** sind weit, anfangs weiß, später gelblich. Die Röhrchen laufen meist am Stiele herab.

Der **Stiel** ist ungleichmäßig dick, oft eingedrückt, bauchig, knollig und gelb bis schmutzig-braungelb.

Der **Geruch** ist angenehm und der **Geschmack** fast nußartig.

Seinen **Standort** hat der Ziegenfuß in Nadelwäldern, meist an mit Heide überzogenen, auch grasigen Stellen. Er wird oft übersehen, kommt jedoch in südlichen Gegenden häufiger vor.

Er **wächst** von Ende August bis zum Oktober.

Wert: Ist ein vorzüglicher Speisepilz.

No. **100.**

Grüner Porling. Kamm-Porling.

Albatrelluss cristatus Schaeff.

Ungenießbar.

No. **101.**

Ziegenfuß.

Albatrellus pes-caprae Pers.

Eßbar.

No. **102.**

Eichhase.

Polyorus umbrellatus Pers.

Eßbar.

Aus einem weißen, fleischigen **Strunk**e steigen, sich verästelnd, die huttragenden Stiele empor und bilden dann einen Haufenpilz von einer Höhe und Breite bis zu 40 cm. Oft trägt ein Strunk über 100 Hüte. Diese sind halbiert, 3-6 cm breit und lang, am Rande dünn-, nach dem Stiele zu dickfleischig. Außerdem zeigen sie verschiedene Gestalt, sie sind teils ausgeschweift, teils wellig gelappt oder rissig. Die Oberfläche ist braungelb und kahl. Das **Fleisch** ist weiß.

Die kurzen **Röhrchen** mit ihren feinen, weißlichen Mündungen laufen an dem Stiele herab.

Seinen **Standort** hat der Eichhase vorzugsweise in Eichenwäldern, auf dem Erdboden und meist in der Nähe von alten Stämmen.

Er **wächst** vom August bis zum Oktober.

Wert: Er ist ein sehr wohlschmeckender Pilz, kommt allerdings nicht allzuhäufig vor.

No. **102.**

Eichhase.

Polyorus umbrellatus Pers.

Eßbar.

No. 103.
Leberpilz. Ochsenzunge.

Fistulina hepatica Schaeff. Jung eßbar.

Der eigentümlich gestaltete, meist langgestreckte, zungenförmige, dickfleischige **Fruchtkörper** ist stets einseitig mit einem kurzen, oft sehr dicken Stiele an einem Stamm angewachsen. In der Jugend ist der **Hut**, dessen Oberfläche blutrot, später braunrot aussieht, mit einem blutroten Safte erfüllt. Die Schnittfläche zeigt fast strahlig geordnete, weißliche Streifen. Die Länge des Hutes ist verschieden; einzelne Exemplare werden bis 20 cm, einige bis über 40 cm lang.

Der **Geruch** ist angenehm, der **Geschmack** säuerlich.

Erscheinungszeit: August bis Oktober.

Seinen **Standort** hat der Pilz an verschiedenen Laubbäumen, wie Eichen, Buchen, Nußbäumen, Kastanien usw. Fast unfehlbar ist er in den Schlagwaldungen für Eichenlohe zu finden. An abgeschlagenem Eichenholze kommt er am häufigsten vor.

Wert: Er ist ein wertvoller und schmackhafter Speisepilz.

No. 104.
Hasen-Röhrling.

Gyroporus castaneus Bull. Eßbar.

Der selten über 6 cm breite, anfangs halbkugelige, dann polsterförmige **Hut** vertieft sich im Alter trichterförmig. Die Farbe des Hutes ist kastanienbraun, dabei glänzend und feinfilzig. Das **Fleisch** ist weiß und unveränderlich.

Die ziemlich 1 cm langen **Röhren** werden nach dem Stiele ganz kurz, so daß um den Stiel herum eine buchtige Vertiefung entsteht. Die Mündungen sind anfangs weiß, später gelblich, klein und rund.

Der dem Hute gleichfarbige **Stiel** ist walzig und wird bei ausgereiften Exemplaren hohl.

Standort: In gemischten sowie in Nadelwaldungen. Vorzugsweise auf sandigem Boden.

Erscheinungszeit: Der Hasen-Röhrling wächst vom Juni an bis Oktober, ist aber nicht überall häufig.

Wert: Es ist ein sehr wohlschmeckender Speisepilz und wird hier und da als Hasensteinpilz bezeichnet.

No. **103.**

Leberpilz. Ochsenzunge.

Fistulina hepatica Schaeff.

Jung eßbar.

No. **104.**

Hasen-Röhrling.

Gyroporus castaneus Bull.

Eßbar.

No. **105.**

Kornblumen-Röhrling.

Gyroporus cyanescens Bull.

Eßbar.

Sein **Hut** ist anfangs fast halbkugelig, entfaltet sich polsterförmig und flacht sich zuletzt ab. Die Oberhaut ist weiß- bis strohgelblich, sowie flockig-filzig. Die Breite des Hutes beträgt 5-14 cm, ausnahmsweise bis 18 cm. Der Hutrand ist scharf. Beim Bruch oder Schnitt läuft das weiße **Fleisch** sofort kornblumenblau an, nach dem Rande hin dunkler werdend.

Die **Röhren** sind nicht an den Stiel angewachsen, ziemlich lang (bis 1 cm), bei jungen Exemplaren weißlich, werden später gelb und haben kleine runde Mündungen. Beim Drucke werden sie sofort blau.

Der **Stiel** ist 3 cm dick und 8-10 cm lang und dreiviertel seiner Länge abwärts ebenfalls filzig und knollig. Der obere Teil ist glatt und dem Hute gleichfarbig.

Der **Geruch** ist angenehm, der **Geschmack** unbedeutend.

Erscheinungszeit: Im Sommer und Herbst.

Standort: Meist in lichten Laub- und Nadelwäldern auf sandigem Boden.

Wert: Er ist genießbar, kommt aber nicht häufig vor.

No. **105.**

Kornblumen-Röhrling.

Gyroporus cyanescens Bull.

Eßbar.

No. **106.**

Bronze-Röhrling. Schwarzhütiger Steinpilz.

Boletus aereus Bull.

Eßbar.

Wegen seiner Ähnlichkeit mit dem Steinpilze und seiner dunklen Oberhaut wird er in verschiedenen Gegenden der schwarze Steinpilz, wegen seines gelben Fleisches der gelbe Steinpilz genannt. Die **Gestalt** des Pilzes gleicht ganz der des Steinpilzes. Die Oberhaut ist dunkel kastanienbraun. Er wird bis 12 cm breit. Das feste, anfangs weiße **Fleisch** wird beim Druck und Schnitt sehr bald gelb.

Die nicht sehr langen **Röhren** sind vom Stiele scharf abgesetzt und haben sehr feine Mündungen. Die Farbe derselben ist ein reines, sattes Gelb.

Der **Stiel** ist im Jugendzustande immer knollig verdickt, streckt sich später, bleibt aber keulenförmig und ist derbfleischig. Seine Farbe ist jung sattgelb und bei ausgewachsenen Exemplaren nach unten etwas bräunlich-gelb. Erhabenene, feine Netzzeichnung bedeckt den ganzen Stiel.

Erscheinungszeit: Mai bis Oktober.

Seinen **Standort** hat der Bronze-Röhrling in lichten, gemischten Wäldern, vorzugsweise unter Eichen, seltener unter Buchen und Kastanien.

Wert: Im Wohlgeschmack steht er dem Steinpilze vollständig gleich.

No. **106.**

Bronze-Röhrling. Schwarzhütiger Steinpilz.

Boletus aereus Bull.

Eßbar.

No. **107.**

Körnchen-Röhrling. Schmerling.

Suillus granulatus L.

Eßbar.

Der **Hut** erscheint anfangs abgerundet kegelförmig und wird später polsterförmig. Der **Rand** ist zuerst eingebogen und wird später gerade. Die Oberhaut ist besonders bei feuchtem Wetter und im Jugendzustande mit einem rostbraunen Schleime bedeckt, der allmählich verschwindet. Die Oberhaut wird dann glatt und etwas glänzend. Die Farbe ist braun- bis rötlich-gelb. Das **Fleisch** ist hellgelb.

Die an den Stiel angewachsenen **Röhren** haben sehr feine Mündungen, sind hellgelb und sondern einen weißen Saft ab.

Der walzenförmige **Stiel** ist hellgelb und im oberen Teile mit lauter kleinen, anfangs weißen, später sich bräunlich-schmutzig färbenden Körnchen bedeckt.

Geruch und **Geschmack** sind schwach obstartig.

Der Pilz **wächst** im Sommer und im Herbste.

Standort: Grasige Plätze in lichten Laub- und Nadelwaldungen, ganz besonders auf kalkhaltigem Boden.

Wert: Ist ein wohlschmeckender Speisepilz.

No. **107.**

Körnchen-Röhrling. Schmerling.

Suillus granulatus L.

Eßbar.

No. **108.**

Trompeten-Pfifferling. Durchbohrter Leistling.

Cantharellus tubaeformis Fr.

Eßbar.

Der **Hut** ist fleischig, häutig, wellig verbogen, durchfeuchtet braun bis olivgraubraun, gelbbräunlich bis rußiggelb, trocken blasser; flockig, trichterförmig, sehr bald in der Mitte nach dem Stiele zu durchbohrt. Durchmesser bis zu 7 cm.

Rand umgeschlagen, wellig, zierlich kraus und wellig gelappt. Nicht eingeschlitzt.

Lamellen dick leistenförmig, herablaufend, verzweigt und am Grund adrig verbunden. Farbe anfangs ockergelb, dann grau-bräunlich, bläulich-grau, schmutzig-gelb, schwach rötlich-gelb, auch bräunlich, zuletzt von den Sporen weißlich-grau bereift.

Das **Fleisch** ist weißlich, am Rande gelblich oder blaßgrau.

Geruch und **Geschmack** sind mild, häufig erdig riechend.

Der **Stiel** ist hohl, anfangs innen flockig, oben rauchgrau-gelblich bis schmutzig-bräunlichgelb, auch fast orangegelb, am Grunde gelblich, glatt und kahl.

Seinen **Standort** hat der Pilz in Laub- und Nadelwäldern, auf feuchtem, moosigen Erdboden, auch vermoderndem Holz oder Baumstümpfen.

Er **wächst** von Juli bis November.

Wert: Der Pilz ist eßbar, wenn auch nicht sehr wohlschmeckend. Durch Abbrühen wird der erdige Beigeschmack entfernt.

No. **108.**

Trompeten-Pfifferling. Durchbohrter Leistling.

Cantharellus tubaeformis Fr.

Eßbar.

No. **109.**
Schuppiger Sägeblättling.

Lentinus lepideus Schaeff.

Ungenießbar.

Der meist seitenständige, selten zentral gestielte **Hut** wird 8-15 cm breit, ist anfangs gewölbt, später etwas vertieft, mehr oder weniger hell- bis dunkelockerfarbig und zerreißt sehr bald in Schuppen, die sich dunkler färben. Der **Rand** ist anfangs eingerollt, später gerade und scharf.

Das **Fleisch** ist dick, weiß, lederartig zäh und wird im Alter holzig.

Die nach dem Stiele herablaufenden **Blätter** werden bis 1 cm breit, sind ziemlich dick und an der Schneide wellig zerschlitzt. Sie sind anfangs weiß, später gelblich.

Der ebenfalls sehr zähe und volle **Stiel** wird bis 10 cm lang, ist filzig bekleidet und schuppig.

Der **Geruch** ist im Alter dem des Perubalsams ähnlich.

Standort: An Kieferstöcken, an Balken und Eisenbahnschwellen.

Erscheinungszeit: Mai bis Oktober.

Wert: Ungenießbar wegen seines zähen Fleisches.

No. **110.**
Knoblauch-Schwindling. Knoblauch-Pilz.

Marasmius scorodonius Fr.

Eßbar.

Der dünnfleischige zähe **Hut** ist anfangs flach gewölbt, später etwas verbogen ausgebreitet, weißlich-gelb, fleischfarbig oder hell-bräunlich. Bei sonnigem Stande und trockenem Wetter runzelt er schnell zusammen und wird weißlich. Der Hut wird 1-3 cm breit.

Die **Blätter** stehen mäßig dick, sind kraus und weiß.

Der 2-4 cm lange, zähe, röhrige und glatte **Stiel** ist glänzend, nach unten dunkel-rotbraun bis schwärzlich, nach oben heller.

Geruch und **Geschmack** sind stark knoblauchartig.

Seinen **Standort** hat der Pilz in Nadelwäldern, an Waldrändern und an alten Baumwurzeln und auch an anderen Pflanzenresten, wo er oft in Mengen auftritt.

Wert: Als Zusatz zu Braten, zumal Hammelbraten, ist er sehr geschätzt

No. **109.**

Schuppiger Sägeblättling.

Lentinus lepideus Schaeff. Ungenießbar.

No. **110.**

Knoblauch-Schwindling. Knoblauch-Pilz.

Marasmius scorodonius Fr. Eßbar.

No. **111.**

Falten-Tintling.

Coprinus atramentarius Bull.

Eßbar ohne Alkohol.

Der anfangs zylindrisch-eiförmige **Hut** wird später glockenförmig und breitet sich zuletzt aus, wobei sich der **Rand** nach oben wendet. Der Rand ist anfangs verbogen und später zerschlitzt. Die Oberfläche ist nach unten hin hellgrau, nach oben bräunlich, in der Mitte mit feinen, eingewachsenen Schuppen besetzt, die leicht abzustreifen sind.

Die zuerst weißen, sehr dichtstehenden und bis 1 cm breit werdenden **Blätter** sind etwas bauchig, werden bald purpurbraun und zuletzt schwarz.

Der **Stiel** wird bis 18 cm lang, bis über 1 cm im Durchmesser stark, ist fast voll, ganz glatt und weiß und zerfasert sehr leicht. Unterhalb der Mitte ist bei der Entfaltung des Hutes ein leicht vergänglicher Ring sichtbar.

Seinen **Standort** hat der Pilz auf Komposthaufen, auf fettem Boden an Wegen, am Grunde alter Stämme, er tritt stets truppenweise auf.

Er **wächst** vom Juli bis Ende November.

Wert: Nach Schröter lassen sich die Pilze zu einer tiefschwarzen Tinte verwerten. Die Herstellung ist folgende: Man läßt die Pilze in einer Schale zerfließen, gießt die Flüssigkeit ab und setzt einige Tropfen Nelkenöl und etwas Gummi arabicum zu. Vor dem Gebrauch ist sie jedesmal umzuschütteln. Die Farbe hält sich sehr gut.

Beim Genuß des Falten-Tintlings ist darauf zu achten, daß vor und nach den Mahlzeiten kein Alkohol genossen wird, da sonst Vergiftungserscheinungen auftreten können.

No. **111.**

Falten-Tintling.

Coprinus atramentarius Bull.

Eßbar ohne Alkohol.

No. 112.
Kupferroter Gelbfluß.

Chroogomphus rutilus Schaeff.

Eßbar.

Der anfangs stets kegelförmige **Hut** breitet sich später gebuckelt aus und vertieft sich im Alter etwas. Er wird bis 12 cm breit und hat, wie überhaupt der ganze Pilz, rötlich-gelbbraunes **Fleisch**. Die klebrige Oberhaut ist braunrot.

Die **Blätter** laufen am Stiele herab und setzen scharf ab. Anfangs sind sie purpurbraun und werden dann dunkelbraun.

Der nach unten verdünnnte **Stiel** ist gelbbraun und hat etwas über der Mitte einen schnell verschwindenden, flockigen Ring.

Der Pilz **findet** sich vorzugsweise in Kiefernwäldern.

Er **wächst** von Juli bis November.

Wert: Eßbar.

No. 113.
Rosenroter Schmierling.

Gomphidius roseus Fr.

Eßbar.

Der polsterförmige, dickfleischige **Hut** vertieft sich im Alter wellenförmig und wird bis 6 cm breit. Die Oberfläche ist nur bei feuchtem Wetter schleimig und rosenrot.

Die weißlichen **Blätter** werden allmählich grau und schwärzlich. Der **Stiel** wird bis 6 cm hoch, ist dick, im oberen Teile mit bald verschwindendem Ringe umgeben, nach unten, außen und innen, rosenrot.

Standort: In Wäldern zwischen Moos und auf Waldwegen.

Erscheinungszeit: Juli bis Oktober.

Wert: Eßbar.

No. **112.**

Kupferroter Gelbfluß.

Chroogomphus rutilus Schaeff.

Eßbar.

No. **113.**

Rosenroter Schmierling.

Gomphidius roseus Fr.

Eßbar.

No. **114.**

Schwärzender Saftling.

Hygrocybe nigrescens Quel.

Giftig.

Der kugelförmige **Hut** wird bis zu 6 cm breit und 4 cm hoch, ist dunkelgoldgelb oder rotgelb und wird beim Drucke, wie alle Teile des Pilzes, schwarz. Bei feuchtem Wetter ist die Oberhaut klebrig.

Die **Blätter** sind gelblich und lose an den Stiel angeheftet. Der ganze Pilz ist zerbrechlich, weich und wässerig.

Der **Stiel** ist hohl, schleimig, grobfaserig und oft gedreht, mitunter zusammengedrückt.

Seinen **Standort** hat der Pilz auf Grasplätzen und Wiesen in der Nähe des Waldes. Er ist nirgends selten.

Erscheinungszeit: Juli bis Oktober.

Wert: Giftig.

No. **115.**

Menningroter Saftling.

Hygrocybe miniata Fr.

Bedeutungslos.

Der anfangs glockenförmige **Hut** breitet sich später, den **Rand** nach oben wendend, aus und wird bis zu 4 cm breit. Im Jugendzustand feurig zinnoberrot, verblaßt er im Alter und wird gelblich. Er ist trocken und glatt, das **Fleisch** ist etwas wässrig und zerbrechlich. Die **Blätter** sind breit angewachsen, mit einem Zahn herablaufend und gelb oder gelbrot.

Der 3-5 cm lange **Stiel** ist dem Hute gleichfarbig.

Standort: Auf Gras- und Heideplätzen.

Erscheinungszeit: Juli bis Oktober.

Wert: Bedeutungslos.

No. **114.**

Schwärzender Saftling.

Hygrocybe nigrescens Quelet.

Giftig.

No. **115.**

Menningroter Saftling.

Hygrocybe miniata Fr.

Bedeutungslos.

No. **116.**

Wiesen-Ellerling.

Camarophyllus pratensis Pers.

Eßbar.

Der anfangs gewölbte **Hut** verflacht sich später, im Alter sich etwas in der Mitte vertiefend. Er wird bis 10 cm breit und hat einen scharfen, dünnen **Rand.** Die Oberfläche ist trocken, hell-gelblich oder ockerfarben, bei trockenem Wetter vom Rande aus rissig. Das **Fleisch** ist weiß.

Die herablaufenden **Blätter** sind dick, auseinanderstehend und dem Hute gleichfarbig.

Geruch und **Geschmack** sind angenehm.

Seinen **Standort** hat der Pilz auf Wiesen, auf Waldtriften, an grasigen Abhängen und Böschungen. Er ist ziemlich häufig.

Erscheinungszeit: September bis November.

Wert: Es ist ein guter Speisepilz.

No. **116.**

Wiesen-Ellerling.

Camarophyllus pratensis Pers.

Eßbar.

No. **117.**

Graubrauner Schneckling.

Hygrophorus camarophyllus Alb.

Eßbar.

Der dickfleischige **Hut** ist anfangs gewölbt, dann flach ausgebreitet und zuletzt vertieft. Er wird bis 15 cm breit. Seine Oberfläche ist anfangs feucht, graubraun bis schwärzlich und fein faserig gestreift. Der **Rand** ist anfangs etwas eingerollt und sehr dünn.

Die dicken, weißen **Blätter** laufen bogenförmig am Stiele herab.

Der **Stiel** wird bis zu 12 cm lang und erweitert sich nach dem Hute kreiselförmig.

Geschmack und **Geruch** sind angenehm.

Standort: Zumeist in Nadelwäldern.

Erscheinungszeit: September bis November.

Wert: Er ist ein wohlschmeckender Speisepilz.

No. **117.**

Graubrauner Schneckling.

Hygrophorus camarophyllus Alb.

Eßbar.

No. **118.**

Elfenbein-Schneckling.

Hygrophorus eburneus Bull.

Eßbar.

Der fleischige **Hut** ist anfangs halbkugelig gewölbt und bleibt auch etwas ausgebreitet bucklig. Anfangs ist auch der **Rand** eingerollt und umgrenzt erst später den Hut scharf und glatt. Die elfenbeinfarbene Oberfläche ist bei feuchtem Wetter oder am taufrischen Morgen stets schlüpfrig-schleimig, bei Trockenheit glänzend. Er wird bis 8 cm breit.

Die Blätter stehen etwas auseinander, laufen nach dem Stiele herab, sind elfenbeinweiß und nur im Alter nach innen fleischrötlich angehaucht.

Der oft gebogene **Stiel** wird bis 12 cm lang, ist anfangs voll, nur im Alter etwas hohl, schleimig-klebrig, nach dem Hute zu mit weißen Körnchen oder Schuppen besetzt, nach unten verdünnt.

Geruch und **Geschmack** sind angenehm.

Standort: Laub- und Nadelwälder sowie Waldwiesen.

Erscheinungszeit: August bis Oktober.

Wert: Er ist ein vorzüglicher Speisepilz.

No. **118.**

Elfenbein-Schneckling.

Hygrophorus eburneus Bull.

Eßbar.

No. **119.**

Grubiger Milchling.

Lactarius scrobiculatus Scop.

Giftig.

Der von Anfang an in der Mitte vertiefte, 5-30 cm breite **Hut** ist sehr derbfleischig, am Rande anfangs zottig-haarig, gelb, auf der ganzen Oberfläche grubig gefleckt und in der Mitte schleimig-klebrig. Bei Verletzung quillt eine schnell schwefelgelb werdende Milch reichlich heraus.

Die **Blätter** sind weißlich.

Der **Stiel** ist kurz, dick, hohl, wird höchstens 6 cm lang und ist ebenfalls grubig gefleckt.

Der **Geschmack** ist scharf.

Der grubige Milchling hat seinen **Standort** vorzugsweise in Nadelwäldern, er bricht oft truppweise aus der Erde hervor. Hier und da ist er häufig.

Wert: Giftig.

No. **119.**

Grubiger Milchling.

Lactarius scrobiculatus Scop.

Giftig.

No. **120.**

Blasser Duft-Milchling.

Lactarius glyciosmus Fr.

Eßbar.

Der anfangs gewölbte **Hut** verflacht sich bald und vertieft sich, in der Mitte oft einen Buckel behaltend. Er wird 5-12 cm breit und ist am Rande eingerollt. Die Oberfläche ist trocken, kleinschuppig und blaßgelblich oder fleischrötlich-braun. Die Milch ist wässerig und weiß.

Die etwas herablaufenden **Blätter** sind anfangs blass und später dem Hute gleichfarbig.

Der volle **Stiel** wird bis 10 cm lang, ist meistens glatt und etwas rauhfaserig.

Der **Geruch** ist angenehm süßlich, der **Geschmack** etwas scharf.

Der Pilz hat seinen **Standort** in lichten Laubwäldern, vorzugsweise unter Birken, auf Grasplätzen und an Waldwegen. Er ist häufig.

Wert: Er ist eßbar, hat aber einen so starken aromatischen Geschmack, daß er nur in vereinzelten Exemplaren anderen Pilzen beigegeben werden kann. Dagegen ist er zur Bereitung von Pilzextrakt vorzüglich.

No. **120.**

Blasser Duft-Milchling.

Lactarius glyciosmus Fr.

Eßbar.

No. **121.**

Süßlicher Milchling.

Lactarius subdulcis Bull.

Eßbar.

Der dünnfleischige, anfangs gewölbte **Hut** vertieft sich sehr bald trichterförmig und ist genabelt. Er mißt 3-6 cm im Durchmesser. Der **Rand** ist fast immer etwas eingerollt, sonst aber kahl. Die Oberfläche ist trocken, manchmal zonig-schuppig gefleckt, schmutzig-rötlichbraun oder zimtbraun.

Die **Blätter** sind anfangs gelblich, später fleischrötlich und stehen dicht.

Die weiße Milch ist anfangs süß, später etwas scharf.

Der 3-5 cm lange **Stiel** ist fleischrötlich wie die Blätter.

Seinen **Standort** hat der Pilz in Nadel- und Laubwäldern, auf moosigen und grasigen Stellen.

Er **wächst** von Juli bis November.

Wert: Eßbar.

No. **122.**

Milder Milchling.

Lactarius mitissimus Fr.

Eßbar.

Der ziemlich fleischige, anfangs gewölbte **Hut** vertieft sich meist im Alter und wird 3-7 cm breit. Der **Rand** ist etwas eingebogen. Die Oberfläche ist trocken, glatt und hat eine orangegelbe oder goldgelbliche Farbe. Das **Fleisch** ist blaßgelblich.

Die dichtstehenden **Blätter** sind anfangs blaßgelb, später blaß-orangegelblich.

Die reichlich hervorquellende **Milch** ist mild.

Der bis 8 cm lange, anfangs volle, später hohle **Stiel** ist wie der Hut gefärbt, nach unten jedoch etwas gebräunt.

Seinen **Standort** hat der Pilz in Nadel- und Laubwäldern und in Gebüschen.

Er **wächst** von September bis November.

Wert: Eßbar und wohlschmeckend.

No. **121.**

Süßlicher Milchling.

Lactarius subdulcis Bull.

Eßbar.

No. **122.**

Milder Milchling.

Lactarius mitissimus Fr.

Eßbar.

No. 123.
Wässriger Milchling.

Lactarius serifluus DC.

Eßbar.

Der dünnfleischige, meist flachgewölbte, später um die schwach genabelte Mitte eingedrückte **Hut** ist trocken, rotbraun, um die Mitte dunkler, glatt, am Rande etwas eingerollt, und wird bis 5 cm breit. Das **Fleisch** ist bräunlich.

Die dichtstehenden, wenig herablaufenden **Blätter** haben eine rötlichgelbe Farbe.

Der **Saft** ist trüb und wässerig, dabei spärlich und geschmacklos.

Der **Stiel** zeigt dieselbe Färbung wie der Hut und wird bis 6 cm lang.

Seinen **Standort** hat dieser Pilz vorzugsweise in Eichen-, bisweilen auch in Buchenwäldern, mitunter auch in Gärten.

Er **wächst** von Juni bis Oktober

Wert: Eßbar.

No. 124.
Schwarzkopf-Milchling. Mohrenkopf.

Lactarius lignyotus Fr.

Eßbar.

Der fast stets gewölbte, fleischige, später um den Nabel etwas eingedrückte **Hut** ist samtartig bereift, mit aderigen Runzeln überzogen und dunkelbraun-schwärzlich. Er wird 3-6 cm breit. Der **Rand** ist meist ein wenig eingebogen und etwas wellig gekerbt. Das **Fleisch** ist weiß und wird schwach rötlich.

Die weiße **Milch** fließt ziemlich reichlich und schmeckt mild.

Die **Blätter** sind rein weiß und werden nur im Alter durch die Sporen gelb.

Der bis 10 cm lange **Stiel** ist heller in der Farbe als der Hut, nach oben mäßig zusammengedrückt und dann rinnig.

Standort: Fast nur in Nadelwäldern, auf moosigen Stellen in der Nähe alter Bäume, sowie in Gräben, meist truppweise, aber nicht sehr häufig.

Erscheinungszeit: August bis Oktober.

Wert: Eßbar und wohlschmeckend. In Böhmen als „Essenkehrerpilz“ sehr gesucht.

No. **123.**

Wässriger Milchling.

Lactarius serifluus DC. Eßbar.

No. **124.**

Schwarzkopf-Milchling. Mohrenkopf.

Lactarius lignyotus Fr. Eßbar.

No. 125.

Frauen-Täubling. Violettgrüner Täubling.

Russula cyanoxantha Fr.

Eßbar.

Der festfleischige **Hut** ist anfangs gewölbt, später ausgebreitet und dann in der Mitte vertieft. Die Farbe ist sehr veränderlich, im Anfange der Entwicklung meist hellviolett oder lila, dann wird sie allmählich bläulich, später olivgrün oder gelblichgrün. Er erreicht einen Durchmesser von 6, 8 bis 12 cm.

Unter der abziehbaren, klebrigen Oberhaut erscheint das **Fleisch** kirschrötlich oder lila, während es sonst weiß ist.

Die **Blätter** sind breit, weiß, lange, kürzere und gegabelte gemischt.

Der **Stiel** ist schwammig, voll, glatt, weiß und kurz, höchstens 8 cm lang.

Der **Geschmack** ist angenehm. **Geruch** fehlt.

Seinen **Standort** hat dieser Täubling vorzugsweise in Laubwäldern, kommt aber auch in gemischten Beständen und in Nadelwäldern vor, doch nicht so häufig.

Er **wächst** von Juni bis Oktober.

Wert: Er ist ein sehr guter Speisepilz.

No. **125.**

Frauen-Täubling. Violettgrüner Täubling.

Russula cyanoxantha Fr.

Eßbar.

No. **126.**
Zinnober-Täubling.

Russula rosacea Bull.

Eßbar.

Der festfleischige, anfangs gewölbte **Hut** verflacht und vertieft sich später und wird etwas unregelmäßig mit geschweiftem Rande. Der **Rand** ist glatt und scharf. Die anfangs klebrige dunkelrosenrote Oberhaut verblaßt im Alter und ist oft mit kleinen weißen Flecken bedeckt. Der Hut wird bis 12 cm breit.

Die teilweise gegabelten, mäßig engstehenden **Blätter** sind reinweiß.

Der **Stiel** ist walzig, voll, glatt, weiß oder rötlich.

Der Pilz ist **geruchlos**. Der **Geschmack** ist mild, nur später etwas brennend.

Seinen **Standort** hat der Täubling in Laub- und Nadelwäldern und in Gebüschen.

Er **wächst** im August und September.

Wert: Nach Wässern und Abbrühen ist er eßbar.

No. **127.**
Dotter-Täubling.

Russula lutea Fr.

Eßbar.

Der sehr dünnfleischige, flach gewölbte, später etwas niedergedrückte **Hut** hat eine gelbe Farbe, die aber bald verblaßt. Er wird nur 3-6 cm breit.

Das **Fleisch** ist weiß.

Die **Blätter** stehen dicht, sind zum Teil gegabelt und dottergelb.

Der bis 4 cm lange, anfangs volle, später hohle **Stiel** ist sehr zerbrechlich, glatt und weiß.

Der Dotter-Täubling ist **geruchlos**, sein **Geschmack** mild.

Seinen **Standort** hat er in Laub- und Nadelwäldern.

Er **wächst** im August und September.

Wert: Eßbar, aber wegen seiner Kleinheit und Zerbrechlichkeit geringwertig.

No. **126.**
Zinnober-Täubling.
Russula rosacea Bull.
Eßbar.

No. **127.**
Dotter-Täubling.
Russula lutea Fr.
Eßbar.

No. **128.**

Grüngefelderter Täubling.

Russula virescens Schaeff.

Eßbar.

Der anfangs halbkugelige **Hut** breitet sich später flach gewölbt aus, hat einen stumpfen, glatten **Rand** und wird 6-12 cm breit. Die trockene Oberhaut ist graugrün, mitunter bräunlich- oder gelblichgrün verblassend, zerreißt teilweise und wird dann flockig oder gefeldert und warzig. Das dicke **Fleisch** ist derb und weiß.

Die **Blätter** stehen mäßig dicht, sind cremefarben, stellenweise braunfleckig.

Der ebenfalls fleischige **Stiel** wird bis zu 8 cm lang, ist weiß und meist, zumal bei jungen Exemplaren, nach unten verdickt.

Der **Geruch** ist gering, der **Geschmack** mild.

Dieser Täubling findet sich meistens nur in Laubwäldern und in Gebüschen.

Er **wächst** von Juli bis September.

Wert: Er ist eßbar und gehört zu den schmackhafteren Täublingen.

No. **128.**

Grüngefelderter Täubling.

Russula virescens Schaeff.

Eßbar.

No. **129.**

Grüner Birken-Täubling.

Russula aeruginea Fr.

Eßbar.

Der dünnfleischige **Hut** ist anfangs halbkugelig, breitet sich später flach aus und vertieft sich zuletzt etwas. Der **Rand** ist anfangs etwas eingebogen, glatt, meist feingestreift. Die Oberhaut ist glatt, trocken und kommt entweder lebhaft grün oder weißlichgrün aus der Erde, färbt sich aber später oft gelblichgrün oder verbleichend grünlichweiß.

Die **Blätter** sind sehr schmal, teils lang durchgehend, teils nur halblang oder gegabelt.

Der **Stiel** ist walzenförmig, vereinzelt etwas bauchig, glatt, weiß und fest. Er wird 4-8 cm hoch.

Der **Geruch** ist schwach, der **Geschmack** mild.

Dieser Pilz findet sich in Laub- und Nadelwäldern, vorzugsweise unter Birken, aber auch unter Erlen, Kiefern und Fichten.

Er **wächst** von Juli bis November.

Wert: Er ist eßbar, aber etwas hart und von geringem Wohlgeschmack. In rohem Zustand erzeugt er starkes Erbrechen und kann sogar erhitzt leichte Vergiftungserscheinungen hervorrufen. Deshalb sollte er nur in kleinen Mengen genossen werden.

No. **129.**

Grüner Birken-Täubling.

Russula aeruginea Fr.

Eßbar.

No. **130.**

Rauchbrauner Schwarztäubling.

Russula adusta Pers.

Eßbar.

Der sehr festfleischige, anfangs leicht gewölbte **Hut** vertieft sich sehr bald in der Mitte, beim Herausdringen aus dem Boden trägt er meist Erde. Er wird 6-15 cm breit, ist anfangs weißlichgrau und wird später schmutziggrau oder graubraun.

Der **Rand** ist anfangs eingebogen und glatt.

Die wachsartigen, leicht zerbrechlichen **Blätter** stehen ziemlich dicht und laufen auf kurze Strecke am Stiele herab; sie sind weiß und werden dann grau, beim Drucke schwärzlich.

Der **Stiel** ist sehr kurz und dick, er hat graue, später schwarzbraune Farbe.

Der **Geruch** ist sehr stark, fast widerlich. Er zieht denn auch in Masse die Pilzfliegen herbei, so daß man selten madenfreie Pilze findet. Der **Geschmack** ist etwas erdig, sonst mild.

Der Pilz kommt in allen Wäldern vor.

Er **wächst** von Juni bis Oktober.

Wert: Er wird trotz seines harten Fleisches und seines eigentümlichen Geruchs von vielen Pilzsuchern gesammelt (unter dem Namen: Dreck- oder Erdschieber) und gegessen.

No. **130.**

Rauchbrauner Schwarztäubling.

Russula adusta Pers.

Eßbar.

No. **131.**

Gemeiner Ledertäubling.

Russula alutacea Fr.

Eßbar.

Der anfangs halbkugelförmige **Hut** breitet sich bald flach aus und ist später in der Mitte niedergedrückt. Er wird 5-15 cm breit. Sein **Rand** ist dünn, anfangs glatt, später höckerig gerieft. Die Farbe des Hutes ist sehr verschieden, und der Pilz unter den Täublingen das reine Chamäleon, denn die jungen Exemplare sind entweder grünlich, grünlichgelb, ins Rote spielend, blutrot, braunrot, purpurrot oder kirschbraun. Die dünne Oberhaut läßt sich leicht abziehen.

Die **Blätter** stehen frei am Stiele oder sind nur kurz angeheftet, ziemlich breit, anfangs gelblich, später lederfarbig, daher der Name des Pilzes.

Der volle, walzenförmige **Stiel** ist meist weiß, seltener rot angehaucht.

Geruch gering, **Geschmack** angenehm mild.

Seinen **Standort** hat dieser Pilz in Laubwäldern, vorzugsweise unter Buchen.

Er **wächst** von Juli bis Oktober.

Wert: Er gehört zu den wohlschmeckenden Täublingen.

No. **131.**

Gemeiner Ledertäubling.

Russula alutacea Fr.

Eßbar.

No. 132.

Ziegelroter Schwefelkopf.

Hypholoma sublateritium Fr.

Giftig.

Der anfangs halbkugelige **Hut** ist später flachgewölbt, fleischig, am Rande eingebogen, in der Jugend durch einen gelblich-weißen Schleier mit dem Stiele verbunden. Die Oberfläche ist glatt und rotgelb, nach dem Rande etwas heller werdend. Das **Fleisch** ist hellgelb.

Die **Blätter** sind dichtstehend, anfangs weißlich oder graugelb, später oliven-graubraun.

Der **Stiel** ist glatt, nach unten braungelb und sich etwas verdünnend und trägt am oberen Teile die Reste des Schleiers.

Der **Geruch** ist angenehm, der **Geschmack** etwas bitter.

Seinen **Standort** hat der Pilz an und auf Baumstöcken, meist in großen Büscheln wachsend, kommt aber auch vereinzelt vor.

Er **wächst** von Juli bis November.

Wert: Giftig.

No. **132.**

Ziegelroter Schwefelkopf.

Hypholoma sublateritium Fr.

Giftig.

No. **133.**

Grünspan-Träuschling.

Stropharia aeruginosa Fr.

Eßbar.

Der anfangs gewölbte, später sich verflachende **Hut** ist in der Jugend und bei feuchtem Wetter mit einem dicken, grünspanfarbigen Schleime überzogen. Trocken wird der Hut glänzend und gelblich. Bei älteren Pilzen wendet sich der **Rand** nach oben und spaltet sich. Der Hut wird 3-11 cm breit.

Die **Blätter** sind breit am Stiele angewachsen und purpurbraun.

Der walzenförmige, hohle, blaugrüne und anfangs ebenfalls schleimige **Stiel** trägt einen abstehenden, schuppig-häutigen Ring und ist von da nach unten schuppig-faserig.

Seinen **Standort** hat der Grünspan-Träuschling in Gärten, in Gebüschen, an Waldrändern, auf Brach- und Stoppelfelder, auf Laub und an altem Holze.

Er **wächst** von Juli bis Oktober.

Wert: Eßbar.

No. **133.**

Grünspan-Träuschling.

Stropharia aeruginosa Fr.

Eßbar.

No. 134.
Wald-Champignon. Wald-Egerling.

Agaricus silvaticus Schaeff.

Eßbar.

Der anfangs glockenförmige, später ausgebreitete, etwas gebuckelte **Hut** wird 6-8 cm breit, ist anfangs weißlichgelb mit dunklerem Scheitel und wird sehr bald braun, in der Mitte am dunkelsten. Die Oberfläche ist fast stets braunschuppig.

Das nicht sehr dicke **Fleisch** ist entweder weiß oder blutrötlich.

Die **Blätter** sind anfangs rötlich, dann bräunlich bis dunkelbraun. Sie sind nach beiden Seiten hin verschmälert.

Der **Stiel** wird bis 14 cm lang, ist hohl, nach unten manchmal verdickt, sonst gleich dick und trägt einen dicken, abstehenden Ring.

Seinen **Standort** hat der Wald-Champignon im Nadelwald, vorzugsweise unter Fichten, auch in der Nähe von Buchen und auf Waldwiesen.

Er **wächst** vom August bis zum Oktober.

Wert: Er ist ein vorzüglicher und wohlschmeckender Speisepilz.

No. **134.**

Wald-Champignon. Wald-Egerling.

Agaricus silvaticus Schaeff.

Eßbar.

No. 135.
Gemeiner Fälbling. Tongrauer Fälbling.

Hebeloma crustuliniforme Bull.

Roh giftig.

Der ziemlich dickfleischige, anfangs gewölbte, später gebuckelte und abgeflachte **Hut** hat eine schwach-klebrige Oberfläche, ist blass oder gelblich lederfarben, nach der Mitte dunkler, bräunlich. Der **Rand** ist anfangs ziemlich scharf eingebogen. Die Breite des Hutes beträgt 6-10 cm.

Die dichtstehenden, nach dem Stiele abgerundeten **Blätter** sind anfangs weißlich, später wässerig-zimtbraun und scheiden im Jugendzustande Wassertropfen aus. Die Schneide der **Blätter** ist weiß.

Der walzenförmige, nach unten öfters verdickte **Stiel** wird 5-8 cm lang, ist anfangs voll, später hohl, teils glatt, teils flockig, nach oben stets weiß punktiert.

Der **Geruch** ist rettigartig; der **Geschmack** widerlich.

Der Pilz hat seinen **Standort** in Wäldern und Gebüschen und auf feuchten Waldwiesen.

Er **wächst** von Mai bis Oktober.

Wert: Roh stark giftig! Abgekocht wenig schmackhaft.

No. 136.
Zimtbrauner Hautkopf.

Cortinarius (Dermocybe) cinnamoneus L

Giftig.

Der dünnfleischige, flachgewölbte, meist gebuckelte oder stumpf genabelte **Hut** ist rötlich-gelbbraun, seidenhaarig oder feinschuppig. Er wird 3-8 cm breit. Das **Fleisch** des ganzen Pilzes ist gelb, auch das Myzel.

Die dichtstehenden **Blätter** sind sehr verschieden gefärbt, nämlich gelb oder rotbraun, sowie auch blutrot, im Alter zimtbraun.

Der bis 8 cm lange **Stiel** ist grobfaserig, nach unten rotbraun, nach oben hellgelb, anfangs voll, später hohl.

Standort: Meist in Laubmischwäldern, vorzugsweise unter Kiefern oder Birken.

Erscheinungszeit: Juli bis November.

Wert: Giftig.

No. **135.**

Gemeiner Fälbling. Tongrauer Fälbling.

Hebeloma crustuliniforme Bull.

Roh giftig.

No.**136.**

Zimtbrauner Hautkopf.

Cortinarius (Dermocybe) cinnamoneus L.

Giftig.

No. **137.**

Geschmückter Gürtelfuß.

Cortinarius (Telamonia) armillatus Fr.

Eßbar.

Der fleischige, anfangs glockenförmige, später verflachte **Hut** ist anfangs kahl, später fädig und schuppig, bei trocknem Wetter auch zerschlitzt und mißt 6-15 cm im Durchmesser. Er ist ziegelrot-braun, alt schmutzig-rotbraun.

Die fast 1 cm breiten **Blätter** stehen entfernt voneinander, sind anfangs blaßbraun, später zimtbraun und an der Schneide wellig.

Der 8, 15 bis 20 cm lange **Stiel** ist nach unten stets knollig verdickt, ist voll, fest, faserig, von hellrötlich-brauner Färbung und trägt einen spiralförmig anliegenden, fast zinnoberroten Gürtel.

Dieser Pilz hat seinen **Standort** unter Birken, auf sauren Böden, gern in der Nähe von Mooren.

Er **wächst** vom Juli bis Oktober und kommt häufig vor.

Wert: Eßbar.

No. **137.**

Geschmückter Gürtelfuß.

Cortinarius (Telamonia) armillatus Fr.

Eßbar.

No. **138.**

Weißvioletter Dickfuß.

Cortinarius alboviolaceus Pers.

Eßbar.

Der dickfleischige, anfangs gewölbte **Hut** ist später ausgebreitet, stumpfgebuckelt und wird 4-10 cm breit. In der Jugend ist er hellviolett, wird später weißlich mit gelblich-bräunlichem Scheitel, ist teils faserig, teils feinflockig. Das **Fleisch** ist bläulich-weiß. Der in der Jugend eingebogene **Rand** ist mit dem Stiele durch einen zarten weißfädigen Schleier verbunden.

Der **Stiel**, anfangs dickknollig, streckt sich bis 15 cm, ist zuerst hellviolett, später weißlich und im mittleren Teile mit einem zartflockigen, oft verschwindenden Gürtel bekleidet.

Die nicht sehr dichtstehenden **Blätter** sind anfangs rein violett, später zimtbraun mit gesägter Schneide.

Seinen **Standort** hat dieser Pilz in Laub- und Nadelwäldern, besonders häufig in dichtem Stangenholze.

Er **wächst** vom August bis November.

Wert: Eßbar.

No. **138.**

Weißvioletter Dickfuß.

Cortinarius alboviolaceus Pers.

Eßbar.

No. **139.**

Blasser Schleimkopf.

Cortinarius (Phlegmacium) largus Fr.

Eßbar.

Der sehr dickfleischige, anfangs halbkugelig-gewölbte **Hut** breitet sich später etwas aus und wird 10-16 cm breit. Die in der Jugend grau-bläulich-violette Oberhaut wird später gelblich-kastanienbraun mit Ausnahme des Randes, der ziemlich lange bläulich-violett schimmert. Die Oberhaut ist etwas klebrig. Der Hutrand ist anfangs mit dem Rande des Knollens am Stiele durch einen Schleier verbunden.

Die **Blätter** stehen mäßig dicht, sind am Stiele buchtig ausgerandet, anfangs blau-violett, später braun und zimtfarben.

Der zuerst knollige **Stiel** streckt sich walzenförmig, ist voll, in der Jugend dunkelviolett, später hellviolett, nach unten weißlicher und mitunter etwas faserig.

Standort: Nadel- und Laubwälder.

Erscheinungszeit: Juli bis Oktober.

Wert: Eßbar.

No. **139.**

Blasser Schleimkopf.

Cortinarius (Phlegmacium) largus Fr.

Eßbar.

No. **140.**
Hochthronender Schüppling.

Pholiota aurivella Batsch.

Eßbar.

Der anfangs halbkugelige, dünnfleischige, später gewölbte **Hut** wird 4-8 cm breit, ist lebhaft gelb, nach der Mitte rötlichbraun und mit großen, flockigen, dicht anliegenden, rötlichbraunen Schuppen bedeckt.

Die **Blätter** sind breit, an den Stiel angewachsen, im Anfange gelb, später dunkel zimtbraun.

Der 3-4 cm lange, sich stets krümmende **Stiel** ist gelb, anfangs mit flockigen Schuppen bedeckt, später faserig und mit flockigem Ringe versehen.

Seinen **Standort** hat dieser Schüppling an Stämmen verschiedener Laubbäume.

Er **wächst** von April bis November.

Wert: Eßbar.

No. **141.**
Feuer-Schüppling.

Pholiota flammans Batsch.

Ungenießbar.

Der anfangs kegelförmige, später verflachte und schwach gebuckelte **Hut** wird 4-8 cm breit, ist goldgelb oder rötlich-braun und mit schwefelgelben, spitzigen Schuppen bedeckt.

Die dichtstehenden **Blätter** sind lebhaft gelb.

Der anfangs volle, später hohle **Stiel** verdünnt sich schwach nach unten, ist teilweise schwach gekrümmt, sparrig schuppig und dem Hute gleichfarbig.

Seinen **Standort** hat der Feuer-Schüppling büschelweise an alten Stöcken von Nadelbäumen.

Er **wächst** von Juli bis Mitte Oktober.

Wert: Ungenießbar.

No. **140. Hochthronender Schüppling.**
Pholiota aurivella Batsch. Eßbar.

No. **141. Feuer-Schüppling.**
Pholiota flammans Batsch. Ungenießbar.

No. **142.**

Sparriger Schüppling.

Pholiota squarrosa Müll.

Ungenießbar.

Der anfangs halbkugelige, später flachgewölbte **Hut** wird 6-15 cm breit. Die Oberfläche ist strohgelb bis braungelb und, zumal bei Trockenheit, mit sparrig abstehenden, dunkleren Schuppen besetzt, die bis über den Hutrand hinausgehen.

Das derbe **Fleisch** ist wässerig und gelb.

Die **Blätter** stehen dicht, sind anfangs schwach olivgrünlich oder braun, später dunkelbraun.

Der bis 12 cm lange, bis 1,5 cm dicke **Stiel** ist fleischig, voll, zäh, oberhalb des Ringes glatt und hellgelb, unterhalb desselben dem Hute gleichfarbig und mit abstehenden Schuppen besetzt.

Der **Geruch** ist widerlich dumpfig.

Seinen **Standort** hat der Pilz an lebenden, wie an abgestorbenen Stämmen verschiedener Laubbäume; er bricht in großen Haufen hervor.

Er **wächst** vom Oktober bis zum Eintritt starker Fröste.

Wert: Ungenießbar.

No. **142.**

Sparriger Schüppling.

Pholiota squarrosa Müll.

Ungenießbar.

No. **143.**

Violetter Bläuling. Amethystblauer Lacktrichterling.

Laccaria amethystea Huds. Eßbar.

Der anfangs gewölbte **Hut** nimmt bald haubenförmige Gestalt an mit etwas vertiefter Mitte und ist 2-6 cm breit. Die Oberfläche ist in feuchtem Zustande teils blaßrötlich, teils violett oder bräunlich, mitunter feinschuppig; in trockenem Zustande hellviolett und gelblich-bräunlich. Der **Rand** ist anfangs etwas eingebogen, später gerade oder wellig geschweift. Das **Fleisch** ist wässerig und rötlich violett.

Die **Blätter** stehen ziemlich weit voneinander ab, sind dick und breit, am Stiele angewachsen, anfangs violett, auch fleischrot und später von den heraustretenden Sporen weiß bepudert.

Der 3-8 cm lange **Stiel** ist grobfaserig, voll, dem Hute gleichgefärbt, entweder glatt oder feinhaarig und meist durch die Sporen mehlig bestäubt.

Der Pilz hat seinen **Standort** in feuchten Wäldern zwischen Moos und Gras. Er wächst von Juni bis November.

Wert: Er ist eßbar, wohlschmeckend und läßt sich leicht züchten (siehe Kapitel: *Wie kann man Pilze züchten?*).

No. **144.**

Rosa Helmling.

Mycena rosea Bull. Giftig.

Der anfangs gewölbte **Hut** wird bis 5 cm breit, ist dünnfleischig, später verflacht und entweder leicht gebuckelt oder in der Mitte vertieft. Der meist fleischrote Hut ist mitunter auch violett oder verbleicht vollständig.

Die **Blätter** sind dem Hute gleichfarbig, breit, am Stiele ausgerandet und bei alten Exemplaren am Grunde mitunter aderig verbunden.

Der **Stiel**, der gewöhnlich 5-10 cm lang ist, wird bei den Pilzen, die im Grase stehen, oft bis 20 cm hoch. Er ist hart, aber zäh, röhrig, gestreift und oft gedreht. Die Farbe ist dem Hute gleich oder weiß.

Geruch und **Geschmack** sind nicht unangenehm.

Dieser Pilz **wächst** herdenweise auf altem Laub, auf feuchten Wegen, in Nadel- und Laubwaldungen und kommt häufig vor.

Er ist vom Juli bis Oktober zu **finden**.

Wert: Giftig.

No. **143.**

Violetter Bläuling.

Amethystblauer Lacktrichterling.

Laccaria amethystea Huds. Eßbar.

No. **144.**

Rosa Helmling.

Mycena rosea Bull. Giftig.

No. 145.
Austern-Seitling.

Pleurotus ostreatus Jacqu.

Eßbar.

Die rasenartig wachsenden, sehr fleischigen **Hüte** sind selten ganz rund, meistens halbiert, in der Mitte im Alter etwas vertieft und werden gewöhnlich 6 bis 12 cm, mitunter bis 20 cm breit. Die Farbe ist im Jugendzustande schwärzlich, später bläulich- oder nur aschgrau oder braun, ja mitunter grau-ockerartig. Die Oberfläche ist ganz glatt. Das **Fleisch** ist weiß und weich. Der **Rand** ist fast stets eingerollt.

Die weit herablaufenden **Blätter** stehen nicht dicht und sind weiß.

Der kurze, weiße und festfleischige **Stiel** ist am Grunde striegelhaarig.

Geruch und **Geschmack** sind angenehm.

Seinen **Standort** hat der Pilz auf lebenden Bäumen, meist aber an alten Stöcken verschiedener Laubbäume, wie Kastanien, Eichen, Linden, Walnüssen, Buchen usw.

Er **wächst** von September bis Dezember.

Wert: Es ist ein sehr guter Speisepilz. Ein Pilzrasen wieg oft über 1 Kilo.

No. **145.**

Austern-Seitling.

Pleurotus ostreatus Jacqu.

Eßbar.

No. **146.**
Knolliger Rübling

Collybia tuberosa Bull. Ungenießbar.

Zwischen den Blättern von alten, in allmählicher Zersetzung befindlichen Pilzen, wie beim Wolligen Milchling, Grubigen Milchling, Schwärzlichen Täubling usw. findet man im Frühlinge oft eine Menge bräunliche, dem Samen der Apfelsinen ähnliche Gebilde, meist vorn und hinten zugespitzt, innen weiß, 2-8 mm lang und 1-3 mm dick, die man als Dauerlager (Sklerotium) bezeichnet. Aus diesen Körperchen entwickelt sich der knollige Rübling.

Der dünne, flach ausgebreitete **Hut** hat bei feuchtem Wetter eine weißliche, hellbräunliche, bei trocknem aber ganz weiße Farbe und glänzt seidenartig. Der Hut, der später genabelt oder vertieft ist, wird 0,3-1,5 cm breit.

Die **Blätter** sind weiß, am Stiele angewachsen und stehen sehr dicht.

Der dünne, weißlich-gelbliche und hohle **Stiel** ist am Grunde mit spinnwebenartigen, weißen Flocken bekleidet.

Der knollige Rübling **entwickelt** sich aus den Sklerotien vom August bis November.

Wert: Zerstört die alten ausdauernden Hüte obengenannter Pilze vollends.

No. **147.**
Stäubender Zwitterling.

Nyctalis asterophora Fr. Ungenießbar.

Der **Hut** dieses Schmarotzerpilzes ist polsterförmig, fast halbkugelig und wird bis 2,5 cm breit. Die anfangs weißliche Oberhaut verschwindet sehr bald, da sich unter derselben eine besondere Art von Sporen (sogenannte Chlamydosporen) bildet, die ähnlich wie bei den Staubpilzen oder Bovisten, die Oberhaut durchbrechen. Der Hut sieht nun hellbraun oder bovistartig aus.

Die **Blätter** sind dick, entfernt stehend und hellgrau.

Der **Stiel** ist voll, fleischig, verhältnismäßig dick, 2-5 mm, anfangs weiß, später bräunlich.

Als Parasit **findet** sich der Pilz auf schwärzenden, hartfleischigen Täublingen (Russula adusta u.a.), vergehenden Milchlingen (Wolliger Milchling, Lactarius vellerus) u.a.

Er **entwickelt** sich vom September bis November.

Wert: Ungenießbar.

No. **146.**
Knolliger Rübling
Collybia tuberosa Bull.
Ungenießbar.

No. **147.**
Stäubender Zwitterling.
Nyctalis asterophora Fr.
Ungenießbar.

No. **148.**

Samtfuß-Rübling. Winterpilz.

Flammulina velutipes Curt.

Eßbar.

Der ziemlich fleischige, flachgewölbte, später vollständig ausgebreitete **Hut** ist kahl und glatt, honiggelb, in der Mittel dunkelbraun-gelb. Er wird 2-8 cm breit. Ausgewachsen ist er nach dem Rande zu leicht gewellt und der **Rand** selbst etwas eingebogen. Das **Fleisch** ist gelblich.

Die **Blätter** sind am Stiele ausgerandet und zahnförmig kurz herablaufend, werden bis 1 cm breit, stehen etwas entfernt und sind hellgelblich.

Der 5-10 cm lange, sehr zähe und volle **Stiel** verdünnt sich nach unten, ist anfangs braun, später fast schwarz und dann dicht unter dem Hute tief gerieft. Die Bekleidung desselben ist dicht samthaarig.

Geruch und **Geschmack** sind nicht unangenehm.

Seinen **Standort** hat der Samtfuß-Rübling einzeln oder büschelweise an den verschiedensten Laubbäumen oder an alten Stöcken, Weiden, Nußbäumen, Linden, Pappeln, Buchen, Robinien usw.

Er **wächst** vom September bis Februar, ganz besonders in milden Wintern. Er wird deshalb von einigen Autoren Winterpilz genannt.

Wert: Eßbar.

No. **148.**

Samtfuß-Rübling. Winterpilz.

Flammulina velutipes Curt.

Eßbar.

No. **149.**

Gemeiner Wurzel-Rübling.

Xerula radicata Fr.

Eßbar.

Der anfangs stumpf-kegelförmige, dünnfleischige **Hut** breitet sich bald flach aus, ja vertieft sich zuletzt, behält aber immer einen Höcker. Die Oberfläche ist klebrig, mit von der Mitte nach dem Rande strahlenden, gewundenen Runzeln besetzt, rehbraun bis graubraun. Das **Fleisch** ist weiß.

Die **Blätter** stehen ziemlich weit auseinander, sind bauchig, weiß und zahnförmig am Stiele angeheftet.

Der bis 20 cm lange, oben 4-5, unten 10-12 mm dicke **Stiel** ist in seinem oberen Teile weißlich, in seinem unteren rehbraun, glatt und kahl, mit gedrehten Längsstreifen und endet in einer sich tief in den Boden hineinziehenden spindelförmigen Wurzel.

Der Wurzel-Rübling **findet** sich fast nur in Laubwäldern, in der Nähe alter Bäume oder auch an alten Baumstümpfen.

Er **wächst** von Mai bis Oktober.

Wert: Die Hüte sind eßbar, die Stiele zu zäh.

No. **149.**

Gemeiner Wurzel-Rübling.

Xerula radicata Fr.

Eßbar.

No. **150.**

Nebelgrauer Trichterling. Nebelkappe.

Lepista nebularis Batsch.

Eßbar.

Der sehr dickfleischige, anfangs gewölbte, später flach ausgebreitete **Hut** ist hell oder dunkel-aschgrau, in der Jugend mit einem grauen, fast schimmelartigen Hauche überzogen, sonst glatt und kahl. Der dicke **Rand** ist nach innen gerollt.

Das weiße **Fleisch** ist zart, dabei fest.

Die **Blätter** sind anfangs weißlich, später weißlichgelb und laufen, dicht stehend, bogenförmig ein wenig am Stiele herab.

Der fleischige, volle und derbe **Stiel** ist nach unten stets mehr oder weniger verdickt, außen weißlichgrau oder gelblich, mitunter gestreift. Er wird bis 10 cm hoch, oben 1-2 cm, unten bis 3 mm dick.

Der **Geschmack** ist angenehm, fast nußartig, der **Geruch** fein würzig, in altem Zustande etwas mehlartig.

Seinen **Standort** hat der Pilz in Wäldern auf grasigen Stellen oder auf Waldwiesen, wo er meist in großen Haufen oder sogenannten Hexenringen wächst, seltener auf alten modrigen Holzstöcken.

Er **wächst** erst im Spätherbste und dauert bis zum Winter aus.

Wert: Ist ein sehr wohlschmeckender Speisepilz und um so wertvoller, als er noch in später Jahreszeit reichliche Ernten gibt.

No. **150.**

Nebelgrauer Trichterling. Nebelkappe.

Lepista nebularis Batsch.

Eßbar.

No. 151.
Fuchsiger Röteltrichterling.

Clitocybe flaccida Fr.

Eßbar (?)

Der dünnfleischige, schlaffe **Hut** ist gleich anfangs vertieft und später trichterförmig. Die Oberfläche ist glatt, bräunlich- oder rötlichgelb, an einzelnen Stellen leicht olivgrünlich angehaucht. Der **Rand** ist meist mehr oder weniger breit eingebogen und zeigt sich später eingerissen und flatterig.

Die bogenförmig herablaufenden **Blätter** sind weiß und werden im Alter gelblich.

Der bis 6 cm lange **Stiel** ist dem Hute gleichgefärbt, mitunter schwach gekrümmt und am Grunde zottig.

Seinen **Standort** hat der Pilz einzeln oder truppweise hauptsächlich in Laubwäldern, er kommt aber auch in Nadelwäldern vor.

Er **wächst** im September und im Oktober.

Wert: Seine uneingeschränkte Eßbarkeit ist umstritten. Es konnte jedoch kein Gift nachgewiesen werden.

No. 152.
Grüner Anis-Trichterling.

Clitocybe odora Bull.

Eßbar.

Der ziemlich fleischige **Hut** ist anfangs gewölbt, später ausgebreitet, aber gebuckelt und trichterförmig vertieft. Er wird 3-8 cm breit, ist feucht und jung lebhaft bläulich- oder graugrün, später verblassend und trocken grünlich-grau bis gelblich. Der **Rand** ist bei älteren Exemplaren wellig verbogen.

Die ziemlich dichtstehenden **Blätter**, die etwas herablaufen, sind weißlich- oder blaßgrün, meist dem Hute gleichfarbig.

Der 4-8 cm hohe **Stiel** ist nach unten verdickt, dabei oft schief wurzelnd, glatt, anfangs weißlich-grün, später grün.

Der **Geschmack** ist eigenartig würzig, der **Geruch** anis- oder fenchelartig.

Der Pilz hat seinen **Standort** in Laub- und Nadelwäldern.

Er **wächst** von Juni bis November.

Wert: Er ist eßbar.

No. **151.**

Fuchsiger Röteltrichterling.

Clitocybe flaccida Fr.

Eßbar (?)

No. **152.**

Grüner Anis-Trichterling.

Clitocybe odora Bull.

Eßbar.

No. **153.**

Echter Ritterling. Grünling.

Tricholoma equestre L.

Eßbar.

Der anfangs kegelförmige, bei feuchtem Wetter schleimig-klebrige **Hut** erhebt sich wenig über den Erdboden, verflacht sich später, indem er in der Mitte einen kleinen Buckel behält. Er wird bis 10 cm breit, ist fleischig, braungelb, mitunter olivgelb und feinschuppig. Das **Fleisch** ist gelb.

Die **Blätter** stehen ziemlich dicht, sind an dem Stiele ausgerandet und schwefelgelb.

Der anfangs nach unten verdickte, ebenfalls schwefelgelbe **Stiel** ist meistens glatt, selten feingeschuppt und sitzt fast immer im Erdboden.

Geruch und **Geschmack** sind angenehm.

Der echte Ritterling kommt in Nadelwäldern, vorzugsweise in Kieferwaldungen in großen Mengen vor, meist truppweise.

Er erscheint erst im Spätherbste.

Wert: Von seiner Oberhaut befreit (die einen erdigen Geschmack besitzt), zählt er zu den besten Herbstspeisepilzen.

No. **153.**

Echter Ritterling. Grünling.

Tricholoma equestre L.

Eßbar.

No. **154.**

Violetter Rötelritterling.

Lepista nuda Bull.

Eßbar - roh giftig.

Der dickfleischige, anfangs gewölbte, später ausgebreitete, am Rande etwas wellig verbogene, breit gebuckelte **Hut** ist in der Jugend bläulich-violett, später verblassend, fleischrötlich-braun. Der **Rand** ist stets scharf eingerollt. Im frischen Zustande und jung ist das **Fleisch** des ganzen Pilzes hellviolett, trocken aber und alt nur das Fleisch des Hutes und der obere Teil des Stieles, der untere Teil ist später weiß.

Die **Blätter** stehen dicht, gleichen in der Farbe dem Hute, sind in der Jugend lebhaft bläulich-violett, später fleisch-rötlichbraun.

Der 6-8 cm hohe und 1-2 cm dicke **Stiel** ist nach unten, zumal bei jungen Exemplaren, keulenartig verdickt. Im oberen Teile werden die anfangs ganz violettfarbigen Pilze weißlich und nach unten bräunlich.

Geruch und **Geschmack** sind angenehm.

Seinen **Standort** hat der Pilz in Laub- und Nadelwäldern, auf Wiesen und in Gärten.

Er **wächst** vom Juli bis November (in milden Wintern bis Januar).

Wert: Eßbar, wohlschmeckend. Roh giftig!

No. **154.**

Violetter Rötelritterling.

Lepista nuda Bull.

Eßbar – roh giftig.

No. **155.**

Seifen-Ritterling.

Tricholoma saponaceum Fr.

Giftig.

Der anfangs glatte **Hut** trägt so verschiedene Farben, daß es schwer fällt, eine als charakteristisch hervorzuheben. Von der weißlich-hellgrauen Farbe sind alle Abstufungen nach dunkelbraun hin vorhanden mit grünlichen Abtönungen, besonders nach dem Rande zu. Charakteristisch ist jedoch das Blassrotwerden des Fleisches beim Durchschneiden. Der Hut, dessen Breite 6 -10 cm beträgt, ist oft ausgeschweift. Bei trocknem Wetter wird die Oberhaut sehr oft rissig und gefeldert.

Die Blätter stehen nicht sehr gedrängt, sind meist weißlich und werden nur bei alten Exemplaren gelblich.

Der **Stiel**, der bis 6 cm hoch und bis 2 cm dick wird, ist manchmal geschwollen, nach dem Grunde meist spindelförmig verdünnt und oft mit schwärzlichen, faserigen Schüppchen bedeckt.

Der **Geschmack** ist gering, der **Geruch** seifenartig.

Seinen **Standort** hat der Seifen-Ritterling in Laub- und Nadelwäldern, wo er oft truppweise und in großen Mengen vorkommt.

Er **wächst** vom September bis November.

Wert: Giftig.

No. **155.**

Seifen-Ritterling.

Tricholoma saponaceum Fr.

Giftig.

No. **156.**

Purpur-Schneckling.

Hygrophorus russulla Quel.

Eßbar.

Der anfangs gewölbte **Hut** breitet sich später aus und vertieft sich schwach trichterförmig. Er wird bis zu 12 (15) cm breit. Die Oberfläche ist feinflockig-schuppig und ist fleischfarben-purpurn, blaßrosa verfärbend und häufig am Rande gelblich-oliv-grünlich-weißlich ausblassend. Der Rand ist anfangs eingerollt. Die etwas voneinander entfernt stehenden Blätter sind zunächst weiß, dann blaßgelblich oder schmutzigrot gefleckt.

Der gleichmäßige bis zu 2 cm dicke **Stiel** ist fleischig, voll und mit rosenroten Schüppchen besetzt.

Der **Geschmack** ist mild, süßlich, manchmal auch bitter, der **Geruch** eigentümlich süßlich, schwach rettichartig.

Der Pilz **findet** sich vereinzelt in Nadel- und Laubwaldungen, vor allem unter Rot-, Weißbuchen und Eichen.

Er **wächst** von August bis November.

Wert: Er gehört zu den schmackhaftesten Pilzen.

No. **156.**

Purpur-Schneckling.

Hygrophorus russulla Quel.

Eßbar.

No. **157.**

Erd-Ritterling.

Tricholoma terreum Schaeff.

Eßbar.

Der anfangs kegelförmige **Hut** breitet sich später flach aus, ist stets genabelt und wird bis 10 cm breit. Die Oberhaut ist mit zottigen, schwärzlichen Schuppen bedeckt, die im Alter aber zum Teil verschwinden. Der Hut ist dünnfleischig und etwas zerbrechlich.

Die **Blätter** sind weiß und werden später grau.

Der schlanke, walzenförmige **Stiel** ist weiß, meist glatt, nur dann und wann angedrückt faserig.

Der Pilz **findet** sich vorzugsweise in Nadelwäldern, aber auch in gemischten Wäldern auf grasigen Wegrändern, meist häufig.

Geruch und **Geschmack** sind gering, aber nicht unangenehm.

Erscheinungszeit: September bis November.

Wert: Eßbar, als Mischpilz beachtenswert.

No. **157.**

Erd-Ritterling.

Tricholoma terreum Schaeff.

Eßbar.

No. **158.**

Schwarzfasriger Ritterling.

Tricholoma portentosum Fr.

Eßbar.

Der anfangs gewölbte **Hut** breitet sich später aus, bleibt aber meist gebuckelt und wird 6-12 cm breit. Der **Rand** ist eingezogen und unregelmäßig geschweift, bei trocknem Wetter oft spaltig zerrissen. Die Farbe der Oberhaut ist hell- bis dunkel-aschgrau, mit feinen eingewachsenen schwarzen Linien, und verbleicht bei älteren Exemplaren nach dem Rande zu ins schmutzig Gelbgraue. Die Oberhaut läßt sich leicht abziehen.

Das **Fleisch** und die **Lamellen** sind weiß oder weißlichgelb.

Der volle, walzenförmige **Stiel** ist fein gestreift, meist weiß-gelblich und sitzt fast immer bis zum Hute in der Erde. Beim Zerbrechen zerteilt er sich, und die faserigen Stränge rollen sich nach außen zurück.

Der **Geruch** ist erdig, der **Geschmack** angenehm.

Der Pilz kommt nur in Nadelwäldern, ganz besonders aber in Kiefernwaldungen oft in großen Mengen, meist truppweise, vor.

Er **erscheint** erst im Oktober und findet sich oft noch nach vorübergehenden Frösten bis zum Dezember.

Wert: Er gehört zu unseren wertvollsten und vorzüglichsten Speisepilzen, nur muß die Oberhaut entfernt werden, welche einen erdigen Geschmack besitzt.

No. **158.**

Schwarzfasriger Ritterling.

Tricholoma portentosum Fr.

Eßbar.

No. **159.**

Jungfern-Schirmpilz.

Macrolepiota puellaris Fr.

Eßbar.

Der fast häutige, erst eiförmige, später sich ausbreitende **Hut** ist mit flockigen, spitzen Schuppen bedeckt, weiß oder gelblich, zumal nach der Mitte zu, und am sehr dünnen Rande faltig gestreift. Er wird 4-10 cm breit.

Die dichtstehenden und sehr breiten **Blätter** sind weiß, färben sich später blaßrosa.

Der hohle und sehr zerbrechliche, glatte **Stiel** wird 4 bis 16 cm hoch und ist nach unten zwiebelig verdickt. Er trägt einen verschiebbaren und abstehenden Ring. Außerdem hat der Stiel eine weißliche, im Alter schmutzigbräunliche Farbe mit dunklen Flecken.

Standort: In Nadelwäldern, oft in Mengen auf Nadelhumus.

Erscheinungszeit: August bis September.

Wert: Eßbar.

No. **159.**

Jungfern-Schirmpilz.

Macrolepiota puellaris Fr.

Eßbar.

No. **160.**

Acker-Schirmpilz. Geschundener Schirmling.

Macrolepiota excoriata Schaeff.

Eßbar.

Der meist stark gebuckelte, dünnfleischige, weißlich-gelbe **Hut** hat einen Durchmesser von 8-14 cm, ist am Scheitel gebräunt und nach dem Rande zu in weiche Schuppen gefeldert und aufgerissen.

Die **Blätter** stehen ziemlich dicht und sind weiß.

Der bis 1 cm dick werdende **Stiel** wird bis 10 cm lang, ist glatt, weißlich und trägt einen beweglichen Ring mit zerrissenem Hautrande. Am Grunde ist er knollig.

Der Pilz **wächst** im Herbste oft in Menge auf abgeernteten Getreideäckern, auf Brachplätzen und Triften.

Wert: Wohlschmeckender Speisepilz.

No. **160.**

Acker-Schirmpilz. Geschundener Schirmling.

Macrolepiota excoriata Schaeff.

Eßbar.

No. **161.**

Scheiden-Streifling.

Amantia plumbea Schaeff.

Roh unbekömmlich.

Im Jugendzustande ist der ganze **Pilzkörper** von einer dickhäutigen Hülle, gleich einer Eierschale, eingeschlossen, die bei der Streckung des Stieles zerreißt und am Grunde desselben als lose Scheide, meist im Erdboden verborgen, zurückbleibt, auf dem Hute als unregelmäßige, wollige Fetzen mitunter länger haftet, meist aber bald verschwindet. Der **Hut** kommt fast stets kegel- oder glockenförmig aus der Erde, ist später fast tellerförmig ausgebreitet, gebuckelt und im Alter zuweilen vertieft. Er wird 6-15 cm breit, ist trocken und seidenglänzend und am Rande stets fein-, dicht- und langgestreift.

Man unterscheidet je nach Färbung folgende Abarten:

a) *alba Fries.* Giftig. Der ganze Pilz ist weiß, bleibt klein, der **Hut** wird 4-10 cm breit. Der **Stiel** ist glatt und bis 6 cm hoch.

b) *plumbea Schaeff.* Jung eßbar, roh unbekömmlich. Der **Hut** wird bis 12 cm breit und ist grau. Der **Stiel** ist schuppig zerrissen und hellgrau.

c) *fulva Schaeff.* Eßbar, nach Abbrühen. Der **Hut** wird bis 10 cm breit und ist hellgelb oder orangefarben-bräunlich. Der **Stiel** ist gelblich, angedrückt und schuppig.

Die **Blätter** sind bei allen Abarten dichtstehend, bauchig und weiß.

Ebenso sind die Stiele immer hohl, nach oben etwas verdünnt und zerbrechlich.

Geruch und **Geschmack** sind unbedeutend, jedoch nicht unangenehm.

Seinen **Standort** hat der Pilz in Laub- und Nadelwäldern, auf grasigen oder moosigen, feuchten Stellen. Er kommt häufig vor.

Er **wächst** vom Juli bis Oktober.

Wert: *Amanita alba* ist giftig, *Amanita plubea* und *fulva* sind eßbar. Roh sind die beiden letzteren Arten unbekömmlich.

No. **161.**

Scheiden-Streifling.

Amantia plumbea Schaeff.

Roh unbekömmlich.

No. **162.**

Kaiserling. Orangegelber Wulstling.

Amanita caesarea Scop.

Eßbar.

Dieser Pilz gleicht in seiner ganzen Form dem Fliegenpilze und wechselt in der Farbe von dunkel-goldgelb bis tief-organgerot. Der **Hut** wird 7-16 cm breit und ist auf seiner Oberfläche teils nackt, teils mit den weißlichen Fetzen seiner früheren Hülle bedeckt. Der **Rand** des Hutes ist gestreift.

Das **Fleisch** ist weißgelblich, die **Blätter** sind gelblich.

Der ebenfalls gelbe **Stiel** ist meist walzenförmig, mitunter etwas bauchig und trägt eine schlaffe, herabhängende Manschette. Am Grunde befindet sich eine lose Wulstscheibe.

Geruch und **Geschmack** sind angenehm.

Der Kaiserling **wächst** vom Juli bis November in lichten Wäldern und Gebüschen, an Waldrändern und unter einzelnen Bäumen, auf sauren und neutralen Böden.

Wert: Er gehörte schon zur Zeit der Römer zu den gesuchtesten Leckerbissen und dürfte im Wohlgeschmack wohl von keinem anderen erreicht werden.

No. **162.**

Kaiserling. Orangegelber Wulstling.

Amanita caesarea Scop.

Eßbar.

No. **163.**

Gemeine Stinkmorchel.

Phallus impudicus Fr.

Giftig.

Die Gemeine Stinkmorchel, im Volksmunde „Gichtmorchel" genannt, gehört zu den interessantesten Pilzgestalten. Schon von alters her zeigen die Namen „Hexenei", „Teufelsei", die seiner Vorentwicklungsstufe gegeben werden, den Aberglauben an, der seiner Erscheinung anhaftet. In den alten Kräuterbüchern spielt er eine ganz besonders hervorragende Rolle. So wurde er laut der in diesen Büchern befindlichen Berichte von den Zauberweibern zur Bereitung von Liebestränken und dergleichen Pulvern verwendet, von Wunderdoktoren und weisen Heilweibern für mancherlei „Gebreste" und Krankheiten gebraucht, vor allem aber bei Gichtleiden als Universalmittel gerühmt, daher auch der damals gebräuchliche Name „Gichtmorchel".

Bereits im Juni findet man in Gärten, auf Friedhöfen - hierbei sei an die Sage vom Leichenfinger erinnert, welche Sage diesem Pilze ihren Ursprung verdankt und durch ihn ihre Erklärung findet-und Wäldern, vorzugsweise an deren Rändern unter Gebüsch, eierähnliche, weiche Gebilde (in diesem Zustande dann Hexenei, Teufelsei genannt). Der Durchschnitt derselben zeigt eine derbe, weiße, äußere Hülle, dann eine braungelbe Gallertschicht und noch eine innere, ebenfalls weiße Hülle, die ihrerseits den eigentlichen **Fruchtkörper** umschließt.

Diese Vorstufe der Gemeinen Stinkmorchel erlangt vielfach die Größe eines Enteneies. Sowie der Reifezustand eintritt, platzt die äußere gallertartige Hülle, durchbrochen von dem nun mächtig und sehr schnell emporstrebenden Stiele. Derselbe ist reinweiß, wunderbar markig-porös und trägt den mit einem grünlichen Schleime überzogenen **Hut**. Sowie aber diese Ausbildung vollendet ist, beginnt der Schleim langsam abzutropfen, indem er die an dem zellenartigen Fruchtlager des Hutes befindlichen länglichen Sporen mit sich nimmt. Dabei strömt aber der Schleim einen so starken, aasartigen, sich im Freien außerordentlich weithin verbreitenden **Geruch** aus, daß bald von allen Seiten allerlei aasliebende Insekten herbeieilen, um diese ihnen angenehme Kost aufzunehmen und damit die Verbreitung der Sporen überallhin zu besorgen.

Der **Hut** selbst hängt glockenförmig, nur an der Spitze mit dem Stiele verwachsen, frei an demselben und ist ziemlich dünn.

Wert: Galt bis vor kurzem im Jugendstadium - in Eiform - als eßbar. Auch wenn sie in diesem Stadium noch nicht stinkt, ist sie doch schwach giftig und ihr Verzehr zu vermeiden.

No. **163.**

Gemeine Stinkmorchel.

Phallus impudicus Fr.

Giftig.

No. 164. Birnen-Stäubling.

Lycoperdon pyriforme Schaeff. Ungenießbar.

Der meist birnenförmige, aber auch mitunter eiförmige **Fruchtkörper** ist anfangs gelbbräunlich, am Scheitel etwas dunkler, mit feinen, fast flockenartigen Körnchen bedeckt und wird im Alter kastanienbraun. Der Scheitel öffnet sich bei der Reife mit kleiner, rundlicher Mündung. Sporen und Fasergeflecht sind olivbraun. Dieser Stäubling wird nur bis 4 cm hoch.

Er **wächst** im Herbste in Wäldern und Gebüschen meist gesellig auf und neben alten Baumwurzeln.

Wert: Ist im Jugendzustande, so lange er innen noch markig und weiß aussieht, zu essen.

No. 165. Hasen-Stäubling.

Calvatia utriformis Bull. Jung eßbar.

Die jungen **Fruchtkörper** sind fast stets verkehrt kegelförmig und entwickeln sich später ballonförmig bis zu 20 cm Höhe und 10 cm Breite, nach unten faltenförmig zusammengezogen. Die äußere Hülle, anfangs glatt, teilt sich bald in ziemlich regelmäßige Felder und wird dann gelbbräunlich. Bei der Reife zerfällt der obere Teil vollständig, so daß dann der becherförmige Unterteil zurückbleibt. Fasergeflecht und Sporen sind ebenfalls olivbraun.

Dieser Stäubling **wächst** vom Juni bis Oktober auf Wiesen, Brachfeldern und an Waldrändern.

Wert: Im Jugendzustande ist er ebenfalls eßbar. Die becherförmigen Reste werden zum Bovistieren der Bienen verwendet, da sie wie Zunder brennen.

No. 166. Tiegel-Teuerling.

Crucibulum laeve Huds. Ungenießbar.

Den Namen Teuerling haben diese eigenartigen Pilze von den im Innern lagernden Fruchtkörperchen erhalten, nach deren Zahl man in früherer Zeit einen Schluß auf den Getreidepreis glaubte ziehen zu können.

Der **Fruchtkörper** ist anfänglich kugelig, später tiegelförmig, außen gelbbräunlich und feinfilzig, innen ziemlich glatt und etwas heller. Die Innenkörperchen sind weiß.

Der Tiegel-Teuerling **wächst** von Juni bis Oktober in Wäldern, Gärten, auf faulendem Holz herdenweise.

Wert: Ungenießbar.

No. 167. Gestreifter Teuerling.

Cyathus striatus Huds. Ungenießbar.

Der **Fruchtkörper** ist anfangs eiförmig, später kreiselförmig, außen zottigfilzig, rostbraun, innen gestreift und bleigrau. Die Innenkörperchen sind anfangs hell, später bräunlich.

Dieser Teuerling **wächst** im Herbste ebenfalls gesellig an faulendem Holze, auf modernden Blättern usw.

Wert: Ungenießbar.

No. **164. Birnen-Stäubling.**
Lycoperdon pyriforme Schaeff. Ungenießbar.

No. **165. Hasen-Stäubling.**
Calvatia utriformis Bull. Jung eßbar.

No. **166.**
Tiegel-Teuerling.
Crucibulum laeve Huds.
Ungenießbar.

No. **167.**
Gestreifter Teuerling.
Cyathus striatus Huds.
Ungenießbar.

No. 168-170. Erdsterne

Will man die durchaus nicht so häufig vorkommenden Erdsterne suchen, so muß man sein Augenmerk ganz besonders auf sonst pilzarme dürre Stellen der Wälder richten. Von den bis jetzt in Deutschland bekannten 10 Spezies wachsen die meisten in Nadelwäldern auf alten Nadeln, einige in Laubwäldern auf nacktem Erdboden oder an sandigen, kurz bemoosten Abhängen und Böschungen der Waldgräben. Wo sie aber einmal ihren Standort haben, da kann man sie in Menge sammeln, und sie finden sich daselbst jahraus, jahrein; nur wenige Arten führen ein Einsiedlerleben.

No. 168. Hals-Erdstern.

Geastrum coronatum Pers. Ungenießbar.

Die äußere Hülle ist häufig vierteilig, doch findet man sie auch in 5-8 spitze Zipfel aufgesprungen. Diese krümmen sich bei feuchtem Wetter fast ganz nach unten und sind dann gallertartig fleischig (a). Bei Trockenheit werden die Lappen lederartig und stehen ziemlich senkrecht (b). Außen besitzen sie eine bräunliche, auf der inneren Seite eine weißlich-gelbliche Farbe. Der innere **Fruchtkörper** hat eine umbrabraune Färbung, ist gestielt, und die Öffnung sitzt auf einer kreisrunden Scheibe.

Der Hals-Erdstern **findet** sich im Herbst in Laub- und Nadelwäldern.

No. 169. Fransen-Erdstern.

Geastrum fimbriatum Fr. Ungenießbar.

Die äußere Hülle dieses Erdsternes zerreißt in 7-12 fast eiförmige, ziemlich regelmäßige Lappen. Diese sind gleichfalls bei feuchtem Wetter fleischig (a), bei trockenem häutig und krümmen sich in ähnlicher Weise wie beim vierteiligen Erdstern nach unten (h). Die Lappen sind außen dunkelbraun, innen hellbraun. Der innere kugelige **Fruchtkörper** ist ungestielt, sitzt auf und ist nach dem Scheitel zu etwas zugespitzt. Die Öffnung ist gefranst.

Der Pilz ist in Laub- und Nadelholzwäldern vom August bis Oktober auf trockenen Orten zu **finden**.

No. 170. Gefurchter Erdstern.

Geaster Schmidelii Vitt. Ungenießbar.

Diese Art gehört zu den größten der Erdsterne. Seine äußeren, in 5-10 bis zur Mitte und darüber gespaltenen Lappen sind derb, lederartig und graubraun oder braun, fast glatt, nur im Alter mitunter rissig. Trocken krümmen sie sich nach unten. Der innere **Fruchtkörper** ist langgestielt, kugelig oder fast birnenförmig, dunkelbraun, mit einer am Scheitel kegelförmigen, tiefspaltig gefurchten Mündung.

Der **Stiel** ist meist gedrückt, selten vollkommen zylindrisch.

Die **Sporen** sind braun.

Der Pilz **findet** sich nur in Nadelwäldern auf alten Nadeln vom August bis November, jedoch ziemlich selten.

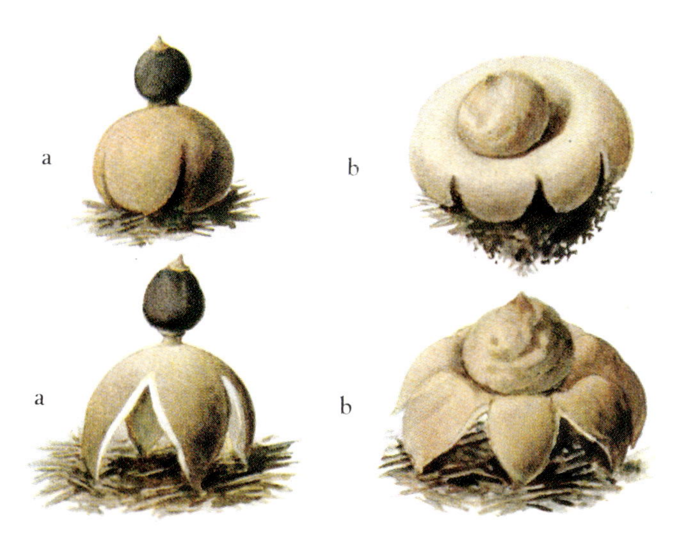

No. **168.**
Hals-Erdstern.
Geastrum coronatum Pers.
Ungenießbar.

No. **169.**
Fransen-Erdstern.
Geastrum fimbriatum Fr.
Ungenießbar.

No. **170.**
Gefurchter Erdstern. *Geaster Schmidelii Vitt.*
Ungenießbar.

No. **171.**

Erbsen-Streuling. Böhmische Trüffel.

Pisolithus arhizus Scop.

Eßbar.

Der **Fruchtkörper** dieses Pilzes erreicht eine Höhe bis 15 cm. Er hat eine etwas gedrückte oder länglich-runde Form und sitzt auf einem dünnen oder ohne **Stiele** auf der Erde. Die Hülle ist dünn, gelbbräunlich, olivbräunlich oder dunkelbraun, glatt. Das **Fleisch** zeigt beim Durchschneiden im Jugendzustande die von Kammern eingeschlossenen, vieleckigen oder rundlichen Fruchtkörper (Peridiolen genannt), die bei der Reife sich von den Kammerwänden lösen lassen (beim Trocknen der in Scheiben geschnittenen Pilze fallen sie von selbst heraus), zuerst weißlich, dann gelb aussehen und zuletzt in kastanienbraunen Sporenstaub zerfallen. Im Reifezustand bildet der ganze Pilz eine braune Staubmasse.

Die große Vielfalt an Formen ließ die Mykologen den Erbsenstreuling in mehrere Arten aufspalten. *P. tuberosus:* ungestielt; *P. arenarius:* kurzgestielt; *P. crassipes:* langgestielt. Alle diese Formen gehören einer Art an.

Alle Streulingsarten **findet** man auf sterilen und sandigen Böden, auf Halden, Böschungen und Bahndämmen. Diese Pilze sind nicht in allen Gegenden zu finden. Im Mittelmeergebiet treten sie teilweise sehr häufig auf.

Sie **wachsen** von Juli bis September.

Wert: Der Erbsen-Streuling, wie die Streulingsarten an sich, ist ein vortrefflicher Gewürzpilz. Für den Gebrauch nimmt man beim Sammeln nur solche Pilze, die noch nicht im Innern in Staubmasse übergehen, was sich sehr leicht fühlen läßt, denn sie sind dann noch derb und fest. Noch leichter wird dies durch das Zerschneiden festgestellt. Die äußere Hülle wird abgeschält, das Fleisch in Scheiben geschnitten und entweder in der Sonne oder auf dem Ofen getrocknet. Von diesen Scheiben bedarf man bloß eines Stückes, das mit Bratenbrühe oder der Suppe gekocht, derselben einen ganz vorzüglichen Geschmack verleiht, sie gleichzeitig aber auch tiefbraun färbt; zuviel genommen, würzt sie jedoch zu stark. Im oberen Vogtlande und im nördlichen Teile Böhmens werden diese Pilze eifrig gesammelt und unter dem Namen „Böhmische Trüffeln" verkauft. Sie werden daselbst auch zum Würzen der Wurst genommen.

No. **171.**

Erbsen-Streuling. Böhmische Trüffel.

Pisolithus arhizus Scop.

Eßbar.

Abbildungen und Beschreibung der Pilze

Band 3

No. 172.
Blutmilchstäubling.

Lycogata epidendrum Buch. Bedeutungslos.

Die anfangs lebhaft fleischroten, später graubraunen und klein-warzig punktierten **Fruchtkörper** sind mehr oder weniger kugelig und erreichen mitunter die Größe einer kleinen Haselnuß. Die äußere Hülle ist papierdünn, gewöhnlich in der Mitte lochartig aufreißend. Das Innere des Fruchkörpers ist gefüllt mit der hell-fleischroten Sporenmasse, die im Alter eine fast bleigraue Färbung annimmt.

Die dicht aneinander gesellig stehenden Fruchtkörperchen findet man an altem Holze und morschen Baumstümpfen im Spätsommer und Herbste.

No. 173.
Sumpf-Haubenpilz.

Mitrula paludosa Fr. Bedeutungslos.

Die lebhaft gelben oder orangefarbigen, meist eiförmigen oder rundlichen, hohlen **Fruchtkörper** stehen auf einem 2-6 cm langen Stielchen. Dieses ist ebenfalls hohl, grauweißlich und rosa angehaucht. Diese kleinen Pilze wachsen auf sumpfigen Stellen und in Gräben auf modernden Zweigen und Blättern, meist herdenweise, oft büschelig verbunden.

No. 174.
Dottergelber Spateling.

Spathularia flavida Pers. Eßbar.

Die 3-7 cm hohen **Fruchtkörper** werden von einem gelblichen und kahlen Stiele getragen. Der fruchttragende Teil ist spatelförmig, gewöhnlich wulstförmig und faltig am Stiele angewachsen, von goldgelber Farbe, im Alter mitunter weißlich werdend.

Diese Pilze **wachsen** meist trupp- oder reihenweise in Wäldern zwischen Gras und Moos.

Geschmack und **Geruch** angenehm.

Wert: Eßbar.

No. **172. Blutmilchstäubling.**
Lycogata epidendrum Buch. Bedeutungslos.

No. **173. Sumpf-Haubenpilz.**
Mitrula paludosa Fr. Bedeutungslos.

No. **174. Dottergelber Spateling.**
Spathularia flavida Pers. Eßbar.

No. **175.**

Helm-Kreisling.

Cudonia circinans Pers.

Eßbar.

Die fleischigen, helmförmigen **Fruchtkörper** haben einen eingerollten **Rand**, von dem regelmäßig stehende, fleischrötliche Falten nach dem Stiele herablaufen. Die Farbe des 1- 3 cm breiten **Hutes** ist weißlich, gelblich oder ockerfarbig. Der ganze Pilz wird bis 6 cm hoch. Der **Stiel** ist voll, walzig oder bauchig und fleischrötlich.

Er **wächst** im Sommer und im Herbste in schattigen Nadelwäldern, dicht stehend und große Kreise bildend.

Geschmack und **Geruch** sind morchelartig.

Wert: Eßbar.

No. **176.**

Bleiche Lorchel.

Helvella pallescens Schaeff.

Eßbar.

Der gewöhnlich becherförmige, geschweifte **Hut** hat einen meist einseitig umgeschlagenen **Rand**, ist bleich, ockerfarbig und glatt. Der bis 8 cm hohe **Stiel** ist unregelmäßig rundlich, etwas grubig und inwendig hohl.

Geruch und **Geschmack** sind nicht unangenehm.

Die Lorchel **wächst** nur in Laubwäldern im Sommer und Herbste und ist selten.

Wert: Eßbar.

No. **175.**

Helm-Kreisling.

Cudonia circinans Pers.

Eßbar.

No. **176.**

Bleiche Lorchel.

Helvella pallescens Schaeff.

Eßbar.

No. 177.
Anemonen-Becherling.

Sclerotinia tuberosa Fuck.

Wertlos.

Die anfangs halbkugeligen, dann becherförmigen **Fruchtscheiben** sind innen dunkelbraun, außen hellbraun und ganzrandig. Der 3-10 cm lange **Stiel** entspringt aus einem schwarzen, knolligen Fruchtlager, das sich in den Rhizomen von Anemone nemorosa bildet.

Man **findet** diese Pilze auf feuchten Wiesen, in Gebüschen im Frühling, mitunter häufig.

Wert: Keinen. Schmarotzerpilz. Tritt selbst auf Gartenanemonen auf.

No. 178.
Spindelsporiger Becherling.

Byssonectria aggegata Berk. & Br.

Ungenießbar.

Die Scheibe dieses kleinen, schüsselförmigen Becherlings hat eine goldgelbe Farbe. Der **Rand** ist glatt, und der **Fruchtkörper** wird bis 1 cm breit.

Dieser Becherling findet sich in milden Wintern und im Frühjahr auf feuchtem Boden.

Wert: Ungenießbar.

No. **177.**
Anemonen-Becherling.
Sclerotinia tuberosa Fuck.
Wertlos.

No. **178.**
Spindelsporiger Becherling.
Byssonectria aggegata Berk. & Br.
Ungenießbar.

No. **179.**

Riesenlorchel.

Gyromitra gigas Krombh.

Eßbar.

Der **Hut** besitzt eine unregelmäßig rundliche Gestalt und besteht aus weitläufig gestellten, breiten, gewundenen, lappigen Falten und erreicht oft einen Durchmesser von 15 cm. Die Farbe ist entweder gelblichweiß oder ockergelb, bei ausgewachsenen Exemplaren oft olivenbräunlich. Der **Stiel** wird 4-7 cm hoch, ebenso dick, ist wachsartig, weißlich, glatt, zuweilen faltig oder grubig.

Ihren **Standort** hat die Lorchel in mehr sandigem Boden, auf moosigen Stellen. Sie erscheint in der Ebene bereits Ende April, im Gebirge im Mai, kommt aber ziemlich selten vor.

Wert: Sie ist ein guter Speisepilz und kommt mit der Speisemorchel auf den Pilzmarkt. Wird nicht zum Sammeln empfohlen, da sie leicht mit der giftigen Frühjahrs-Lorchel (*Gyromitra esculenta*) verwechselt werden kann.

No. **179.**

Riesenlorchel.

Gyromitra gigas Krombh.

Eßbar.

No. **180.**

Böhmische Verpel.

Verpa bohemica Krombh.

Eßbar.

Der **Hut** ist glockenförmig, 2-4 cm hoch, 2-3 cm breit und besteht aus sehr dicht stehenden, ziemlich parallel laufenden, schwach verzweigten Runzeln. Die Farbe des Hutes ist außen ockerfarbig oder lederbraun, auf der Unterseite weißlich. Der Hut umgibt den Stiel scheidenförmig und ist nur an der Spitze mit demselben verbunden. Der zylindrische, 7-14 cm lange und bis 2 cm dicke **Stiel** ist anfangs markig, später hohl und zerbrechlich, weißlich und mit kleieartigen, feinen Körnchen besetzt.

Geruch und **Geschmack** sind angenehm und eigenartig.

Diese Morchelart **wächst** im Frühjahr, seltener im Oktober oder November.

Sie kommt in Gärten und Wäldern vor.

Wert: Eßbar und wohlschmeckend.

No. **180.**

Böhmische Verpel.

Verpa bohemica Krombh.

Eßbar.

No. **181.**

Morchel-Becherling.
Adriger Becherling.

Disciotis venosa Pers.

Eßbar

Der kastanienbraune, außen hellere **Fruchtkörper** sitzt mit einem kurzen, gerippten Stiele auf der Unterlage. Die bis 12 cm breite Fruchtkörperscheibe ist unregelmäßig rundlich gestaltet. Im Innern, nach der Mitte zu, sehr häufig etwas faltig oder runzlig, sonst glatt. Die wellige Unterseite ist weißlich. Der **Rand** ist unregelmäßig verbogen, mitunter gelappt. Das **Fleisch** ist weiß, häutig und etwas zerbrechlich.

Geschmack und **Geruch** sind angenehm.

Der Morchel-Becherling **wächst** in Auenwäldern, an Waldrändern und Wegen von April bis Mai.

Wert: Schmackhaft, leider kommt er nicht sehr häufig vor.

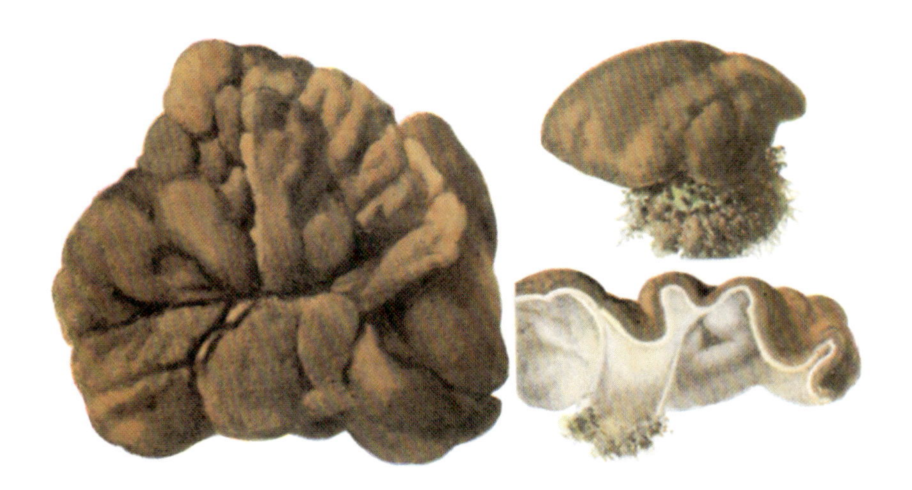

No. **181.**

Morchel-Becherling.

Adriger Becherling.

Disciotis venosa Pers.

Eßbar

No. 182.
Schnecken-Öhrling.

Otidea cochleata Fuck.

Ungenießbar.

Der **Fruchtkörper** dieses Becherlinges ist eigentümlich mehr oder weniger schneckenartig gewunden. Die Form ist sehr verschieden. Der **Rand** ist teils nach innen eingebogen, teils nach außen umgerollt. Die Farbe ist innen gelb- bis dunkelbraun, außen gelblich-lederbraun und etwas flockig.

Erscheinungszeit: August und Oktober.

Standort: Auf der Erde oder im Gras von Nadelwäldern.

Wert: Ungenießbar.

No. 183.
Kugeliger Gallertbecherling.

Sarcosoma globosum Caspary

Ungenießbar.

Der seltene, bis 10 cm hoch wachsende Pilz ist ei-, kreisel- oder tonnenförmig, oben mit schüsselförmiger **Fruchtscheibe**. Die äußere, rindenartige Schicht ist dick, faltig, runzelig, braun und trägt kurze gegliederte, weichsamtige Haare. Die Innenmasse ist ein wasserreiches, hellgraues und lichtdurchlässiges Gallertgeflecht; aufgeschnitten tritt aus diesem eine klare Flüssigkeit.

Erscheinungszeit: Oktober bis Mai in feuchten Fichtenwäldern.

Wert: Ungenießbar.

No. **182.**
Schnecken-Öhrling.
Otidea cochleata Fuck.
Ungenießbar.

No. **183.**
Kugeliger Gallertbecherling.
Sarcosoma globosum Caspary
Ungenießbar.

No. **184.**

Weißliche Trüffel.

Tuber albidum Fr.

Eßbar.

Der **Fruchtkörper** ist etwas unregelmäßig, länglich-rund und erlangt zuweilen die Größe eines Hühnereies. Die Oberfläche ist glatt, kleinhöckrig, weißlich, gelblich oder bräunlich, später rötlichbraun. Das **Fleisch** zeigt beim Durchschneiden bei den jungen Exemplaren eine bräunlich-weiße Marmorierung und wird später braun-violett bis braun-schwarz.

Sie **wächst** in Laubwäldern und Gärten unter Rotbuchen, sehr zerstreut von Südeuropa bis England und Dänemark.

Man **findet** die Trüffel von Juli bis Oktober 5-15 cm tief in der Erde.

Wert: Eßbar.

No. **185.**

Rotbraune Rasentrüffel.

Hydnotrya tulasnei Berk. und Broome

Eßbar.

Die knollenförmigen, mit grubigen und faltigen Vertiefungen versehenen **Fruchtkörper** sind im Innern mit hohlen labyrinthischen Gängen durchsetzt und messen 0,5 bis etwas über 3 cm im Durchmesser. Die Gänge sind innen mit einer weißlichen Fruchtschicht bekleidet und münden in die Vertiefungen der Oberfläche. Die Farbe ist fleischgelb bis rotbraun.

Diese Trüffel **findet** sich mehr oder weniger tief im Boden von lichten Buchen- und Eichenwäldern, sowie Nadelwäldern.

Wert: Eßbar.

No. **184.**

Weißliche Trüffel.

Tuber albidum Fr.

Eßbar.

No. **185.**

Rotbraune Rasentrüffel.

Hydnotrya tulasnei Berk. und Broome

Eßbar.

No. **186.**

Michaels Rasentrüffel.

Hydnotyra michaelis E. Fischer

Ungenießbar.

Der unregelmäßig rundliche, aus nach innen eingefalteten darmartigen Wülsten bestehende **Fruchtkörper** hat 3-5 cm im Durchmesser. Die Oberfläche ist fein behaart und weißlich, gelbbräunlich, reif rotbraun. Das rotbraunpurpurne Innere ist mit gewundenen Gängen und Falten durchsetzt, deren weißliche Wandungen mit einer aus Schläuchen und Paraphysen bestehenden Fruchtschicht bekleidet sind.

Er **wächst** in der Erde, nur mit dem Scheitel die Erdoberfläche durchbrechend und erscheint bereits im Juni in lichten Nadelwäldern (Kiefer, Fichte, Tanne), meist am Grunde oder in der Nähe der Stämme.

Geruch: Jung schwach angenehm, im Alter sehr stark nach Knoblauch oder Phosphor. (Herr Prof. Dr. E. Fischer in Zürich hatte die Güte, diesen Pilz zu bestimmen.)

Wert: Bedeutungslos.

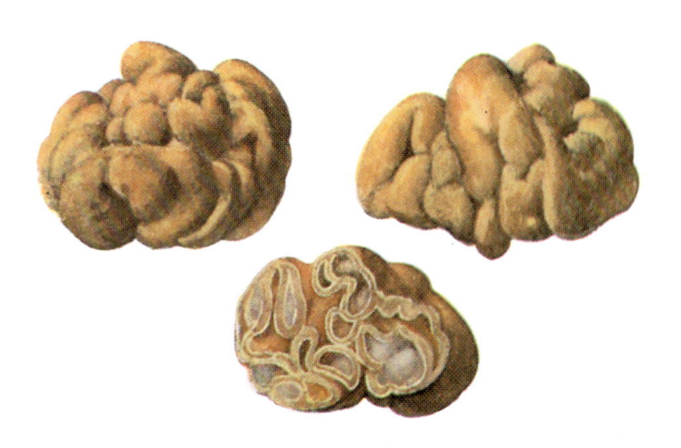

No. **186.**

Michaels Rasentrüffel.

Hydnotyra michaelis E. Fischer

Ungenießbar.

No. **187.**

Vielgestaltige Holzkeule.

Xylaria polymorpha Grev.

Ungenießbar.

Die korkartig harten **Fruchtkörper** sind an Gestalt und Größe von außerordentlicher Verschiedenheit, sie können fingerartig, handförmig verzweigt, spindelförmig, keulig, kolbig, walzenförmig usw. sein und eine Größe von 1 bis 8 cm erreichen. Die Farbe derselben ist gelblich-rauchgrau oder braunschwärzlich.

Der Pilz **findet** sich ganzjährig in Laubwäldern und Parkanlagen an Stümpfen von Laubbäumen, meist büschelig. Häufig vorkommend.

Wert: Ungenießbar.

No. **188.**

Geweihförmige Holzkeule.

Xylaria hypoxylon Grev.

Ungenießbar.

Die meist ästigen, geweihartigen, zusammengedrückten, oberwärts mitunter auch keulig verdickten **Fruchtkörper** sind anfangs durch die Conidiensporen weiß bestäubt, nach unten schwarz und samtartig zottig. Die kleineren **Fruchtkörper** sind meist spindel- oder keulenförmig. Sie erreichen eine Höhe von 3-10 cm.

Diese Pilze **findet** man an faulenden und alten Stöcken alter Laubhölzer, besonders der Buchen, vom November bis März.

Das Myzel dieses Pilzes bildet bandartige Stränge, phosphoresziert im Dunkeln und macht auch das Holz, an dem es wächst, leuchtend.

Wert: Ungenießbar.

No. **187. Vielgestaltige Holzkeule.**
Xylaria polymorpha Grev. Ungenießbar.

No. **188. Geweihförmige Holzkeule.**
Xylaria hypoxylon Grev. Ungenießbar.

No. **189.**

Judasohr.

Hirneola auricula-judae Bull.

Eßbar.

Die außerordentlich vielgestalteten **Fruchtkörper** dieses Pilzes sind meist schüssel- oder muschelförmig, oben und unten unregelmäßig adrig gefaltet und der **Rand** meist wellig verbogen. Das **Fleisch** ist frisch gallertartig, schrumpft bei Trockenheit zu einer harten, wachsartigen Haut zusammen, nimmt aber angefeuchtet die frühere Gestalt und Beschaffenheit wieder an. Die Oberfläche ist im Jugendzustande lilafarbig und geht später in Kastanienbraun über. Die untere Seite ist heller, meist gelblich-braun, samtartig, mit einem zarten Filze bekleidet.

Er **wächst** vom Sommer bis zum Herbste rasenförmig an alten Holunderstämmen, sowie an anderen Laubhölzern.

Wert: In früherer Zeit wurde er in den Apotheken unter dem Namen Fungus Sambuci-Holunderschwamm oder Auricula Judae-Judasohr zu Umschläge bei Augenentzündungen angewendet.

Wert: Eßbar, aber zäh.

No. **190.**

Blattartiger Zitterling.

Tremella foliacea Pers.

Bedingt eßbar.

Die gallertartigen bis knorpeligen **Fruchtkörper** stellen zusammengewachsene, mit gehirnartigen Falten versehene, reich gelappte und verzweigte Gebilde dar. Der Fruchtkörper wird 4-12 cm breit und bis zu 6 cm hoch, ist rotbraun bis fleischbraun bisweilen mit ockergeblichen Tönen, dabei etwas durchscheinend und glatt.

Der Pilz **wächst** von Oktober bis Juni an alten Stämmen von Laub- und Nadelbäumen und verursacht Weißfäule.

Wert: Bedingt eßbar.

No. **189. Judasohr.**
Hirneola auricula-judae Bull. Eßbar.

No. **190. Laubartige Tremelle. Blattartiger Zitterling.**
Tremella foliacea Pers. Bedingt eßbar.

No. **191.**

Rötlicher Gallerttrichter.

Temiscus helvelloides DC.

Eßbar.

Der im Jugendzustande dunkelfleischrote, fast lebhaft orangerote, im Alter aber braunrote **Fruchtkörper** ist gallertartig und etwas durchscheinend. Er wird bis 15 cm hoch, ist innen glatt, halbiert, trichterförmig und bis zum Fuße röhrig. Der **Rand** des Fruchtkörpers ist meist wellig verbogen. Die äußere Seite trägt die Fruchtschicht und zeigt im Alter schwach aderig herablaufende Längsleisten. Der stielartige Fuß ist unten weißlich.

Der **Geruch** ist angenehm, der **Geschmack** wässrig, etwas pilzartig.

Seinen **Standort** hat der Pilz in bergigen Nadelwäldern auf feuchtem, kalkhaltigen Boden, oder an morschem Holze. Er wächst stets büschelweise, fast nie vereinzelt. Seine Vegetationszeit hat er von August bis Oktober. In Deutschland findet man den Rötlichen Gallertrichter nur im Süden, öfters in Württemberg.

Wert: Eßbar, meist als Salatpilz verwendet.

No. **191.**
Rötlicher Gallerttrichter.
Temiscus helvelloides DC.
Eßbar.

No. 192.
Eichen-Rindenpilz.

Peniophora quercina Cooke.

Ungenießbar.

Der **Fruchtkörper** liegt frisch auf der Unterlage, ist knorplig-wachsartig, fleischfarben oder rötlich-violett, bildet ockergelb bis hellrosa gefärbte Flecken, am Rande mit strahligen Fasern, in der Mitte grob, höckerig, warzig. Im trockenen Zustande lösen sich die Ränder, schlagen sich nach innen etwas um und sind innen schwärzlich. Der Pilz **wächst** auf Ästen verschiedener Laubbäume, besonders auf Eichen, Linden und Buchen, aber auch auf denen verschiedener Sträucher. Er findet sich das ganze Jahr hindurch, besonders im Oktober und November.

Wert: Ungenießbar.

No. 193.
Stinkende Lederkoralle.

Thelephora palmata Fr.

Ungenießbar.

Der **Fruchtkörper** ist strauchartig verzweigt, lederartig zäh und wird 4-8 cm hoch. Die flachgedrückten, bandförmigen Ästchen stehen ziemlich dicht, sind schmutzigbraun, an den Spitzen mitunter weiß und gefranst.

Der **Geruch** ist außerordentlich widerlich, etwa wie ranziges Fett.

Der Pilz **wächst** vom Juli bis September im Moos oder Gras an Waldwegen oder am Rand von Nadelwäldern.

Wert: Ungenießbar.

No. **192.**

Eichen-Rindenpilz.

Peniophora quercina Cooke.

Ungenießbar.

No. **193.**

Stinkende Lederkoralle.

Thelephora palmata Fr.

Ungenießbar.

No. **194.**

Erdlederpilz.

Thelephora terrestris Fr.

Ungenießbar.

Der **Fruchtkörper** ist lederartig, meist lappenartig zerteilt, oft halbkreisförmig horizontal von der Unterlage abstehend, oder in dachziegelförmigen Rasen die Unterlage überziehend. Der Pilz hat dunkel-umbrabraune Farbe, ist grobfaserig und schuppig. Der **Rand** ist scharf, anfangs weißlich, später braun und grobfaserig gewimpert. Die Unterseite ist graubraun und unregelmäßig stumpfwarzig.

Der Pilz **findet** sich ganzjährig in Nadelwäldern, meist an Stämmen sich hinaufziehend. Als „Erstickungsfalle“ schädlich in jungen Forstkulturen.

Wert: Ungenießbar.

No. **194.**

Erdlederpilz.

Thelephora terrestris Fr.

Ungenießbar.

No. **195.**

Herkuleskeule.

Clavariadelphus pistillaris L.

Ungenießbar.

Von allen Händlingen wird diese Art am größten, nämlich 8-25 cm lang, unten 1-2, oben 3-5 cm breit. Er ist fleischig, dickkeulenförmig, hellgelblich oder ockerfarben, später rötlich-braun oder lederfarben mit weißem **Fleisch**. Der **Stiel** geht allmählich in die Keule über. Die Keule ist verschieden gestaltet, oben meist abgerundet oder abgestutzt, mehr oder weniger runzlig.

Der **Geruch** ist angenehm, der **Geschmack** gering, wässerig.

Seinen **Standort** hat der Pilz in gemischtem Baumbestande, besonders aber in Buchenwäldern. Er ist ziemlich selten und kommt meist nur vereinzelt und in wenigen Exemplaren vor.

Er **wächst** von vom August bis Oktober.

Wert: Ungenießbar, da jung meist schon bitter.

No. **195.**

Herkuleskeule.

Clavariadelphus pistillaris L.

Ungenießbar.

No. **196.**
Violetter Knorpelschichtpilz.

Chondrosterum pupureum Pouz.

Ungenießbar.

Der **Fruchtkörper** ist weich, lederartig, breitet sich dachziegelartig auf der Unterlage aus, ist gezont und zottig-filzig. Die Unterseite ist blaß oder weißlich, während die Oberseite, das Sporenlager, purpurfarben, lila oder braunrot ist.

Man **findet** ihn ganzjährig an frisch totem Laubholz, selten an Nadelholz, in Wäldern, Ortschaften, auch an lebenden Bäumen, verursacht Weißfäule.

Wert: Ungenießbar.

No. **197.**
Wurmförmige Keule.

Clavaria fragilis Holms.

Eßbar.

Der zart-fleischige, sehr zerbrechliche **Fruchtkörper** ist keulenförmig und wird 3-6 cm hoch.

Der **Stiel** ist fest, weißlich und nach unten verjüngt, oft gewunden.

Er **wächst** im Oktober in Wäldern auf Grasplätzen meist in büschelförmigen Rasen.

Wert: Eßbar, aber wegen seiner Kleinheit ohne Bedeutung.

No. **196.**

Violetter Knorpelschichtpilz.

Chondrosterum pupureum Pouz.

Ungenießbar.

No. **197.**

Wurmförmige Keule.

Clavaria fragilis Holms.

Eßbar.

No. **198.**

Steife Koralle.

Ramaria stricta Quell.

Ungenießbar.

Der **Fruchtkörper** wird bis 8 cm hoch und breit, meist rasenartig wachsend. Aus dem dünnen und kurzen, am Grunde weißfilzigen Stamme, entwickeln sich reich verzweigte, dünne, stielrunde, ziemlich dicht und steif aufrecht stehende Ästchen. Ihre Spitzen sind meist gablig verzweigt und etwas bräunlich. Die Farbe ist hell ockerfarben, wird aber bei Berührung und beim Trocknen bräunlich.

Er **wächst** in Wäldern und Gärten an Stümpfen von Laub- und Nadelbäumen vom September bis November.

Wert: Ungenießbar.

No. **198.**

Steife Koralle.

Ramaria stricta Quell.

Ungenießbar.

No. **199.**

Mehl-Wiesenkoralle.

Ramariopsis corniculata Schaeff.

Ungenießbar.

Der **Fruchtkörper** verzweigt sich aus dem kurzen Strunke wiederholt gabelig.

Die Ästchen stehen weit auseinander, teilweise rechtwinklig umgebogen und sind stielrund.

Die Endästchen sind fast gleich hoch, meist abgerundet, selten zugespitzt.

Die zähen Äste sind frisch etwas klebrig, lebhaft gelb, im Alter etwas bräunlich.

Er **wächst** auf Weiden und kurzen grasigen Wiesen, in Wäldern, auch an Wegen zwischen Gras und Moos vom August bis Oktober.

Wert: Ungenießbar.

No. **199.**

Mehl-Wiesenkoralle.

Ramariopsis corniculata Schaeff.

Ungenießbar.

No. **200.**

Grauer Korallenpilz.

Clavulina cinerea Schroet.

Eßbar.

Dieser Korallenpilz erreicht eine Höhe von 8-12 cm. Der **Fruchtkörper** ist fleischig, hat einen 3-4 cm dicken, vollen, weißlichen Stamm, der sich stark verästelt. Die Zweige sind schwach runzlig, anfangs weißlichgrau, später ganz rauchgrau, ungleich lang und an den Enden stumpf. Im Alter sind sie von dem Sporenpulver braunrot bestäubt.

Geruch und **Geschmack** sind schwach, aber sehr angenehm.

Seinen **Standort** hat der Pilz in Wäldern und Mooren. Er wächst vom September bis November.

Wert: Wegen seines Wohlgeschmackes und seines häufigen Vorkommens ist er wertvoll. Er läßt sich gut trocknen und gibt, ausgekocht, der Brühe großen Wohlgeschmack.

No. **200.**

Grauer Korallenpilz.

Clavulina cinerea Schroet.

Eßbar.

No. **201.**

Tannen-Stachelbart. Alpen-Stachelbart.

Hericium flagellum Pers.

Jung eßbar.

Der ganze Pilz wird 6-40 cm lang und breit. Die Abbildung zeigt nur einen Teil eines gegen 3 Pfund schweren Pilzes, der in der Dresdner Heide gefunden wurde. Der fleischige **Fruchtkörper** ist anfangs reinweiß, wird später gelblich, entwickelt sich aus kurzem, runden Stamme und teilt sich in zahlreiche, dünne, dichtstehende Äste. Die 1-1,5 cm langen, pfriemlichen, spitzen **Stacheln** hängen nach einer Seite herab.

Der Pilz **wächst** an alten Ästen und Scheitholz der Buchen und Tannen im September und Oktober.

Wert: Ein guter Speisepilz.

No. **202.**

Schwarzweißer Duftstacheling.

Phellodon comatus Fr.

Ungenießbar.

Der lederartig und korkige **Hut** ist ziemlich eben, steif, unregelmäßig, anfangs violettgrau bis dunkelbraun und hat einen weißen **Rand**. Die **Stacheln** sind weißlich, der **Stiel** ist dem Hute gleichfarbig, glatt, dünn und bis 3 cm hoch.

Der Pilz **wächst** in Nadelwäldern meist rasenförmig im September und Oktober.

Wert: Ungenießbar.

No. **201. Tannen-Stachelbart. Alpen-Stachelbart.**
Hericium flagellum Pers. Jung eßbar.

No. **202. Schwarzweißer Duftstacheling.**
Phellodon comatus Fr. Ungenießbar.

No. **203.**
Rostbrauner Korkstacheling.

Hydnellum ferrugineum Karst.

Ungenießbar.

Der schwammig korkige **Hut** ist innen und außen rotbraun, kreiselförmig, oben flach oder niedergedrückt und wird 5-12 cm breit. Anfangs ist er mit weißem Filze überzogen und scheidet blutrote Tropfen aus.

Die **Stacheln** sind pfriemlich spitz und rostbraun. Der **Stiel** ist ungleich dick, kurz und ebenfalls rostbraun.

Im frischen Zustande riecht der Pilz wie frisches Mehl.

Der Pilz **wächst** im August und September in Laub- und Nadelwäldern.

Wert: Ungenießbar.

No. **204.**
Gallen-Stacheling.

Sarcodon scabrosus Karst.

Ungenießbar.

Der fleischige, flach gewölblte, 5-12 cm breite **Hut** ist mit sparrigen Schuppen bedeckt. Seine Farbe ist kaffeebraun oder umbrabraun. Der **Rand** ist scharf, wellig verbogen, in der Jugend etwas eingerollt. Das **Fleisch** ist blaß schmutzig-violettlich und wird beim Bruch oder Schnitt violett und olivengrünlich. Die **Stacheln** sind anfangs weißlichgrau und werden später braun, eine weiße Spitze behaltend.

Der **Stiel** hat die Farbe des Hutes und wird bei der Berührung grünlichschwarz, das beste Kennzeichen für diese Art.

Der **Geschmack** ist außerordentlich bitter, der **Geruch** in trockenem Zustand widerlich.

Er **wächst** im Herbst in Laub- und Mischwäldern (unter Eiche, Rotbuche, Edelkastanie, Fichte).

Wegen seiner täuschenden Ähnlichkeit mit dem guten Habichts-Stacheling scheint er übersehen worden zu sein. Diese Ähnlichkeit hat verschiedentlich beim Sammeln des Habichtspilzes zur Verwechselung geführt und die zubereitete Speise völlig ungenießbar gemacht.

Wert: Ungenießbar.

No. **203. Rostbrauner Korkstacheling.**
Hydnellum ferrugineum Karst. Ungenießbar.

No. **204. Gallen-Stacheling.**
Sarcodon scabrosus Karst. Ungenießbar.

No. **205.**

Schmutziger Stacheling.

Bankera fuliginecalba Fr.

Ungenießbar.

Der 10-15 cm breite **Hut** ist trichterförmig vertieft, zunächst weiß, dann gelb- oder rötlichbraun, später dunkelbraun und jung durch strichförmige Fleckchen schwach gezont, später glatt. Der **Rand** des Hutes ist glatt, bei jüngeren Exemplaren etwas eingebogen. Das **Fleisch** ist weiß. Die ziemlich langen **Stacheln** sind anfangs weißlich, später braun. Der Fuß ist zuerst weißlich, später braun bis dunkel graubraun.

Geruch und **Geschmack** sind angenehm.

Wert: Höchstens getrocknet als würziges Pilzpulver zu verwenden. In Mitteleuropa vom Aussterben bedrohte Art, daher zu schonen.

No. **206.**

Rinden-Steifporling.

Oxyporus corticola Fr.

Ungenießbar.

Der sich auf seiner Unterlage wellig ausbreitende **Fruchtkörper** ist am unregelmäßig sich hinziehenden Rande scharf begrenzt und von fast holziger Härte.

Die ziemlich langen, dichtstehenden **Röhren** haben feine Mündungen.

Dieser Pilz kommt als gestaltlose Masse, faules Holz von Laub- und Nadelhölzern überziehend vom Herbste bis zum Frühjahr vor; in Deutschland bislang nur im Norden.

Wert: Ungenießbar.

No. **205. Schmutziger Stacheling.**
Bankera fuligineoalba Fr. Ungenießbar.

No. **206. Rinden-Steifporling.**
Oxyporus corticola Fr. Ungenießbar.

No. **207.**

Riesen-Porling.

Meripilus giganteus Pers.

Jung eßbar.

Dieser Pilz verdient seinen Namen „Riesen-Porling“ mit Recht, denn in Jahre 1885 wurde ein Riesenexemplar von 3/4 Meter Höhe und 1 Meter 30 Zentimeter im Durchmesser bei einer Schwere von 96 Pfund in dem Forste bei Reiboldsgrün im Vogtlande gefunden, wohl das größte bisher bekannte Exemplar. Die Pilzausstellungen des Verfassers enthielten öfters 15-20 Pfund schwere derartige Pilze. Der **Fruchtkörper** besteht aus breiten, dachziegelartig gelagerten, auf dickem, kurzem und knolligem Stiele ruhenden, halbkreisförmigen Hüten, deren Oberfläche mit einer lederartigen oder feinschuppigen, hellbraunen Haut bedeckt ist. Im Alter wird diese kastanienbraun. Bei jugendlichen Exemplaren finden sich verwaschene Zonen. Das **Fleisch** ist weiß und zäh, später fast lederartig und schwärzend. Die sehr kurzen **Röhrchen** haben feine Mündungen, sind anfangs rundlich, weiß, werden bei der Berührung rauchgrau, später zerschlitzen sie und sehen schmutzig-bräunlich aus.

Der **Geruch** ist angenehm, der **Geschmack** etwas säuerlich.

Er **wächst** vom August bis Oktober am Grunde alter Stöcke von Laubhölzern.

Wert: Wegen seines zähen Fleisches ist er ungenießbar. Die ausgekochten jungen Exemplare geben aber eine sehr schmackhafte Brühe.

No. **207.**
Riesen-Porling.
Meripilus giganteus Pers.
Jung eßbar.

No. **208.**

Glänzender Lack-Porling.

Ganoderma lucidum Karst.

Ungenießbar.

Der seitlich gestielte **Hut**, der aus den Baumstämmen herauswächst, ist korkig, zuletzt holzig, meist nierenförmig oder verschieden rundlich, sogar kolbig gestaltet und ist etwas runzlig. Anfangs sind **Stiel** und der glatte, glänzende Hut hellgelb, dann werden sie rötlich-braun bis schwarz-braun und sehen wie lackiert aus. Die **Röhren** werden bis einen Zentimeter lang. Die **Poren** sind klein, anfangs weiß, später zimtbraun. Der **Stiel** ist immer seitlich und sehr verschieden lang, gewöhnlich 3-14 cm. (In einem Falle wurde ein Exemplar mit einem 45 cm langen Stiele und nur 8 cm breiten Hute gefunden - im Besitze eines Kaufmanns von Schöneck im Vogtlande.)

Der Pilz **findet** sich am Grunde alter Stämme verschiedener Bäume, wie an der Eiche, Erle, Buche usw. Er entwickelt sich vom Frühjahre an und ist im Herbste ausgewachsen.

Wert: Ungenießbar.

No. **209.**

Fichten-Porling.

Fomitopsis pinicola Karst.

Ungenießbar.

Der ebenfalls lederartige, später holzharte **Hut** ist hufförmig, polsterartig, wird bis zu 30 cm breit und ist nach hinten uneben und gebuckelt. Im Anfange ist seine Farbe braunrot mit gelblichen **Rand**, dann stumpf schwärzlich und trägt einen zinnoberroten Rand. Die **Poren** sind nicht sehr groß, anfangs weißlich, nacher blaß ockergelb, im Alter fast zimtfarbig. Aus dem Rande tröpfelt bisweilen eine saure Flüssigkeit.

Er **wächst** ganzjährig an Stämmen von Laub- und Nadelhölzern.

Wert: Ungenießbar.

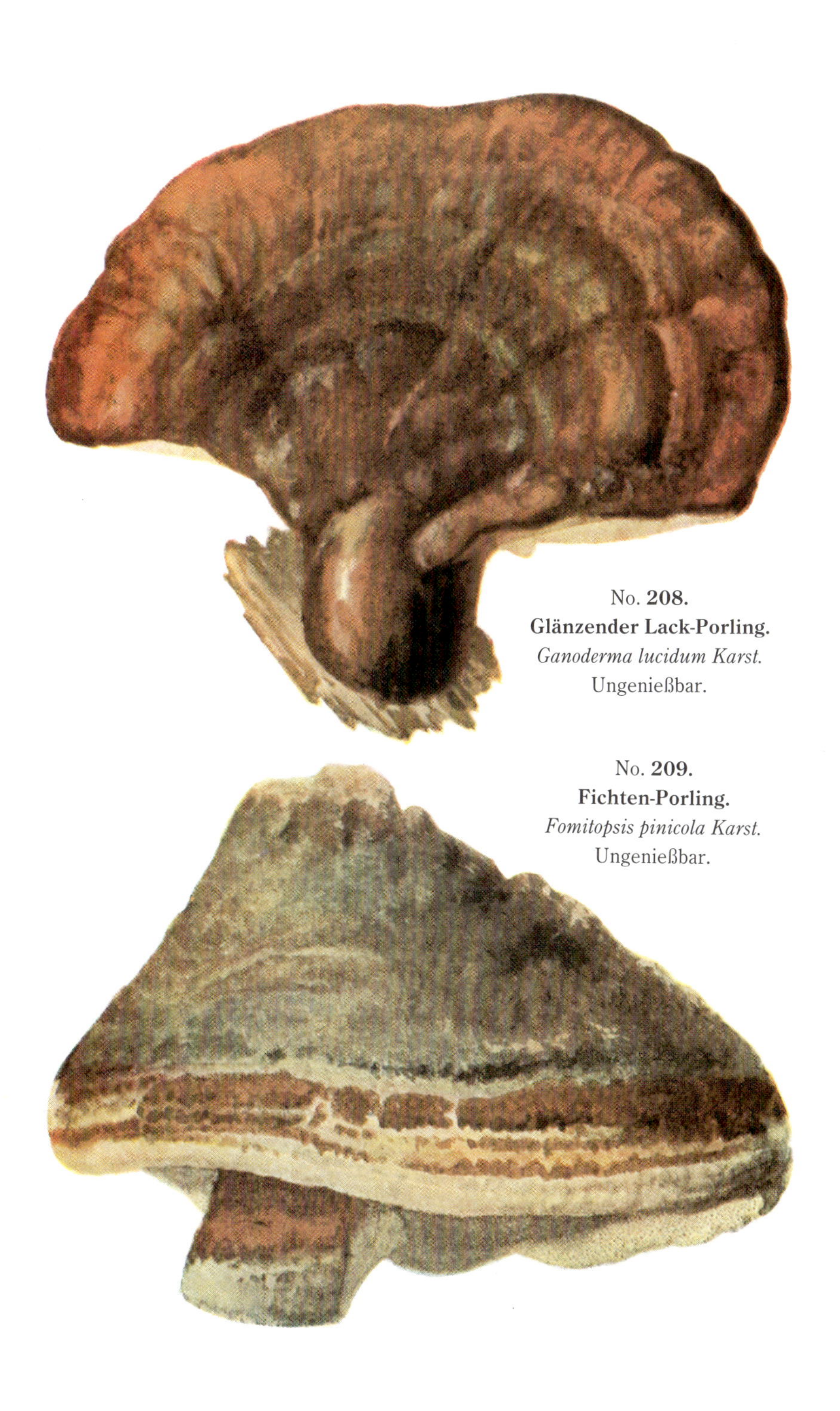

No. **208.**
Glänzender Lack-Porling.
Ganoderma lucidum Karst.
Ungenießbar.

No. **209.**
Fichten-Porling.
Fomitopsis pinicola Karst.
Ungenießbar.

No. **210.**

Kiefern-Braunporling.

Phaeolus schweinizii Fr.

Ungenießbar.

Der anfangs schwammig weiche Pilz wird später korkig oder lederartig. Der **Hut** ist verschieden gestaltet, teils trichter- oder kreiselförmig, dann und wann halbiert und dachziegelartig wachsend. Er wird bis 30 cm breit, ist striegelig, filzig, grubig, anfangs gelbbraun, später kastanienbraun. Die **Poren** sind ziemlich groß, meist zerschlitzt, schwefelgelb-grünlich, später rostbraun. Der **Stiel** ist kurz, nach unten verjüngt, fehlt manchmal ganz.

Er **wächst** im Herbste an Kieferstämmen oder auf deren Wurzel.

Wert: Ungenießbar.

No. **210.**

Kiefern-Braunporling.

Phaeolus schweinizii Fr.

Ungenießbar.

No. **211.**

Grauer Rußporling.
Rußgrauer Porling.

Boletopsis leucomelaena Pers.

Eßbar.

Der stark fleischige, von meist exzentrisch stehendem Stiele getragene **Hut** mißt 8-15 cm im Durchmesser. Er ist wellig verbogen und der **Rand** bei den älteren fast gelappt und eingebogen. Die Farbe ist anfangs blaßgrau, dann oliv- oder graubräunlich, rauchgrau bis schwärzlich, runzlig rissig. Das **Fleisch** ist weiß, am Grunde des Stiels erst rosa, dann blaßgrau, im Stiel schmutziggrau bis schwarz oder rußgrau mit einem grünlichen Schimmer. Die kurzen **Röhrchen** haben anfangs weiße, später olivgraue Mündungen. Der **Stiel** ist anfangs bauchig verdickt, wird später walzenförmig und nach unten verjüngt und erreicht eine Höhe von 5-8 cm.

Der Pilz **wächst** im Herbst in Nadelwäldern, vorwiegend im Gebirge.

Wert: Eßbar.

No. **211.**

Grauer Rußporling. Rußgrauer Porling.

Boletopsis leucomelaena Pers.

Eßbar.

No. 212.

Birken-Blättling.

Lenzites betulinus Fr.

Ungenießbar.

Der ausdauernde, korkig und lederartige **Fruchtkörper** sitzt fächer- oder nierenförmig an den Baumstämmen. Er wird 4-10 cm lang, 4-6 cm breit und 1-1,5 cm dick. Die Oberfläche ist striegelartig filzig, blaß, grau, ockerfarbig oder bräunlich und mehr oder weniger regelmäßig farbig gezont. Die Unterseite besteht aus langen, durch dicke **Blätter** gebildeten, strahlig verlaufenden, gewundenen Gängen. Dieselben tragen eine schmutzig-weiße Farbe.

Den Pilz **findet** man das ganze Jahr hindurch an Stümpfen von Laubhölzern, besonders von Birken. Verursacht Weißfäule.

Wert: Ungenießbar.

No. 213.

Zaun-Blättling.

Gleophyllum sepiarium Karst.

Ungenießbar.

Der filzig korkige **Fruchtkörper** ist meist halbkreis- oder nierenförmig, oft umgewendet oder verschieden gestaltet. Die Oberfläche ist zottig striegelartig, dunkel kastanienbraun, am Rande gelb bis gelbbraun gezont. Die lederartigen **Blätter** der Unterseite verzweigen sich, sich gegenseitig verbindend, und sind anfangs gelblich-weiß, später rostbraun.

Er **wächst** auf alten Baumstümpfen der Nadelhölzer, sowie auf alten Balken und Brettern fast das ganze Jahr hindurch.

Wert: Ungenießbar.

No. **212. Birken-Blättling.**
Lenzites betulinus Fr. Ungenießbar.

No. **213. Zaun-Blättling.**
Gleophyllum sepiarium Karst. Ungenießbar.

No. **214.**

Eichen-Wirrling.

Daedalea quercina Pers.

Ungenießbar.

Der ausdauernde, korkig und holzartig hell-ockerfarbige **Hut** ist in Form und Größe außerordentlich verschieden. In der Hauptsache sitzt er frei, halbkreisförmig bis 15 cm breit auf der Unterlage, bildet aber auch dachziegelförmige, am Stamme hinaufwachsende Rasen. Die Oberfläche ist höckerig, kahl oder feinfilzig und undeutlich gezont. Die Unterseite besteht aus kürzeren oder längeren labyrinthartig gewundenen Gängen.

Er **wächst** an lebenden Stämmen, vor allem aber an alten Stöcken von Eichen und Buchen.

Wert: Ungenießbar.

No. **215.**

Hohlfuß-Röhrling.

Boletinus capives Opat.

Eßbar.

Der anfangs gewölbte, später ausgebreitete **Hut** ist in der Mitte etwas gebuckelt, flockig schuppig und schmutzigbraun. Der **Rand** des Hutes trägt bei den jugendlichen Exemplaren die Reste des flockigen, wolligen, weißen Schleiers, ist anfangs eingerollt, später scharf und wellig verbogen. Das **Fleisch** ist gelb. Die ziemlich 3/4 cm langen, nach dem Stiele zu strahlig herablaufenden **Röhren** haben sehr weite Mündungen, sind in der Tiefe durch Querscheidewände getrennt und sehen schmutzig-gelblich, später olivengelb aus. Der **Stiel** ist schmutzig-braun, wird 4-8 cm hoch, trägt dicht unter dem Hute einen wulstigen Ring und ist innen hohl.

Er kommt immer unter Lärchen vor und **wächst** vom August bis Oktober.

Wert: Eßbar und schmackhaft. Der Pilz ist im Flachland selten, aber im Gebirge oft ein Massenpilz.

No. **214.**

Eichen-Wirrling.

Daedalea quercina Pers. Ungenießbar.

No. **215.**

Hohlfuß-Röhrling.

Boletinus capives Opat. Eßbar.

No. 216.
Porphyrröhrling.
Düsterer Röhrling.

Porphyrellus porphyrosporus Fr.

Eßbar.

Der dickfleischige, polsterförmige **Hut** wird 5-12 cm breit. Die Oberhaut ist samtartig, feinflockig, nicht abziehbar, trocken, olivengrau bis dunkelumbragrau. Der Hutrand ist glatt und zerreißt bei trockenem Wetter. Das derbe, weiße **Fleisch** färbt sich beim Durchschneiden und beim Drucke erst rötlich, dann bläulich oder grünlich. Die sich vom Fleische leicht lösenden **Röhren** sind schmutzig-graugelb und werden durch Druck braun. Die **Poren** sind anfangs olivengrünlich, werden später dunkel umbrabraun und sind anfangs nadelstichartig, später etwas größer. Die **Röhren** sind am Stiele nicht angewachsen, sondern lassen ihn frei. Der 4 cm dicke und 16 cm lange **Stiel** ist anfangs nach unten verdickt, später walzenförmig. Er ist feinflockig, derbfleischig und umbragrau bis olivbräunlich.

Der **Geruch** ist etwas dumpfig, der **Geschmack** bitter. Die Sporen sind purpurrotbraun.

Der Pilz **wächst** von Juni bis Oktober in Laub-, Misch- und Nadelwaldungen.

Wert: Eßbar, aber nicht minderwertig, nicht schmackhaft.

No. **216.**

Porphyrröhrling. Düsterer Röhrling.

Porphyrellus porphyrosporus Fr.

Eßbar.

No. **217.**
Elfenbein-Röhrling.

Suillus placidus Sing.

Eßbar.

Der gewölbte, etwas klebrige 3-13 cm breite **Hut** ist anfangs weiß, am Rande blaß zitronengelb und wird im Alter schwach violett-bräunlich. Das **Fleisch** ist wässerig und weiß, beim Schnitte gelblich. Die nach dem Stiele herablaufenden **Röhrchen** haben ziemlich weite Öffnungen, sind anfangs gelb, nachher schwach olivenfarbig. Der schlanke, walzige, nach unten sich verjüngende **Stiel** ist weißlich, nach der Spitze zu gelblich, bei jungen Exemplaren mit blutroten Flecken punktiert, die im Alter rotbraun verblassen.

Der **Geruch** ist angenehm, der **Geschmack** säuerlich.

Der Pilz **wächst** von Juni bis Oktober in Kieferwaldungen und Kiefernforsten. Verbreitet in Europa von der Mittelmeerküste bis in die hohen Lagen der Alpen (2000 m) und der Hohen Tatra.

Wert: Eßbar und wohlschmeckend.

No. **218.**
Stark riechender Röhrling.

Boletus fragrans Vitt.

Eßbar.

Der 5-10 cm breite **Hut** ist polsterförmig, später geschweift, etwas filzig, olivendunkelgrau, mit eingebogenem, meist purpurnem Rande. Die **Röhren** sind an der Mündung anfangs hellgelb, im Alter grünlich. Das **Fleisch** ist blaßgelb, meist unveränderlich, nur zuweilen läuft es beim Schnitte etwas bläulich an. Der **Stiel** ist anfangs etwas knollig, nachher gestreckt walzig, gelblich oder braunrötlich.

Der **Geruch** ist stark, der **Geschmack** angenehm.

Er **wächst** im August und September in Nadelwäldern, häufiger aber in Laubwäldern. Er kommt nicht sehr häufig vor.

Wert: Eßbar.

No. **217. Elfenbein-Röhrling.**
Suillus placidus Sing. Eßbar.

No. **218. Stark riechender Röhrling.**
Boletus fragrans Vitt. Eßbar.

No. **219.**

Muschel-Krempling.

Tapinella panuoides Fr.

Ungenießbar.

Die Hüte dieses Pilzes sind außerordentlich verschieden in Farbe und Gestalt, je nachdem der **Stiel** zentral oder seitlich steht. Teilweise sind die Hüte fächerförmig, zungenförmig vorgestreckt, trichterförmig hängend oder kreiselförmig emporsteigend mit umgewendetem Rande. Sie erreichen einen Durchmesser von 4-10 cm. Die Oberfläche ist hell ockerfarbig, zuletzt bräunlich, anfangs feinfilzig, später glatt. Der **Rand** ist scharf und dünn, teils eingerollt, teils gerade, oft wellig und kraus. Das dünne **Fleisch** ist erst cremefarben, dann weiß. Die **Lamellen** sind anfangs weißlich, später dottergelb, dann ganz bräunlich. Sie verzweigen sich vielfach stark, sind gekräuselt, am Grunde oft durch Qerleisten verbunden und laufen bis zur Anheftungsstelle des Pilzes herab. Der **Stiel** fehlt oft ganz. Wenn er vorhanden ist, ist er olivgelblich bis bräunlich.

Diese Pilze **wachsen** vom August bis Oktober an alten Kiefernstümpfen oder an bearbeitetem Holz, buschelig. Dieser Pilz ist ein starker Holzzerstörer, bewirkt Braunfäule.

Wert: Ungenießbar.

No. **219.**

Muschel-Krempling.

Tapinella panuoides Fr.

Ungenießbar.

No. 220.
Rötender Gabeling.
Rötender Wachstrichterling.

Cantharellula umbonata Fr.

Eßbar.

Der dünnfleischige, anfangs schwach gewölbte, später eingedrückte und in der Mitte mit einem spitzen Höcker versehene **Hut** wird 2-4 cm breit. Seine Farbe ist hellgrau bis dunkelgrau. Der **Rand** ist anfangs scharf eingerollt, später leicht wellig verbogen. Das **Fleisch** ist weiß und wird mitunter bei Verletzungen rötlich.

Die dichtstehenden, wiederholt gegabelten **Lamellen** laufen etwas herab, sind reinweiß, nur im Alter schmutzigweiß.

Der schlanke, weißliche oder hellgraue **Stiel** wird 5 bis 10 cm lang, ist am Grunde weißzottig.

Er **wächst** vom September bis November auf meist feuchten, moosigen Stellen in Wäldern und auf Heiden.

Wert: Eßbar.

No. 221.
Dunkler Düngerling.

Panaeolus fimicola Quel.

Bedeutungslos.

Der dünnfleischige, anfangs glockenförmige, später hochgebuckelte **Hut** wird 1,5 bis 3,5 cm breit. Die Oberhaut ist kahl, anfangs mehr oder weniger gelb- oder graubräunlich, später heller. Der etwas eingebogene **Rand** ist dunkel schmutzigbraun.

Die **Lamellen** sind bauchig, dunkel rauchgrau und schwärzlich gefleckt.

Der **Stiel** wird 4-6 cm lang, ist bräunlich-blaß, oder leicht fleischfarben und glatt.

Er **wächst** manchmal ab April, vorzugsweise von September bis Dezember auf Dünger, Grasplätzen und Weiden.

Wert: Bedeutungslos.

No. **220.**

Rötender Gabeling.

Rötender Wachstrichterling.

Cantharellula umbonata Fr.

Eßbar.

No. **221.**

Dunkler Düngerling.

Panaeolus fimicola Quel.

Bedeutungslos.

No. **222.**

Eiförmiger Tintling.

Coprinus ovatus Schaeff.

Eßbar.

Der dünnfleischige **Hut** ist anfangs eiförmig, breitet sich nur wenig aus, ist auf der Oberfläche weißlich, stellenweise ockerfarben, mit dichten, dachziegelförmigen und konzentrischen Schuppen bedeckt. Der **Stiel** wird 5-12 cm lang, ist am Grunde etwas flockig, hohl und knollig, nach oben hin kahl. Der anfangs vorhandene Ring verschwindet sehr schnell. Die zuerst weißen **Lamellen** werden beim Aufgehen des Hutes braun und endlich schwarz.

Der Pilz **wächst** im Sommer und Herbste auf Grasplätzen, Hof- und Gartenboden.

Wert: Die noch jugendlichen, nicht geöffneten Hüte sind eßbar und in Suppen von angenehmem Geschmack.

No. **222.**

Eiförmiger Tintling.

Coprinus ovatus Schaeff.

Eßbar.

No. **223.**

Weißer Polsterpilz.

Ptychogaster fuliginoides Donk & Pers.

Ungenießbar.

Der kuglige, muff- oder polsterförmige **Fruchtkörper** wird bis 15 cm im Durchmesser breit und 3 cm hoch. Er ist anfangs weiß, weich, filzig oder zottig, später braun. Im Innern ist er regelmäßig konzentrisch gezont, weißlich, später braun und mit kleinen Höhlungen durchsetzt. Bei einzelnen Exemplaren, ganz besonders bei denen, die nicht vollständig auf dem Holze aufsitzen, bildet sich auf der Unterseite ein Röhrenlager, dessen **Röhren** unregelmäßig rundlich und gezähnelt sind.

Das **Fleisch** ist anfangs weich, später fast korkartig.

Der Pilz **wächst** im Herbste in Nadelwäldern auf und an alten Stümpfen von Kiefern und Fichten.

Wert: Ungenießbar.

No. **224.**

Glimmer-Tintling.

Coprinus micaceus Bull.

Eßbar.

Der dünnhäutige, anfangs eiförmige, später kegel- oder glockenförmige **Hut** wird 3-5 cm breit. Die Oberfläche ist gelb-rostbraun und anfangs mit glänzenden, kleiigen, weißlichen Körnchen bestreut, die später verschwinden. Der **Rand** ist ungleich, fast bogig gefurcht, zuletzt zerrissen.

Die **Lamellen** stehen sehr dicht, frei, sind anfangs weißlich, später braun und zuletzt schwarz mit weißer Schneide.

Der 5-15 cm lange, hohle **Stiel** ist glatt und weißglänzend.

Der Pilz **wächst** von Mai bis November in Laubwäldern und Gärten an Laubholzstümpfen.

Wert: Eßbar.

No. **223. Weißer Polsterpilz.**
Ptychogaster fuliginoides Donk & Pers. Ungenießbar.

No. **224. Glimmer-Tintling.**
Coprinus micaceus Bull. Eßbar.

No. 225.

Rotschneidiger Mürbling.

Psathyrella corrugis Pers.

Ungenießbar.

Der zarte, gewölbte, leicht gebuckelte **Hut** wird 2-5 cm breit. Die Oberfläche ist etwas gerunzelt, olivbraun, grauschwärzlich oft mit rosa Ton, trocken graulich-gelblichblaß und sehr zerbrechlich. Die **Lamellen** sind bauchig, buchtig angeheftet, anfangs graublaß, dann schwärzlich.Der **Stiel** wird 4-8 cm hoch, ist glatt und weiß.

Der Pilz **wächst** von September bis November im Wald, auf Wiesen und in Gärten.

Wert: Ungenießbar.

No. 226.

Glocken-Düngerling.

Panaeolus campanulatus Quel.

Bedeutungslos.

Der dünnfleischige **Hut** ist glockenförmig und 2-4 cm breit und hoch. Die Oberfläche ist braungrau oder tongrau.

Die **Lamellen** stehen ziemlich dicht, sind bauchig, angeheftet, anfangs dunkelgrau, schwärzlich gefleckt, später schwarz mit weißer Schneide.

Der **Stiel** wird 5-10 cm lang, ist meist etwas gebogen, zäh, rötlichbraun, an der Spitze schwarz bestäubt und fein gestreift.

Der Pilz **wächst** vom Mai bis November auf Mist, gedüngten Wiesen, in Gärten, an Wegen.

Wert: Bedeutungslos.

No. **225.**

Rotschneidiger Mürbling.

Psathyrella corrugis Pers. Ungenießbar.

No. **226.**

Glocken-Düngerling.

Panaeolus campanulatus Quel. Bedeutungslos.

No. **227.**

Moos-Kahlkopf.

Psilocybe bullacea Bull.

Ungenießbar.

Der etwas fleischige, halbkugelige **Hut** wird 2-3 cm breit. Die Oberfläche ist bei frischen Exemplaren klebrig, rotbräunlich, bei trockenen lederfarbig. Der **Rand** ist mitunter fein gestreift und anfangs mit feinen, weißen Fäden oder Flocken besetzt.

Die dichtstehenden **Lamellen** sind breit angewachsen und laufen beim entfalteten Pilze streifenförmig herab. Sie sind dreieckig, anfangs weißlich, später leder- bis dunkelbraun.

Der **Stiel** wird 2,5-3 cm lang, ist bräunlich, schwach faserig und hohl.

Der Pilz **wächst** von Mai bis Juni auf Moos und Flechten, auf Dünger und Komposthaufen, an Wegen usw. herdenweise.

Wert: Ungenießbar.

No. **227.**

Moos-Kahlkopf.

Psilocybe bullacea Bull.

Ungenießbar.

No. **228.**
Gelbblättriger Schneckling.

Hygrophorus hypothejus Quell.

Eßbar.

Der dünnfleischige, anfangs schwach kegelförmige **Hut** wird später flach und ist um die gebuckelte Mitte eingedrückt. Die in trockenen Nadelwäldern und auf Heideplätzen wachsenden Exemplare werden meist nur 4-5 cm breit, während die an feuchten Orten wachsenden bis 12 cm im Durchmesser haben und dann stets trichterförmig vertieft sind. Anfangs sind die Hüte mit dickem, olivenfarbigem Schleime überzogen. Nach Verschwinden desselben hat die Oberfläche eine olivgrünlich-gelbe, bis dunkelbraune Farbe. Das **Fleisch** ist weißlich-gelb. Die **Lamellen** sind anfangs lebhaft gelb, später fleischrötlich-gelb und laufen am Stiele herab. Der 5-10 cm schlanke, klebrige **Stiel** verjüngt sich nach unten und trägt oben einen schleimig fädigen Ring, der im Alter verschwindet.

Geruch und **Geschmack** sind angenehm.

Er **wächst** von Ende Oktober bis Anfang Januar.

Wert: Wohlschmeckend. Vorzüglicher Speisepilz.

No. **229.**
Lärchen-Schneckling.

Hygrophorus lucorum Kalchbr.

Eßbar.

Der kebrige, meist gebuckelte, mitunter etwas vertiefte **Hut** wird 4-5 cm breit. Seine Oberfläche ist zitronengelb, um die Mitte ockergelb, am Rande teilweise weißlich und in der Jugend Teile der weißen Hülle tragend. Der **Rand** ist etwas eingebogen. Die gelben, ziemlich fleischigen **Lamellen** laufen etwas am Stiele herab. Der **Stiel** ist frisch etwas flockig, dann glatt, oben weißlich, nach unten zitronengelb.

Geruch angenehm, **Geschmack** etwas scharf.

Er **wächst** im September und November, mitunter sogar im Winter, unter Lärchen, besonders im Gebirge.

Wert: Er ist eßbar, aber nicht sehr schmackhaft.

No. **228.**
Gelbblättriger Schneckling.
Hygrophorus hypothejus Quell.
Eßbar.

No. **229. Lärchen-Schneckling.**
Hygrophorus lucorum Kalchbr. Eßbar.

No. **230.**

Olivbrauner Schneckling.
Natternstieliger Schneckling.

Hygrophorus olivaceoalbus Fr.

Eßbar.

Der anfangs mit dickem, braunem, klebrigem Schleime überzogene **Hut** ist in der Jugend kegelig oder halbkugelförmig, später flach gebuckelt und häufig eingedrückt. Er wird 2,5-5 cm breit. Die Farbe ist dunkelolivenbraun, mehr oder weniger schwärzlich gestreift und glänzend. Der **Rand** ist eingebogen und etwas wellig verbogen. Zwischen den lang herablaufenden, reinweißen **Lamellen** stehen kürzere. Der **Stiel** ist voll, wird 3-4 cm hoch, ist weiß, anfangs von braunem Schleime klebrig, dann trocken und zackig braun gefleckt. Am oberen Teile trägt er einen schleimig faserigen, später verschwindenden Ring.

Er **wächst** im September und Oktober in Nadelwäldern.

Wert: Angenehmer Speisepilz.

No. **231.**

Braunscheibiger Schneckling.

Hygrophorus discoideus Fr.

Eßbar.

Der dünnfleischige, anfangs gewölbte, später in der Mitte niedergedrückte **Hut** wird 7 cm breit. Die Oberfläche ist klebrig, hell-gelbbraun mit dunkelbrauner Mitte. Die etwas herablaufenden **Lamellen** sind anfangs weiß, später blaßgelblich. Der klebrige, volle, etwas bauchige **Stiel** wird 5-6 cm lang und ist oberhalb des schwachen, später verschwindenden Ringes weiß punktiert.

Er **wächst** in Nadelwäldern und an Waldwegen vom September bis November.

Wert: Eßbar, selten vorkommend.

No. **230. Olivbrauner Schneckling.**
Natternstieliger Schneckling.
Hygrophorus olivaeceoalbus Fr. Eßbar.

No. **231. Braunscheibiger Schneckling.**
Hygrophorus discoideus Fr. Eßbar.

No. **232.**

Schwarzpunktierter Schneckling.

Hygrophorus pustulatus Fr.

Eßbar.

Der anfangs gewölbte, später gebuckelte, zuletzt eingedrückte **Hut** ist dünnfleischig und wird 3-6 cm breit. Die Oberfläche ist klebrig, bleigrau oder graubraun und mit kleinen, braunen, nach der Mitte zu warzigen Flöckchen besetzt. Der **Rand** ist anfangs mit dem Stiele durch einen schleimigen Schleier verbunden, etwas umgerollt, später sehr wellig verbogen.

Die angewachsenen, herablaufenden **Lamellen** stehen ziemlich weit voneinander und sind anfangs reinweiß, später hellgrau.

Der sich nach unten etwas verjüngende **Stiel** wird 3-8 cm lang, ist weiß und mit bräunlichen, punktartigen Schüppchen bedeckt.

Der **Geschmack** ist angenehm, der **Geruch** unbedeutend.

Der Pilz **wächst** in Nadelwäldern, ausschließlich unter Fichten, besonders auf moosigen Lichtungen und am Waldrand.

Wert: Eßbar.

No. **232.**

Schwarzpunktierter Schneckling.

Hygrophorus pustulatus Fr.

Eßbar.

No. **233.**

Goldzahn-Schneckling.

Hygrophorus chrysodon Schröt.

Eßbar.

Der anfangs gewölbte, später etwas ausgebreitete fleischige **Hut** wird 3-8 cm breit. Die schleimige Oberfläche ist weiß und mehr oder weniger mit zarten, gelben Flocken bedeckt. Der **Rand** ist anfangs eingerollt und gelbflockig.

Die entfernt stehenden **Lamellen** sind dick, weiß und laufen am Stiele herab.

Der gleich dicke, walzige **Stiel** ist schleimig, besonders nach unten zu, weiß und gelbflockig gezont.

Der **Geschmack** ist wässrig, der **Geruch** unbedeutend.

Der Pilz **wächst** von August bis November unter Buchen, in Laubwäldern, gemischten Beständen und grasigen Waldwegen und Waldwiesen.

Wert: Eßbar und wohlschmeckend.

No. **233.**

Goldzahn-Schneckling.

Hygrophorus chrysodon Schröt.

Eßbar.

No. 234.
Papageigrüner Saftling.

Hygrocybe psittacina Fr.

Ungenießbar.

Der wässrige, dünnfleischige, glockig ausgebreitete und gebuckelte **Hut** wird 1-2,5 cm breit. Die Oberfläche ist meist hellgelblich, mit grünem, schlüpfrigem Schleime überzogen, trocken wachsgelb und glänzend. Der anfangs flache **Rand** ist streifig gefurcht und später nach oben gerichtet.

Die etwas entfernt stehenden **Lamellen** sind nach hinten verschmälert, mehr oder weniger gelb, zum Teil grünlich. Der 4-5 cm lange, hohle und zähe **Stiel** ist dem Hut gleich gefärbt.

Der Pilz **wächst** von Juli bis Oktober zwischen Gras und Moos auf Wiesen, Triften und Heideplätzen.

Wert: Ungenießbar.

No. 235.
Herber Zwergknäuling.

Panellus stypticus Karst.

Ungenießbar.

Der 1-3 cm breite, halbkreisförmige, fleischig-ledrige **Hut** ist seitwärts gestielt, am **Rande** anfangs eingerollt, später wellig oder kraus. Trocken wird er holzig. Die Oberfläche ist anfangs glatt, zerreißt später schuppig und besitzt eine ockergelbbräunliche Farbe. Das **Fleisch** ist ebenfalls gelblich. Die **Blätter** stehen dicht und laufen nach dem Stiele hin, hier scharf abgegrenzt. Der **Stiel** ist seitenständig, nach dem Hute verbreitert.

Geschmack zusammenziehend, brennend.

Seinen **Standort** hat er an alten Baumstöcken verschiedener Laubhölzer.

Wert: Ungenießbar.

No. **234.**

Papageigrüner Saftling.

Hygrocybe psittacina Fr.

Ungenießbar.

No. **235.**

Herber Zwergknäuling.

Panellus stypticus Karst.

Ungenießbar.

No. 236.
Geselliger Glöckchennabeling.

Xeromphalina campanella Fr.

Bedeutungslos.

Die anfangs glockenförmigen **Hüte** dieses schmucken Pilzes sind ausgewachsen in der Mitte nabelig vertieft, dünnhäutig, wässerig und von lebhaft leuchtender, rötlich-gelber Färbung.

Die **Blätter** sind gelb und am Grunde aderig verbunden.

Der **Stiel** ist dünn und wird bis 4 cm lang. Anfangs ist er voll, später hohl und gelb.

Der Pilz überzieht alle Baumstümpfe herdenweise.

Er **wächst** bereits im Frühlinge und dann vom Juli bis Oktober, vorzugsweise in Nadelwäldern.

Wert: Bedeutungslos.

No. 237.
Rauher Schirmling.

Cystoderma carcharias Pers.

Eßbar.

Der schwach fleischige, anfangs breit kegelförmige, später ausgebreitete **Hut** wird 2-4 cm breit und ist gehöckert. Die Oberfläche ist hellfleischrot oder weißlich und mit rötlichen, körnigen Schüppchen besetzt. Die **Lamellen** stehen dicht, sind angeheftet und weiß.

Der anfangs volle, später hohle **Stiel** wird 4-7 cm lang, ist am Grunde etwas schwach verdickt, unterhalb des häutigen, in Spitzen zerrissenen Ringes fleischrot und kleinschuppig, oberhalb des Ringes glatt und weiß. Der **Geruch** ist nicht angenehm. Der Pilz riecht nach Scheunenstaub.

Wert: Eßbar.

No. **236.**

Geselliger Glöckchennabeling.

Xeromphalina campanella Fr.

Bedeutungslos.

No. **237.**

Rauher Schirmling.

Cystoderma carcharias Pers.

Eßbar.

No. **238.**

Beißender Milchling.

Lactarius pyrogalus Fr.

Giftig.

Der ziemlich fleischige, 6-8 cm breite **Hut** ist nur schwach gewölbt, im Alter etwas eingedrückt. Die Oberfläche ist fast glatt, heller oder dunkler aschgrau, manchmal mit etwas gelblichem Anflug, meist ohne oder mit nur undeutlich dunklen Farbringen. Die Zonen treten bei den im dichten Walde gewachsenen Exemplaren scharf hervor. Der **Rand** ist nur bei jüngeren Pilzen etwas eingebogen, sonst scharf und ganz.

Die **Lamellen** stehen etwas entfernt und sind anfangs gelblich bis fleischfarben, später zimtfarben-bräunlich.

Der erst volle, dann hohle **Stiel** ist weißlich oder hutfarben und ist 4-6 cm hoch.

Die **Milch** ist weiß und sehr scharf brennend.

Der Pilz **wächst** vom Juli bis Oktober in Laubwäldern, in Hecken oder auf Waldwiesen.

Wert: Giftig.

No. **238.**

Beißender Milchling.

Lactarius pyrogalus Fr.

Giftig.

No. **239.**

Erlen-Milchling.

Lactarius obscuratus Fr.

Unbekannt.

Der dünnfleischige **Hut** ist anfangs schwach gewölbt, später in der Mitte niedergedrückt und wird 4-7 cm breit. Die Oberfläche ist anfangs olivbraun, in der Mitte grün, der **Rand** zimtfarben-rostig, später bisweilen einheitlich rotbraun oder oliv-dunkelrotbraun, anfangs klebrig, später glatt, mit erhabenen, von der Mitte nach dem Rande gehenden Runzeln.

Der hohle **Stiel** ist dem Hut fast gleichfarben, 1,5-4 cm hoch und nach oben etwas verdickt.

Die etwas entfernt stehenden **Lamellen** laufen wenig herab, sind anfangs fleischgelblich, dann ockerblaß oder hell-zimtrötlich.

Die **Milch** ist weiß.

Er **wächst** von Anfang Juni bis Mitte November in nicht zu nassen Erlenmooren und Anpflanzungen.

Wert: Unbekannt.

No. **239.**

Erlen-Milchling.

Lactarius obscuratus Fr.

Unbekannt.

No. **240.**
Welker Milchling.
Graugefleckter Milchling.

Lactarius vietus Fr.

Eßbar nach besonderer Zubereitung.

Der anfangs schwach gebuckelte **Hut** vertieft sich sehr bald, zuweilen trichterförmig werdend, ist dünnfleischig und hat einen Durchmesser bis 7 cm. Die Oberfläche ist violettgräulich, bräunlich-grau, fleischrötlich-grau, in der Mitte häufig dunkler. Der **Rand** ist anfangs eingerollt, später glatt und zuletzt wellig verbogen. Die **Lamellen** laufen etwas herab, sind dünn und grauweißlich.

Der **Stiel** ist anfangs voll, wird dann hohl, ist weißlich oder auch gelblich, dann gelblich-grau.

Der **Milchsaft** ist anfangs milde, später scharf.

Der Pilz **wächst** im Herbste in moorigem Gebiet, immer unter Birken.

Wert: Nach Abkochen zum Einsalzen oder Einlegen in Essig geeignet. Roh giftig.

No. **241.**
Graugrüner Milchling.

Lactarius blemius Fr.

Ungenießbar.

Der ziemlich fleischige, flache, etwas trichterförmig vertiefte **Hut** wird 4-8 cm breit. Die Oberfläche ist entweder rein graugrün oder olivengrün oder graugrünspanfarbig und dann kreisförmig getropft oder gefleckt. Der **Rand** ist anfangs scharf eingebogen, etwas flaumig, später glatt und wellig. Die weiße **Milch** ist anfangs süß, nachher scharf brennend.

Die **Lamellen** sind weiß und werden beim Drucke grau.

Der erst volle, dann hohle **Stiel** ist klebrig, blasser als der Hut, wird bis zu 6 cm hoch und verjüngt sich nach unten.

Der Pilz **wächst** Ende Juli bis Oktober im Buchenwald.

Wert: Ungenießbar.

No. **240. Welker Milchling. Graugefleckter Milchling.**
Lactarius vietus Fr.
Eßbar nach besonderer Zubereitung.

No. **241. Graugrüner Milchling.**
Lactarius blemius Fr. Ungenießbar.

No. **242.**

Verbogener Milchling.

Lactarius flexuosus Fr.

Ungenießbar.

Der flach gewölbte, aber sehr bald sich vertiefende **Hut** wird 5-15 cm breit. Die Oberfläche ist trocken, kahl und erst violettbraun, teils einfarbig, teils mehr oder weniger gezont. Bei einer Varietät, Lactaria flexuosa rosea-zonatus, treten die fleischroten oder auch rosafarbigen Zonen sehr lebhaft hervor. Im Alter wird die Oberhaut etwas rissig-schuppig. Der **Rand** des Hutes ist, zumal bei ausgebildeten Exemplaren, immer unregelmäßig verbogen, teilweise sogar gelappt. Die dicken, nicht sehr breiten **Lamellen** stehen etwas entfernt und sind anfangs weißlich-gelb, später dunkler gelb.

Der **Stiel** wird bis 6 cm hoch, gegen 2 cm dick und ist erst weiß, später gelblich.

Die weiße **Milch** ist sehr scharf und brennend.

Der Pilz **wächst** von Juli bis Ende September in Nadel- und Laubwäldern.

Wert: Ungenießbar.

No. **242.**

Verbogener Milchling.

Lactarius flexuosus Fr.

Ungenießbar.

No. 243.
Dickblättriger Täubling.

Russula nigricans Fr.

Eßbar.

Der dickfleischige **Hut** wird 10-20 cm breit. Der **Rand** ist umgebogen. Im Jugendzustande ist die Oberfläche erst grauweiß oder weißlich-olivgrau, etwas klebrig, dann glatt, wird oft rissig und zuletzt olivrauchgrau bis fast schwarz. Die **Lamellen** stehen weitläufig, sind dick, sehr breit, bauchig gerundet, anfangs weiß, zuletzt grau. Bei Verletzung oder Druck werden **Fleisch** und Lamellen weinrot, letztere auch schwarzfleckig. Der zylindrische **Stiel** wird bis zu 7 cm hoch, ziemlich dick, ist dem Hute gleich gefärbt und zeigt mitunter grubige Vertiefungen. Der ganze Pilz wird zuletzt schwarz, holzartig hart und dauert sehr lange aus.

Der **Geruch** ist scharf, der **Geschmack** nicht angenehm.

Er **wächst** vom August bis November in Laub- und Nadelholzwäldern, besonders in Buchen-, Tannen- und Fichtenwäldern.

Wert: Im Jugendzustande wohl eßbar, aber nicht schmackhaft.

No. **243.**

Dickblättriger Täubling.

Russula nigricans Fr.

Eßbar.

No. **244.**

Wiesel-Täubling.

Russula mustelina Fr.

Eßbar.

Der derbfleischige **Hut** ist bei jungen Exemplaren flach gewölbt, später in der Mitte eingedrückt. Er wird 5, 10 bis 20 cm breit. Der **Rand** ist anfangs eingebogen und glatt, bei älteren Exemplaren gestreift. Die Oberfläche ist ebenfalls glatt, wiesel-, zimt-, lehmfarben, nach der Mitte in dunkleres Braun übergehend, nach dem Rande heller. Das **Fleisch** ist markig und weiß.

Die gedrängt stehenden **Lamellen** sind schmal, etwas bogenförmig blaß bis gelblich, oft braunfleckig. Der weiße **Stiel** ist entweder walzig oder etwas bauchig.

Der **Geruch** ist gering, der **Geschmack** höchst angenehm, wie Nußkern.

Er **wächst** in Nadelwäldern, vorzugsweise Fichtenwäldern, von Juli bis September.

Wert: Er gehört unstreitig zu den schmackhaftesten Täublingen. Ganz besonders eignet er sich zur Herstellung von Pilzsalaten. Junge Pilze schmecken frisch ganz vorzüglich.

No. **244.**

Wiesel-Täubling.

Russula mustelina Fr.

Eßbar.

No. **245.**

Blutroter Täubling.

Russula sanguinea Fr.

Ungenießbar.

Der derbfleischige, anfangs gewölbte und schwach gebuckelte, später niedergedrückte **Hut** wird im Alter trichterförmig und 6-10 cm breit. Seine Oberfläche ist glatt, anfangs feucht und rotbräunlich, später trocken, blutrot und nach der Mitte dunkler. Der **Rand** ist dünn, anfangs eingebogen, später scharf, glatt und meistens weißlich, charakteristisch für diese Spezies.

Das **Fleisch** ist weiß, derb und unter der Oberhaut rosarot. Die dichtstehenden, dicken, erst blaßweißlich, später graugelben **Lamellen** sind zum Teil gegabelt und laufen bei jungen Exemplaren etwas herab.

Der schwammige, volle **Stiel** ist meist gleich dick, fein gestreift, weißlich oder rötlich.

Der **Geschmack** ist brennend, der **Geruch** unbedeutend.

Der Pilz **wächst** von Juli bis Oktober meist in Nadelwäldern, vorzugsweise Kiefernwäldern.

Wert: Ungenießbar.

No. **245.**

Blutroter Täubling.

Russula sanguinea Fr.

Ungenießbar.

No. **246.**

Roter Heringstäubling.

Russula xerampelina Fr.

Eßbar.

Der derbfleischige, anfangs gewölbte, etwas gebuckelte, im Alter fast niedergedrückte **Hut** wird 6-12 cm breit. Die Oberfläche ist glatt, anfangs etwas feucht, meist blutrot, nach der Mitte dunkler, fast schwarzrot. Der **Rand** ist glatt und scharf, nur im Alter kurz gefurcht. Die größtenteils gegabelten **Lamellen** stehen sehr dicht und sind anfangs weiß, später gelblich. Das **Fleisch** ist weiß und derb. Der **Stiel** ist schwammig voll, derb, stark runzlig gestreift, weißlich oder rot.

Der **Geruch** ist wie Heringslake, der **Geschmack** angenehm mild.

Standort: Vom Juli bis November, vorzugsweise in Nadelwäldern.

Wert: Eßbar und wohlschmeckend.

No. **246.**

Roter Heringstäubling.

Russula xerampelina Fr.

Eßbar.

No. **247.**

Olivgelber Täubling.

Russula olivascens Pers.

Eßbar.

Der fleischige **Hut** ist ziemlich flach, später etwas niedergedrückt, fein gerunzelt, klebrig und 3-6 cm breit. Die Farbe ist schmutzig-ockergelb oder olivengrau, in der Mitte dunkel-olivgrün. Der **Rand** ist leicht gerieft, ungestreift und geschweift. Das **Fleisch** ist weich und grau. Die **Lamellen** sind angeheftet, stehen gedrängt, sind ziemlich breit und anfangs gelblich. Der schwammig weiche **Stiel** ist glatt, nach oben weißlich, nach unten gelb werdend.

Der **Geschmack** ist mild, der **Geruch** eigentümlich würzig.

Er **wächst** vom August an bis zum Spätherbste in Nadelwäldern, vor allem im Gebirge.

Wert: Eßbar.

No. **247.**

Olivgelber Täubling.

Russula olivascens Pers.

Eßbar.

No. **248.**
Gelbweißer Täubling.
Zitronen-Täubling.

Russula ochroleuca Fr.

Eßbar.

Der 5-10 cm breite **Hut** ist anfangs flach, später eingebogen und vertieft. Die Oberhaut läßt sich leicht lösen und ist ockergelb, altgold oder zitronenfarbig, matt und glatt. Der **Rand** ist glatt, später etwas gerieft. Das **Fleisch** ist dünn und weiß. Die einfachen **Lamellen** sind anfangs weiß und werden später schwach gelblich. Der **Stiel** ist reinweiß und schwach gestreift.

Geruch obstartig, **Geschmack** zuerst ziemlich scharf, bald nachlassend.

Er **wächst** von Juli bis November in Laub- und Nadelwäldern.

Wert: Eßbar.

No. **249.**
Aprikosen-Wasserkopf.

Cortinarius armeniacus Fr.

Eßbar.

Der dünnfleischige, anfangs glockenförmige, später ausgebreitete und wellig verbogene 3-8 cm breite **Hut** besitzt meist einen stumpfen Höcker. Die Oberhaut ist glatt, kahl, feucht ockergelb, gelbbraun, trocken ledergelb und glänzend.

Die **Lamellen** sind schwach angeheftet, ziemlich dichtstehend, bauchig, im Anfange blaß ockerfarbig, später zimtbraun.

Der **Stiel** ist weiß, meist bauchig, mitunter auch gleichmäßig dünn und nach oben verbogen. Er ist 2-5 cm lang und reinweiß.

Der Pilz **wächst** von Juli bis November in Nadelwäldern, vorzugsweise in Fichtenwäldern.

Wert: Eßbar.

No. **248.**
Gelbweißer Täubling. Zitronen-Täubling.
Russula ochroleuca Fr. Eßbar.

No. **249. Aprikosen-Wasserkopf.**
Cortinarius armeniacus Fr. Eßbar.

No. **250.**
Graublättriger Schwefelkopf.
Rauchblättriger Schwefelkopf.

Hypholoma capnoides Fr.

Eßbar.

Der dünnfleischige, anfangs gewölbte, später flache **Hut** wird 2-6 cm, manchmal bis 11 cm breit. Die Oberfläche ist anfangs seidig, dann kahl, schwefelgelb mit dunklerer Mitte. Das **Fleisch** ist ebenfalls gelb.

Die **Lamellen** sind zuerst weiß-gelblich und werden später grau.

Der weißliche, flockig faserige, nach dem Grunde zu bräunliche **Stiel** wird 5-8 cm hoch.

Geschmack und **Geruch** sind widerlich.

Er **wächst** im Vorfrühling und Spätherbst an Nadelholzstümpfen.

Wert: Eßbar.

No. **251.**
Seidiger Rißpilz.
Erdblättriger Faserkopf.

Inocybe geophylla Sow.

Giftig.

Der anfangs kegelförmige, später ausgebreitete und spitzig gebuckelte **Hut** wird 1,5-4 cm breit. Die Oberfläche ist seidenglänzend, durch anliegende, seidenartige Fasern in der Jugend wie mit einem feinen, weißen, zartfaserigen Schleier umgeben. Die Farbe des Hutes ist in der Jugend entweder zart angehaucht violett oder weiß und im Alter schwach gelbbraun.

Die dichtstehenden **Lamellen** sind angeheftet, anfangs weißlich, später schmutzig-ockerfarben. Die Schneide derselben bleibt stets weißlich.

Der **Geschmack** ist ein wenig scharf, der **Geruch** widerlich.

Er **wächst** von Mai bis November in Wäldern, truppweise.

Wert: Giftig.

No. **250. Graublättriger Schwefelkopf.**
Rauchblättriger Schwefelkopf.
Hypholoma capnoides Fr. Eßbar.

No. **251. Seidiger Rißpilz. Erdblättriger Faserkopf.**
Inocybe geophylla Sow. Giftig.

No. **252.**

Gesalbter Schleimfuß.

Cortinarius (Myxacium) delibutus Fr.

Eßbar.

Der dünnfleischige, anfangs gewölbte, später ausgebreitete, zuletzt sich vertiefende **Hut** wird 3-7 cm breit. Die Oberfläche ist frisch schleimig, trocken glänzend, hellgelb oder gelbbraun. Der **Rand** ist etwas eingerollt und wellig verbogen.

Die mäßig dicht stehenden **Lamellen** sind angewachsen, in der Jugend etwas bauchig ausgerandet, hell-violett, später hell-rostbraun. Ihre Schneide ist schwach gesägt.

Der 5-7 cm lange **Stiel** ist walzenförmig, meist etwas verbogen und nach unten verdickt. Im Anfang ist er nach oben hellviolett, nach unten frisch mit gelbem Schleime bedeckt und später im mittleren Teile braunflockig gezont.

Er **wächst** im Herbste auf moosigen Stellen in Wäldern.

Wert: Eßbar, geringwertig.

No. **252.**

Gesalbter Schleimfuß.

Cortinarius (Myxacium) delibutus Fr.

Eßbar.

No. **253.**

Blaustielschleimfuß.

Cortinarius collinitus Fr.

Eßbar.

Der anfangs hoch gewölbte, später ausgebreitete und flache, mit breitem Höcker versehene 5-11 cm breite **Hut** ist etwas fleischig. Die Farbe ist gelbbraun oder lederbraun, frisch mit schleimigem, klebrigem Überzug, später glänzend. Der **Rand** ist dünn, anfangs eingebogen und im Alter etwas längsrunzlig. Der 10-20 cm lange **Stiel** wird bis über 1 cm dick, ist voll und trägt einen fadigen, zerrissenen, nach aufwärts stehenden Schleier. Oberhalb dessen ist der Stiel anfangs hellviolett, später weißlich und etwas gerieft, unterhalb schleimig, später in fleischige, gürtelartig angeordnete Schuppen zerreißend, die hellbräunliche, anliegende Flocken bilden. Die mäßig dicht stehenden **Lamellen** sind reif ockerbraun bis rostbraun.

Er **wächst** vom August bis zum Oktober in Wäldern und Gebüschen.

Wert: Eßbar.

No. **253.**

Blaustielschleimfuß.

Cortinarius collinitus Fr.

Eßbar.

No. **254.**

Erdigriechender Gürtelfuß.

Cortinarius (Telamonia) hinnuleus Sow.

Geringwertig.

Der dünnfleischige, anfangs kegelig-glockenförmige, stumpf genabelte **Hut** wird 3-7 cm breit. Die Oberfläche ist gelbbraun, feucht kastanienbraun, trocken lederbraun. Der **Rand** des Hutes ist etwas verbogen und häufig weißseidig.

Die **Lamellen** stehen ziemlich entfernt voneinander, sind etwas ausgerandet, breit, anfangs rötlichbraun, später dunkel-zimtbraun.

Der volle **Stiel** trägt anfangs eine rein-weiße, seidenartige Bekleidung, später wird er schmutzig-bräunlich mit ringförmigen helleren Stellen.

Der Pilz **wächst** im Herbste in Wäldern und Gebüschen auf etwas moosigem Grunde.

Wert: Geringwertig.

No. **254.**

Erdigriechender Gürtelfuß.

Cortinarius (Telamonia) hinnuleus Sow.

Geringwertig.

No. **255.**

Gelbgeschmückter Rauhkopf.

Cortinarius (Hydrocybe) saniosus Pers.

Bedeutungslos.

Der dünnfleischige, anfangs spitz kegelförmige, später flach gewölbte, mit spitzigem Höcker versehene **Hut** wird 2-3 cm breit. Die Oberfläche ist hellgelbbräunlich, trocken braun und glänzend. Nach dem Rande zu ist der Hut faserig gestreift oder zerschlitzt und wird mitunter spaltig.

Die **Lamellen** sind angewachsen, etwas bauchig, anfangs ockerfarbig, später zimtbraun.

Der **Stiel** wird 4-8 cm lang, ist voll, blaß-gelblich, meist dunkler gefleckt und hat anfangs einen gelblichen, sehr schnell verschwindenden Schleier.

Der Pilz **wächst** im Herbste auf Wiesen- und Waldboden zwischen Gras und Moos.

Wert: Bedeutungslos.

No. **255.**

Gelbgeschmückter Rauhkopf.

Cortinarius (Hydrocybe) saniosus Pers.

Bedeutungslos.

No. **256.**

Schnee-Ellerling. Glasweißer Ellerling.

Camarophyllus niveus Scop.

Eßbar.

Der häutige, entwickelt stets flache **Hut** wird 2-3 cm breit und ist zuweilen in der Mitte niedergedrückt. Die Oberfläche ist in der Jugend feucht, später trocken und vom Rande bis ziemlich zur Mitte gestreift. Die Farbe des ganzen Pilzes ist rein weiß, nur im Alter wird die Oberfläche des Hutes leicht gelblich. Der **Rand** ist anfangs eingebogen, später glatt, selten wellig verbogen.

Die **Lamellen** sind dünn, stehen entfernt voneinander und laufen an dem 2-6 cm langen, schlanken Stiele herab.

Der Pilz schmeckt wässerig und ist geruchlos.

Er **wächst** vom September bis November auf Wiesen und grasigen Waldstellen, meist truppweise.

Wert: Eßbar.

No. **256.**

Schnee-Ellerling. Glasweißer Ellerling.

Camarophyllus niveus Scop.

Eßbar.

No. **257.**

Tannen-Flämmling.

Gymnopilus sapineus Fr.

Ungenießbar.

Der feingeschuppte, anfangs gewölbte, später verflachte **Hut** wird 5-10 cm breit. Er ist orangefuchsig gefasert oder geflammt. Der anfangs befranste, eingeschlagene **Rand** wird später wellig verbogen. Das ziemlich dicke, weiche **Fleisch** ist gelb. Die lebhaft gelben **Lamellen** laufen etwas bogenförmig nach dem Stiele zu und sind mit einem Häkchen angeheftet. Der nicht sehr starke **Stiel** ist anfangs voll, später hohl, ist teilweise gefurcht, bräunlich gefleckt und gelb. Mitunter ist er zusammengedrückt, etwas grubig und wurzelt fest in der Unterlage.

Der **Geruch** ist stark, der **Geschmack** bitter.

Er **wächst** zumeist an alten Nadelholzstämmen büschelförmig, doch kommt er auch auf dem Erdboden vor, wo er dann einen verlängerten, spindelförmigen Stiel besitzt.

Er **wächst** vom August bis November.

Wert: Ungenießbar.

No. **257.**

Tannen-Flämmling.

Gymnopilus sapineus Fr.

Ungenießbar.

No. **258.**

Rotbrauner Flämmling.

Gymopilus picreus Karst.

Ungenießbar.

Der halb kegelförmige, etwas klebrige, derbfleischige **Hut** wird 1-4 cm breit, erst kegelig-glockig, dann gewölbt, oft mit konischem Buckel. Die Oberfläche ist rotbraun, am Rande oft gelblich. Der **Rand** trägt häufig noch Reste des Schleiers. Das **Fleisch** ist gelb. Die **Lamellen** sind etwas gesägt, anfangs blaß, dann zitronengelb.

Der **Stiel** wird 3-8 cm lang, ist rot-dunkelbraun, fasrig gestreift, hohl, an der Spitze fein weißlich.

Der **Geruch** ist unbedeutend, der **Geschmack** ist bitter.

Er **wächst** im Herbste auf morschem Nadelholz.

Wert: Ungenießbar.

No. **258.**

Rotbrauner Flämmling.

Gymopilus picreus Karst.

Ungenießbar.

No. **259.**

Rosablättriger Helmling.

Mycena galericulata Scop.

Eßbar.

Der zähe, dünnfleischige **Hut** ist anfangs glockenförmig, später ausgebreitet mit stumpfem Höcker und wird 2-4 cm breit. Die Oberfläche ist grau oder graubraun, in der Mitte meist dunkler, im Alter etwas verbleichend. Nach dem Rande zu ist er runzlig gestreift. Die etwas weit auseinander stehenden **Lamellen** sind angewachsen, mit einem Zahne herablaufend, am Grunde aderig verbunden und weißlich oder blaß-fleischfarben. Der **Stiel** wird 4-10 cm lang, bis 3 mm dick, ist kahl, glatt, glänzend, grau oder bräunlich, nach oben etwas heller.

Er wurzelt ziemlich tief in der holzigen Unterlage.

Er **wächst** vom Mai bis Dezember an lebenden wie an abgestorbenen Baumstämmen, meist alten Stöcken, einzeln oder büschelweise.

Wert: Eßbar.

No. **259.**

Rosablättriger Helmling.

Mycena galericulata Scop.

Eßbar.

No. **260.**

Rillstieliger Helmling.

Mycena polygramma Bull.

Bedeutungslos.

Der dünnfleischige, stumpf kegelförmige, im Alter ausgebreitete und stumpf gehöckerte **Hut** wird gewöhlich 1,5-4 cm breit. Die Oberfläche ist gelblich-grau, auch graubraun, trocken heller. Der **Rand** ist kerbig gestreift.

Die **Lamellen** sind vorn etwas bauchig, meist weiß, selten hell-fleischrot oder grau.

Der 6-10 cm lange, ziemlich zähe und feste **Stiel** hat dichtstehende, vertiefte Längsstreifen, ist am Grunde meist haarig, reingrau oder bräunlichgrau.

Der Pilz **wächst** von August bis November büschelweise oder einzeln an alten abgestorbenen Baumstämmen oder Stöcken von Laubhölzern.

Wert: Bedeutungslos.

No. **261.**

Milchweißes Samthäubchen.

Conocybe Lactea Fr.

Wertlos.

Der dünnfleischige, anfangs eichel-, später schlank kegelförmige **Hut** wird 2-3 cm breit und ebenso hoch. Die Oberfläche ist gelblich bis hell-ockerfarbig und am Rande gestreift.

Die dichtstehenden **Lamellen** sind dunkel-rostbraun.

Der **Stiel** wird 8-10 cm lang, ist gebrechlich, gelblich, weiß bereift, nach unten zu verdickt und weißfilzig.

Der Pilz **wächst** im Sommer und Herbste auf Grasplätzen, Komposthaufen und Düngerstätten.

Wert: Wertlos.

No. **260.**
Rillstieliger Helmling.
Mycena polygramma Bull.
Bedeutungslos.

No. **261.**
Milchweißes Samthäubchen.
Conocybe Lactea Fr.
Wertlos.

No. **262.**

Triften-Glöckling.

Hyporhodius pascuus Pers.

Wertlos.

Der sehr dünnfleischige, anfangs glockenförmige, später ausgebreitete, meist genabelte **Hut** ist sehr zerbrechlich und wird 3-5 cm breit. Die Oberfläche ist teils schwärzlich rauchgrau, teils gelbgrau, schmutzig-gelblich oder bräunlich. Trocken ist der Hut seidenglänzend. Der **Rand** ist mehr oder weniger deutlich gestreift, etwas wellig verbogen und wird rissig. Das **Fleisch** ist bräunlich und wässerig.

Die ziemlich dicht stehenden **Lamellen** sind fast frei, nach dem Rande zu breit und bauchig, anfangs schmutziggrau, später durch die Sporen rötlichgrau.

Der gebrechliche, hohle **Stiel** wird 5-8 cm lang, ist seidenartig faserig und fein gestreift.

Der Pilz **wächst** vom Mai bis November auf Wiesen, Triften und grasigen Waldstellen.

Wert: Wertlos.

No. **262.**

Triften-Glöckling.

Hyporhodius pascuus Pers.

Wertlos.

No. **263.**

Rauher Zärtling.

Hyporhodius asprellus Schröt.

Wertlos.

Der dünnfleischige, anfangs kegelförmige, später flach ausgebreitete und stumpf gebuckelte **Hut** wird 3-5 cm breit. Die Oberfläche ist feucht, rauchbraun, zart faserig, schuppig oder glatt, in der Mitte flockig schuppig. Der **Rand** ist anfangs eingebogen, mehr oder weniger unregelmäßig gestreift.

Die **Lamellen** sind nach dem Rande verschmälert, nach dem Stielende am breitesten, angewachsen, anfangs hellgrau, dann hellrötlich-braun.

Der 3-6 cm lange **Stiel** ist, wie der ganze Pilz, gebrechlich, röhrig, nach oben graubraun, meist bläulich angelaufen, nach unten zu weißlich.

Der Pilz **wächst** vom August bis Oktober auf Wiesen, Triften und grasigen Waldplätzen.

Wert: Wertlos.

No. **263.**

Rauher Zärtling.

Hyporhodius asprellus Schröt.

Wertlos.

No. **264.**

Rehbrauner Dachpilz.
Brauner Dachpilz.

Pluteus atricapillus Sing.

Eßbar.

Der etwas fleischige, anfangs glockenförmige, später flach ausgebreitete **Hut** wird 6-14 cm breit. Anfangs ist die Oberhaut gelbbraun, später braun in allen Farbnuancen: gelbbraun, graubraun, rußigbraun, kastanienbraun, schwarzbraun, in der Mitte dunkler und löst sich zuletzt in Fasern oder kleine Schüppchen auf. Das **Fleisch** ist weich und weiß. Die **Lamellen** stehen frei und dicht, sind sehr breit, bauchig, anfangs weißlich, später fleischrot. Der **Stiel** wird über 10 cm lang, bis 1,5 cm breit, ist nach oben verschmälert, markig, weiß und mit bräunlichen, ringförmig gezackten Flecken bekleidet.

Er **wächst** vom Mai bis Oktober auf und neben alten Stümpfen von Laubhölzern.

Wert: Eßbar.

No. **264.**

Rehbrauner Dachpilz. Brauner Dachpilz.

Pluteus atricapillus Sing.

Eßbar.

No. 265.
Niedergedrückter Rötling.

Entoloma rhodopolium Fr.

Giftig.

Der schwach fleischige **Hut** ist gebrechlich, wird 5-15 cm breit, ist anfangs glockenförmig, später flach, in der Mitte meist mit flachem Höcker und wellig verbogen. Die Oberfläche ist gelblichgrau oder hellbräunlich, feinfaserig, nach dem Rande feingestreift und seidenglänzend. Das **Fleisch** ist wässerig und weiß. Die **Lamellen** sind angewachsen, später ausgebuchtet, anfangs weißlich, sehr bald von den Sporen rot bestäubt.

Der **Stiel** wird 15 cm lang, 1,5 cm breit, ist hohl, kahl, reinweiß und seidenglänzend.

Er **wächst** vom Juli bis Oktober in Gebüschen, Gärten und Wäldern.

Wert: Giftig.

No. 266.
Muschelförmiger Krüppelfuß.

Crepidotus herbarum Sacc.

Bedeutungslos.

Der sehr zarte, häutige **Hut** ist in der Jugend, wenn alleinstehend, nach oben glockenförmig, später mit eingerolltem Rande umgewendet, nierenförmig und wird 4-12 mm breit. Die Oberfläche ist glatt, kahl und milchweiß.

Die herablaufenden **Lamellen** sind weißlich, später mit gelblichem Schein.

Der Pilz sitzt stiellos auf der Unterlage an faulendem Holz und an abgefallenen Zweigen.

Man **findet** ihn im Herbste in Wäldern.

Wert: Bedeutungslos.

No. **265.** **Niedergedrückter Rötling.**
Entoloma rhodopolium Fr. Giftig.

No. **266.** **Muschelförmiger Krüppelfuß.**
Crepidotus herbarum Sacc. Bedeutungslos.

No. **267.**

Ohrförmiger Seitling.

Phyllotus porrigens Pers.

Bedeutungslos.

Der dünnfleischige, zähe **Hut** ist anfangs umgewendet, später vorgestreckt, ohrförmig und 3-12 cm lang. Der stiellose Pilz ist am Grunde etwas filzig, schneeweiß und im Alter etwas gelblich. Die **Lamellen** sind sehr schmal und weißlich.

Er **wächst** im Sommer und Herbste an Nadelstämmen in dachziegelförmigen Rasen.

Wert: Bedeutungslos.

No. **267.**

Ohrförmiger Seitling.

Phyllotus porrigens Pers.

Bedeutungslos.

No. 268.
Wolliger Scheidling.

Volvariella bombynica Fr.

Eßbar.

Der fleischige, anfangs glockenförmige, später ausgebreitete **Hut** hat in der Mitte einen flachen Höcker und wird 8-20 cm breit. Die Oberfläche ist weiß, auch bräunlich, zumal nach der Mitte zu und seidenfaserig oder flockig. Der **Rand** ist eingebogen, mit dem Stiele durch einen wollig-häutigen Schleier verbunden, der später fransig wird und zuletzt verschwindet.

Die **Lamellen** stehen frei, sind ziemlich breit, dichtstehend, anfangs weißlich, später fleischrot.

Der 8-16 cm lange **Stiel** ist sehr dick, voll, anfangs schuppig, am Grunde mit einer wollig-häutigen Scheide umgeben, später glatt und weiß.

Geruch und **Geschmack** sind angenehm.

Er **wächst** von Juni bis Oktober an lebenden und gefällten Laubbäumen, auch auf Wurzeln und Stümpfen.

Wert: Eßbar.

No. **268.**

Wolliger Scheidling.

Volvariella bombynica Fr.

Eßbar.

No. **269.**

Waldfreund-Rübling.

Collybia dryophila Bull.

Eßbar.

Der schwach-fleischige, anfangs etwas gewölbte, später flach ausgebreitete, etwas gebuckelte oder vertiefte **Hut** wird 2,5 bis 7 cm breit. Die Oberfläche ist weißlich-ockerfarben, meist gelbbräunlich mit dunklerer Mitte, trocken weißgelblich. Im Alter wird der Hut etwas braunflockig. Der **Rand** ist scharf und glatt, mitunter wässerig durchfeuchtet, später wellig verbogen.

Das **Fleisch** ist etwas wässerig.

Die **Lamellen** sind dichtstehend, frei, anfangs weißlich, später gelblich.

Der zähe, röhrige, 4-8 cm lange, gleichmäßig dicke, oder am Grunde etwas verdickte **Stiel** ist entweder weißlich-gelb oder hellorangefarbig und nach innen braunrötlich.

Geruch und **Geschmack** sind angenehm.

Er **wächst** vom Juni bis Oktober auf Grasplätzen, in Heiden und Wäldern auf grasigen Stellen.

Wert: Er wird getrocknet zu Suppen und als Zusatz zu Speisen verwendet.

No. **269.**

Waldfreund-Rübling.

Collybia dryophila Bull.

Eßbar.

No. **270.**

Horngrauer Rübling.

Collybia butracea Fr.

Eßbar.

Der fleischige, anfangs flach gewölbte, später stumpf gebuckelte und ausgebreitete **Hut** wird 4-8 cm breit. Die Oberfläche ist wässerig, ihre Farbe in feuchtem Zustande hell ockerfarben, um die Mitte braunrötlich, fettglänzend, in trockenem Zustande dagegen verblassend und hellgelblich, teilweise weißlich. Der wellig verbogene **Rand** ist öfters durch eine dunklere Zone gezeichnet.

Die **Lamellen** sind gegen den Stiel abgerundet, sehr dichtstehend, fein gekerbt und reinweiß.

Der 4-8 cm lange, fast kegelförmige **Stiel** ist nach oben dunkler, nach unten hellbraun oder gelblich. Der Fuß ist bucklig knollig.

Der Pilz **wächst** vom September bis November in Laub- und Nadelwäldern, herdenweise.

Wert: Eßbar.

No. **271.**

Kohlenabeling.

Myxomphalia maura Fr.

Bedeutungslos.

Der dünnhäutige **Hut** wird 2-4 cm breit, ist trichterförmig, fast schwarz, olivschwärzlich, trocken graubraun, durch feine schwarze Linien gestreift und mit durchscheinendem gerieften **Rand**. Der Rand ist meist umgerollt und wellig verbogen. Das **Fleisch** ist weißlich. Die **Lamellen** laufen mehr oder weniger herab und sind fast weiß. Der anfangs volle, später hohle **Stiel** ist fast schwarz.

Er **wächst** in Wäldern vom September bis November.

Wert: Bedeutungslos.

No. **270. Horngrauer Rübling.**
Collybia butracea Fr. Eßbar.

No. **271. Kohlenabeling.**
Myxomphalia maura Fr. Bedeutungslos.

No. **272.**

Breitblatt.

Breitblättriger Rübling.

Megacollybia platyphylla Pers.

Giftig.

Der fleischige, anfangs gewölbte, später ausgebreitete, stumpfe **Hut** wird 6-14 cm breit. Die Oberfläche ist anfangs feucht, dann glatt, faserig, graubraun, rauchbraun oder helloliv-bräunlich, in der Mitte meist schwärzlicher und zerreißt später spaltig.

Das **Fleisch** ist wässerig und weiß. Die **Lamellen** sind dichtstehend, bis 2 cm breit, etwas bauchig und weiß. Der bis über 1,5 cm dicke **Stiel** wird 8-12 cm lang, ist anfangs fleischig, später hohl, weiß mitunter ganz blaßgelblich, fein gestreift und am Grunde abgestutzt.

Geruch und **Geschmack** sind angenehm.

Er **wächst** vom Mai bis Oktober am Grunde und in der Nähe alter Baumstümpfe, vorzugsweise in Laubwäldern.

Wert: Giftig.

No. **272.**

Breitblatt. Breitblättriger Rübling.

Megacollybia platyphylla Pers.

Giftig.

No. **273.**

Ulmen-Rasling.

Lyophyllum ulmarium Fr.

Jung eßbar.

Der ziemlich dickfleischige **Hut** ist anfangs gewölbt, später verflacht und wird 8-25 cm breit. Er ist kahl und glatt, weißgelblich, blaßgrau, olivgrau und nach dem Rande fast weißlich, im Alter feldrig zerrissen. Der **Rand** ist anfangs umgebogen, später glatt. Das **Fleisch** ist zart und weiß. Die ziemlich dichtstehenden **Lamellen** werden bis 1 cm breit und sind weiß, im Alter blaßgelblich. Der häufig etwas exzentrisch stehende **Stiel** ist fast immer gebogen, fest und voll. Er wird bis über 10 cm lang, ist 1-2,5 cm dick, nach unten etwas stärker werdend, außen weißgelblich und weißfilzig.

Der **Geruch** ist angenehm, der **Geschmack** etwas säuerlich.

Er **wächst** meist einzeln oder rasig an lebenden oder gefällten Laubbäumen, vorzugsweise an Ulmen, meist oben am Stamm vom September bis November.

Wert: Eßbar und schmackhaft.

No. **273.**

Ulmen-Rasling.

Lyophyllum ulmarium Fr.

Jung eßbar.

No. 274.

Frost-Rasling. Buchele.

Lypophyllum fumosum Pers.

Eßbar.

Der ziemlich fleischige, etwas gewölbte, meist unregelmäßig gestaltete **Hut** wird 5-15 cm breit und ist kahl und glatt. Seine Farbe ist bei beschattet gewachsenen Exemplaren weißlich, bei den anderen heller oder dunkler olivenfarben-bräunlich bis schwärzlich-braun. Der **Rand** ist dünn und anfangs eingerollt, das **Fleisch** weiß und gebrechlich. Die **Lamellen** sind dicht, abgerundet oder am Stiel herablaufend und weißlich.

Der **Stiel** ist schwach filzig, weißlich und etwas bauchig. Da der Pilz gewöhnlich in großen Ballen, zehn bis hundert Hüte tragend, wächst, so sind die Stiele zu einem festen Knollen verwachsen.

Geschmack unbedeutend, **Geruch** wie frisches Mehl.

Er **wächst** in Gärten, auf Wegen, in Höfen und an anderen Plätzen vom Oktober bis Ende November.

Wert: Eßbar.

No. **274.**

Frost-Rasling. Buchele.

Lypophyllum fumosum Pers.

Eßbar.

No. **275.**

Weißer Ritterling.
Strohblasser Ritterling.

Tricholoma album Schaef.

Ungenießbar.

Der anfangs gewölbte, etwas fleischige **Hut** ist später flach und niedergedrückt. Er wird bis 8 cm breit, ist kahl und glatt, meistens weißlich oder creme-weißlich, mitunter im Zentrum etwas gelblich, teilweise auch gelblich gefleckt. Der **Rand** ist anfangs eingerollt, später geschweift. Die **Lamellen** sind ziemlich breit, ausgerandet, stehen dicht gedrängt und sind weiß.

Der **Stiel** ist brüchig, meist zylindrisch, kahl und weiß und wird 5-12 cm lang.

Der **Geruch** ist angenehm, der **Geschmack** bitter.

Er **wächst** im Herbste in Laub- und gemischten Wäldern.

Wert: Ungenießbar.

No. **275.**

Weißer Ritterling.

Strohblasser Ritterling.

Tricholoma album Schaef.

Ungenießbar.

No. **276.**

Schwarzweißer Weichritterling.

Melanoleuca melaleuca Fr.

Eßbar.

Der etwas dünnfleischige, anfangs gebuckelte, später vertiefte und wellig verbogene **Hut** wird 4-9 cm breit. Die Oberfläche desselben ist feucht rußgrau bis schwärzlich, trocken braun oder graubraun und wird mitunter quer rissig. Der **Rand** ist anfangs eingebogen, später glatt und wellig verbogen.

Die etwas ausgerandeten **Lamellen** stehen dicht, sind bauchig und weiß.

Das **Fleisch** ist weiß, wird aber später etwas grau.

Der weiße, derbfleischige, mitunter faserig gestreifte **Stiel** wird 5-8 cm lang, etwas über 1 cm dick und ist am Grunde schwärzlich und knollig.

Der **Geruch** ist angenehm, der **Geschmack** süßlich.

Er **wächst** vorzugsweise auf Grasplätzen, Waldwiesen und an Waldwegen von April bis Oktober.

Wert: Eßbar.

No. **276.**

Schwarzweißer Weichritterling.

Melanoleuca melaleuca Fr.

Eßbar.

No. **277.**

Lilastieliger Rötelritterling.
Maskierter Rötelritterling.

Lepista personata Fr.

Eßbar.

Der derbfleischige, flachgewölbte, mitunter verschieden geschweifte **Hut** wird 6-20 cm breit. Die Oberhaut ist hellbräunlich, reinbräunlich, blaßgrau, gelegentlich mit blaßlila Schein. Der **Rand** ist anfangs eingerollt und feinfilzig, später glatt und scharf. Die weißlich bis blaßgrauen, höchstens lila schimmerden **Lamellen** sind nach außen gerundet und gedrängt. Der **Stiel** ist derb, lilafarbig, am Grunde etwas zottig, häufig angeschwollen, fast knollig.

Der **Geruch** ist angenehm, der **Geschmack** wässerig und unbedeutend.

Er **wächst** von Oktober bis November (in milden Wintern bis Januar) auf Wiesen und Weiden, in Gärten, seltener in feuchtem Laubwald.

Wert: Eßbar und wohlschmeckend.

No. **277.**

Lilastieliger Rötelritterling.

Maskierter Rötelritterling.

Lepista personata Fr.

Eßbar.

No. **278.**

Grüngelber Ritterling.

Tricholoma sejunctum.

Giftig.

Der ziemlich fleischige **Hut** ist glatt, in der Jugend dachförmig, später ausgebreitet, gebuckelt und der **Rand** nach oben geschweift. Die Oberhaut ist grüngelb bis olivbraun, vom Rande nach innen dunkler gezont, um die Mitte orange-braun und zart faserig gestreift. Die **Lamellen** sind weiß, der **Stiel** ist glatt und wird bis 9 cm hoch, oft gekrümmt, zylindrisch oder spindelförmig, bisweilen zusammengedrückt.

Der **Geschmack** ist angenehm, der **Geruch** mehlartig.

Sein **Standort** ist in Laub- und Nadelwäldern, vor allem unter Eichen, Buchen, Kiefern und Fichten.

Wert: Giftig.

No. **278.**

Grüngelber Ritterling.

Tricholoma sejunctum.

Giftig.

No. **279.**

Brandiger Ritterling.

Tricholoma ustale Fr.

Schwach giftig.

Der fleischige **Hut** ist anfangs flach gewölbt, später ausgebreitet, ein wenig gebuckelt und wird 6-10 cm breit. Die Oberfläche ist glatt, etwas klebrig, rotbräunlich oder kastanienbraun, in der Mittel dunkelbraun und zart bräunlich gestreift. Der **Rand** ist anfangs eingerollt, dann glatt und wellig verbogen. Die dichtstehenden, kürzeren und längeren **Lamellen** sind ausgerandet, sehr breit, weiß und werden bei Berührung braunfleckig.

Der volle, 4-8 cm lange **Stiel** ist entweder gleich dick oder schwach bauchig, braunflockig und nach oben weißlich.

Der Pilz **wächst** vom September bis November in Laub- und Nadelwäldern sowie auf Waldwiesen.

Wert: Schwach giftig.

No. **279.**

Brandiger Ritterling.

Tricholoma ustale Fr.

Schwach giftig.

No. **280.**

Gelbblättriger Ritterling.

Tricholoma flavobrunneum Fr.

Giftig.

Der fleischige, anfangs gewölbte, später flach ausgebreitete, mitunter stumpf gebuckelte **Hut** wird 4-10 cm breit. Die Oberfläche ist hell-, in der Mitte dunkelbraun, feinschuppig und klebrig. Der **Rand** ist anfangs eingebogen, nachher glatt und nach der Mitte zu kerbig gestreift.

Die **Lamellen** stehen sehr dicht, laufen im Alter mit einem Zähnchen herab, sind anfangs gelblich, später rotbraun gefleckt.

Der sehr bald hohl werdende **Stiel** ist 5-10 cm lang, dicht feinfaserig, anfangs klebrig und gelb, später bräunlich oder schmutzig-rötlich.

Das **Fleisch** des Hutes und Stieles ist gelb.

Der **Geruch** ist stark mehlartig, der **Geschmack** unbedeutend.

Er **wächst** von August bis November auf Wiesen, oft in großen Ringen, auch in Laub-, besonders Birkenwäldern.

Wert: Giftig.

No. **280.**

Gelbblättriger Ritterling.

Tricholoma flavobrunneum Fr.

Giftig.

No. **281.**

Feinschuppiger Ritterling.

Tricholoma imbricatum Karst.

Ungenießbar.

Der 5-9 cm breite **Hut** ist anfangs gewölbt, etwas gebuckelt, später eingedrückt. Die Oberfläche ist mit Schuppen bedeckt und bräunlichrot, in der Mitte dunkler. Der **Rand** ist anfangs eingerollt und flockig, später glatt und wellig verbogen. Das **Fleisch** ist fest und weiß. Die **Lamellen** sind buchtig angewachsen, laufen etwas strichförmig am Stiele herab, stehen mäßig dicht, sind anfangs weiß, später rotbraun gefleckt. Der **Stiel** ist anfangs gleichmäßig stark, voll, nach oben verdickt, daselbst weißlich bestäubt, nach unten schmutzigbraun und rötlich.

Der **Geruch** ist scharf, etwas dumpfig, der **Geschmack** angenehm.

Er **wächst** von September bis November in Nadelwäldern oft in großer Menge, meist truppweise oder kreisförmig.

Wert: Ungenießbar.

No. **281.**

Feinschuppiger Ritterling.

Tricholoma imbricatum Karst.

Ungenießbar.

No. **282.**

Maipilz. Georgs-Ritterling.

Calocybe gambosa Fr.

Eßbar.

Der dickfleischige, meist wellig verbogene **Hut** mißt 5-10 cm im Durchmesser. Die Oberfläche ist glatt, nur zuweilen trocken zart-flockig, und hell ockergelb. Der **Rand** ist stark wellig verbogen, im Alter nach oben etwas umgerollt.

Die **Lamellen** sind bogenförmig, etwas wellig verbogen und weiß.

Das **Fleisch** ist derb, weiß und wird beim Durchschneiden schwach gelblich.

Der nach oben meist bauchige, über 1 cm dicke **Stiel** wird 5-6 cm hoch, ist gestreift und weiß oder gelblich.

Geschmack und **Geruch** sind kräftig und etwas mehlartig.

Der Pilz **wächst** bereits im Mai und Juni im Laubwald, in Parkanlagen und in Gärten im südlichen Gebiet von Deutschland und Europa.

Wert: Eßbar. Er ist ein vorzüglicher Speisepilz

No. **282.**

Maipilz. Georgs-Ritterling.

Calocybe gambosa Fr.

Eßbar.

No. **283.**

Braungefleckter Ritterling.

Tricholoma caligatum Vitt.

Eßbar.

Der anfangs fast kugelförmige, später sich verflachende **Hut** wird 6-15 cm breit. Im Jugendzustande ist er durch eine mit dem Stiele verbundene, dunkelbraune, mit schwärzlichen Flocken bedeckte Haut umhüllt. Der später hellbraune Hut trägt in der Mitte noch die dunkelbraunen Flocken. Das feste, weiße **Fleisch** wird nach dem Rande zu etwas gelblich. Die schmalen, weißlichen **Lamellen** sind dick. Der 2 cm dicke und gegen 6 cm hohe **Stiel** ist ebenfalls mit hell- und dunkelbraunen Flocken mehr oder weniger bedeckt. Nach unten zu verjüngt sich der Stiel, und oberhalb des zerrissenen und gezackten Ringes ist er weißlich.

Er **wächst** im Herbst in sandigen Nadelwäldern und zwar vorzugsweise im südlichen Teil von Deutschland.

Wert: Eßbar.

No. **283.**

Braungefleckter Ritterling.

Tricholoma caligatum Vitt.

Eßbar.

No. **284.**

Riesen-Ritterling. Hartpilz.

Tricholoma colossuss Quell.

Eßbar.

Der sehr dickfleischige, fein samtartige, filzige oder glatte, bis 20 cm breite und 2-5 cm dicke **Hut** ist meist wellig verbogen und am Rande, der eingerollt ist, manchmal gespalten. Der Hut hat eine fuchsigrotbraune bis fast ziegelrote Farbe. Das harte **Fleisch** ist weiß und läuft beim Schnitte rosa an. Die **Lamellen** sind breit, blaß, oft fuchsig gefleckt. Diese Art wird als major (a), die andere als minor (b) bezeichnet. Letztere hat meist einen faserigen **Hut**, ist bedeutend kleiner und die **Lamellen** sind sehr schmal.

Der **Stiel** ist außerordentlich dick und derb, wird bis 10 cm lang und 2-5 cm dick. Unterwärts ist er etwas verdünnt, mit braunen Fasern und Flocken bedeckt und oberhalb des dickflockigen Ringes weiß.

Geschmack und **Geruch** sind angenehm.

Er **wächst** im Herbste in sandigen Kieferwäldern, meist büschelig oder rasig gehäuft, stellenweise sehr häufig.

Wert: Eßbar, aber wegen seiner Härte schwer verdaulich. Man sollte ihn stark zerkleinern.

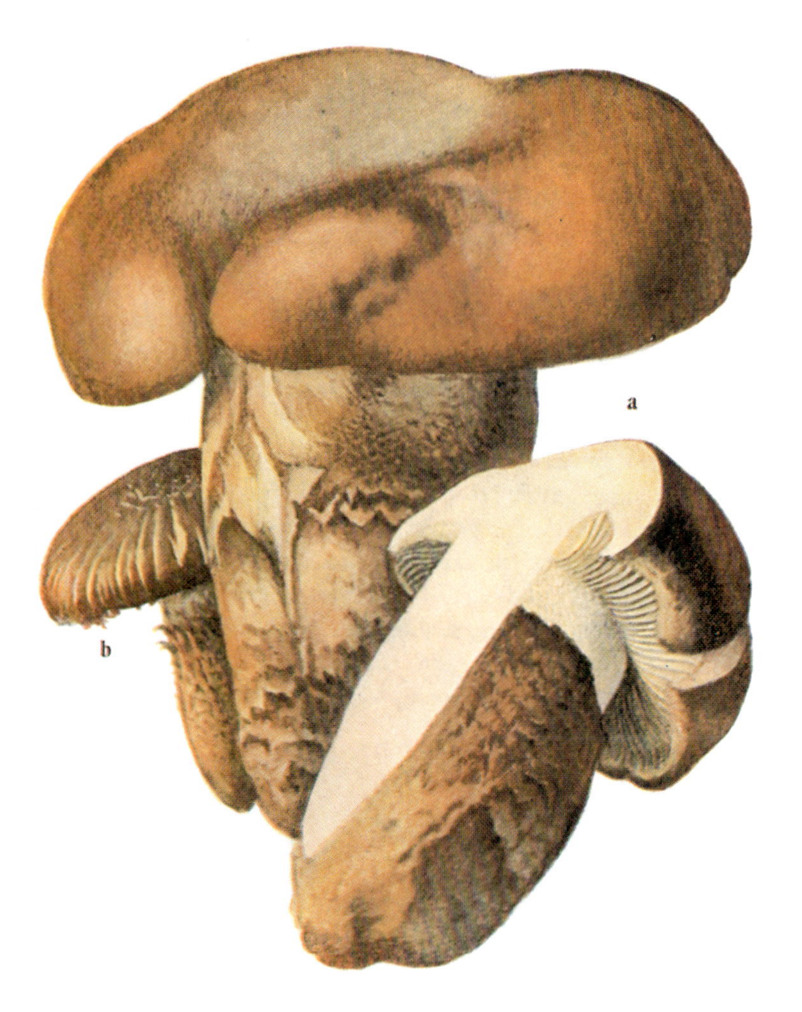

No. **284.**

Riesen-Ritterling. Hartpilz.

Tricholoma colossuss Quell.

Eßbar.

No. **285.**

Orangeroter Ritterling.

Tricholoma aurantium Fr.

Ungenießbar.

Der anfangs gewölbte, später flach werdende und sich vertiefende **Hut** wird 5-10 cm breit. Die Oberhaut ist lebhaft orangerot oder gelborange, anfangs sehr zart schuppig, später glatt und etwas wellig verbogen. Das **Fleisch** des Hutes ist weiß, das des Stieles wird nach unten rosa. Die **Lamellen** sind buchtig angewachsen, zuerst weiß, später weißlich-grau und werden durch Druck gelbfleckig.

Der 4-6 cm hohe, weißliche **Stiel** wird bis 1,5 cm dick und ist bis zu dem schuppigen Ringe mit rotbraunen, zackigen, fast ringförmig stehenden Flocken bedeckt. Oberhalb des Ringes ist der Stiel reinweiß.

Der **Geruch** ist stark widerlich, der **Geschmack** sehr bitter.

Er **wächst** im Herbste in feuchten Nadelwäldern vom Oktober bis November.

Wert: Ungenießbar.

No. **285.**

Orangeroter Ritterling.

Tricholoma aurantium Fr.

Ungenießbar.

No. **286.**

Spitzschuppiger Schirmling.

Lepiota aspera Pers.

Ungenießbar.

Der ziemlich dickfleischige, anfangs fast kegelförmige, später bucklig ausgebreitete **Hut** wird 9-10 cm breit. Die Oberhaut besteht aus olivbraunen oder rehbraunen Schuppen, die um die Mitte des Hutes emporstehen, nach dem Rande zu anliegen. Unter den Schuppen ist die Haut weißlich. Der **Rand** ist ziemlich glatt und anfangs etwas eingerollt. In der Jugend ist er mit dem Stiele durch einen weißen, seidigen Schleier verbunden, der einen hinfälligen Ring hinterläßt. Das **Fleisch** ist weich, trocken und reinweiß. Die **Lamellen** sind angeheftet, ungeteilt, gesägt und weiß. Der erst volle, dann flockige und hohle, nach oben sich verjüngende **Stiel** ist rostfarbig, oben heller, unten knollig und mit aufrecht stehenden, spitzigen Flocken bekleidet. Spaltet man den Stiel der Länge nach, so rollen sich die Teile etwas nach außen.

Der **Geruch** ist unangenehm, der **Geschmack** scharf und bitter.

Er **wächst** im Herbste bis Ende Oktober in sandigen Nadelwäldern, Laubwäldern, Gärten und Parkanlagen. Er kommt ziemlich selten vor.

Wert: Ungenießbar.

No. **286.**

Spitzschuppiger Schirmling.

Lepiota aspera Pers.

Ungenießbar.

No. **287.**

Wohlschmeckender Schirmling.

Lepiota pudica Bull.

Eßbar.

Der fleischige, anfangs gewölbte, dann ausgebreitete, glatte und kahle **Hut** wird 5-14 cm breit. Die Oberhaut ist trocken, weiß oder bräunlich-gelb. Das **Fleisch** ist zart und weiß. Die gesägten, dünnen, bauchigen **Lamellen** sind anfangs reinweiß und werden später rosarot. Der **Stiel** ist nach unten verdickt, faserig und trägt einen zarten, am Rande verdickten und flockigen Ring. Im frischen Zustande ist der **Stiel** reinweiß, im Alter wird er bräunlichgrau.

Der **Geruch** und der **Geschmack** sind sehr angenehm.

Er **wächst** im Herbste in Gärten, Baumschulen und in kultiviertem Gelände.

Wert: Eßbar. Ein vorzüglicher Speisepilz.

No. **287.**

Wohlschmeckender Schirmling.

Lepiota pudica Bull.

Eßbar.

No. **288.**

Porphyrbrauner Wulstling.

Amanita porphyria Fr.

Giftig.

Der anfangs gewölbte, nachher stets flache **Hut** wird 6-9 cm breit, ist trocken, glänzend seidig, bronzebraun, nach der Mitte etwas dunkler und mit zartem, violettem Hauche überzogen. Die Oberhaut ist mitunter mit Resten der Hülle in Gestalt von kleineren oder größeren, weißen, hautartigen Stückchen bedeckt. Der **Rand** ist glatt oder am äußersten Teile ganz leicht gestreift. Die **Lamellen** laufen streifenförmig herab. Der schlanke, anfangs flockig volle, später hohle **Stiel** ist mit einer seidigen, weißlichen, lilagrauen Haut überzogen. Er trägt einen weißlichen, abstehenden Ring und ist am Fuße mit einer ziemlich großen, von eng anliegender Wulstscheide bekleideten Knolle versehen.

Der **Geschmack** ist süßlich, nachträglich säuerlich, der **Geruch** etwas scharf.

Der Pilz **wächst** von Juli bis Oktober im Nadel- und Mischwald, unter Kiefer, Fichte und Lärche.

Wert: Giftig.

No. **288.**

Porphyrbrauner Wulstling.

Amanita porphyria Fr.

Giftig.

No. **289.**

Narzissengelber Wulstling.

Amanita gemmata Fr.

Giftverdächtig.

Der anfangs glockenförmige und ein wenig klebrige **Hut** verflacht später und wird 4-10 cm breit. Die hell-schwefelgelbe Oberhaut ist mit schneeweißen, eckigen Flocken bedeckt. Selten ist der **Hut** ganz nackt. Der heller gefärbte **Rand** ist feinfurchig gestreift. Das **Fleisch** ist weich, wässrig und weiß, unter der Oberhaut gelblich. Die weißen oder blaßgelblichen, etwas gesägten **Lamellen** laufen ein wenig strichförmig herab.

Der mit einer seidigen Masse gefüllte **Stiel** wird 7-9 cm lang, verjüngt sich nach oben, ist flockenartig zerrissen und trägt nur in der ersten Entwicklung einen zarten, schnell verschwindenden Ring. Der Fuß ist eiförmig verdickt und mit einer weißen, weichen, zerrissenen Wulstscheide bekleidet.

Der Pilz ist geruchlos und im **Geschmack** süßlich.

Er **wächst** von Mai bis November im Nadel- und Mischwald, vorzugsweise in sandigen Kiefernwäldern.

Wert: Giftverdächtig.

No. **289.**

Narzissengelber Wulstling.

Amanita gemmata Fr.

Giftverdächtig.

No. **290.**

Hundsrute.

Mutinus caninus Fr.

Ungenießbar.

Dieser Pilz entwickelt sich aus einem länglichen, eiförmigen Gebilde und trägt auf einem 5-10 cm hohen, aus lauter kleinen, hohlen Kammern bestehenden weißlich-gelblichen Stiele den mit diesem verwachsenen, ziegelroten **Hut**. Dieser besteht aus morchelartigen Zellen und ist zur Reifezeit mit olivgrünem, geruchlosem Sporenschleime überzogen.

Er **wächst** von Juni bis Oktober an faulenden Wurzelstöcken, ganz besonders an denen der Haselnuß, am Saume der Wälder oder in Gebüschen.

Er kommt in Deutschland überall, aber selten vor.

Die gemalten Exemplare sind bei Leipzig gefunden worden.

Wert: Ungenießbar.

No. **291.**

Gitterling.

Clathrus ruber Pers.

Ungenießbar.

Die erste Anlage des Fruchtkörpers stellt ein rundes oder eiförmiges Gebilde (a) dar, das von einer weißen, ziemlich dicken Hülle umgeben ist, durch die der eigentliche **Fruchtkörper** (b) emportritt. Dieser besteht aus einem gitterförmigen Geäst, das vieleckige, länglich gestreckte Maschen umschließt. Diese fleischigen Äste sind außen glänzend scharlachrot, nach innen warzig-faltig und umschließen den grünlichen, später grauschwärzlichen Sporenbrei.

Der **Geruch** ist aasartig. Der ganze Pilz wird 5-10 cm hoch.

Er **wächst** im Sommer und Herbste in Laubwäldern, meist nur im Süden von Europa, ganz besonders im Mittelmeergebiet.

Wert: Ungenießbar.

No. **291 b** **Gitterling.**
Clathrus ruber Pers. Ungenießbar.

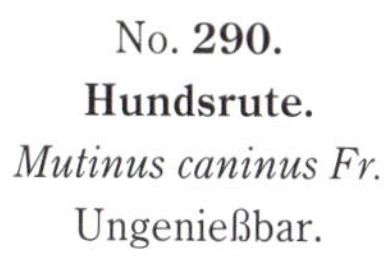

No. **290.**
Hundsrute.
Mutinus caninus Fr.
Ungenießbar.

No. **291 a**
Gitterling.

No. **292.**

Grünliche Wurzeltrüffel.

Rhizopogon virens Fr.

Jung eßbar.

Die haselnuß- bis walnußgroßen **Fruchtkörper** sind entweder rundlich oder ganz unregelmäßig gelappt. An ihrer meist etwas ausgehöhlten Basis besitzen sie Seilchen, die mit der Hülle verwachsen sind und teilweise 1 mm dick sind. Die anfangs grauweiße, beim Befeuchten mit Wasser sich leicht rosa färbende, glatte Hülle wird im Alter gelbbraun, ist meist über 1 mm dick und läßt sich sehr leicht von dem Fleische trennen. Dieses ist in der Jugend weißlich bis matt rosa gefärbt, ganz besonders nach der Hülle zu, später grün und von trockner, brüchiger Beschaffenheit. Es zeigt kleine, rundlich gekammerte Öffnungen. Im Alter zerfließen die Körper zu einer graubraunen Masse.

Geruch und **Geschmack** sind nicht unangenehm.

Diese **Fruchtkörper** wachsen in Kiefernwaldungen nesterweise seicht unter dem Boden und kommen selten an das Tageslicht.

Die **Hauptentwicklungszeit** ist vom August bis November.

Wert: Im Jugendzustande sind die Fruchtkörper eßbar, aber von unbedeutendem Geschmack.

No. **292.**

Grünliche Wurzeltrüffel.

Rhizopogon virens Fr.

Jung eßbar.

No. **293.**

Gelbbraune Wurzeltrüffel.

Rhizopogon obtextus Rauschert

Jung eßbar.

Die rundlichen und verschieden gestalteten **Fruchtkörper** sind meist walnußgroß, werden aber auch noch größer. Die ziemlich dicke, fast lederige Hülle ist anfangs weißlich, wird jedoch bald honiggelb und schmutzigbraun. Um die Fruchtkörperoberfläche breiten sich netzartig zahlreiche Myzelfäden aus. Beim Durchschnitt zeigt das unregelmäßig kleinzellige **Fleisch** anfangs eine weißliche, später olivengrünliche Farbe, während die weißlichen, glänzenden Zellwandungen deutlich hervortreten. Ausgereift zerfließt das Innere zu einer breiigen, dickjauchigen Masse.

Geruch und **Geschmack** sind ekelhaft widerlich.

Die **Fruchtkörper** entwickeln sich, nestartig beieinander liegend, etwas unter der Erde und treten bei der Reife über sie heraus.

Die **Hauptentwicklungszeit** ist vom August bis November. Die eigentliche Reifezeit fällt in den Monat Oktober. Die **Fruchtkörper** lagern in sehr geringer Bodentiefe unter der Moos- und Nadeldecke des Bodens in sandigen Kiefernwäldern.

Wert: Jung eßbar.

No. **293.**

Gelbbraune Wurzeltrüffel.

Rhizopogon obtextus Rauschert

Jung eßbar.

No. **294.**

Rötliche Wurzeltrüffel.

Rhizopogon roseolus Th. Fr.

Jung eßbar.

Die unregelmäßig rundlichen **Fruchtkörper** erreichen einen Durchmesser von 1-5 cm, sind am Grunde mit einem wurzelartigen Myzelstrange behaftet und von einer fast flachsartigen Hülle umgeben. Diese ist anfangs weiß, wird an der Luft und bei der Berührung rötlich und im Alter braun. Das **Fleisch** ist in der Jugend weiß, später gelbbraun oder schmutzig-olivgrün und wird von kleingewundenen Gängen durchsetzt. Im Alter zerfließen diese Fruchtkörper zu einem rötlich-grauen Brei.

Geschmack und **Geruch** sind schwach knoblauchartig.

Diese **Fruchtkörper** finden sich ebenfalls nesterartig anfangs unter der Erde und treten dann zu Tage. Die Hauptentwicklungszeit ist von Juli bis November unter Kiefer, Fichte und Tanne.

Wert: Jung eßbar. Nach Dr. Hesse können die Fruchtkörper über Feuer geröstet und wie die Kastanien heiß gegessen werden. Von besonderem Wohlgeschmack sind sie jedoch nicht.

No. **295.**

Wetterstern.

Astareus hygometricus Pers.

Ungenießbar.

Die äußere Hülle ist sehr dick, fast korkartig und zerreißt in 7 bis 10 und mehr spitze Lappen, die bis zum Grunde reichen. Bei Trockenheit sind diese Lappen eingerollt, während sie bei feuchtem Wetter flach ausgebreitet liegen. Die Farbe derselben ist außen grau, innen schmutzig-fleischfarbig bis braun. Der innere, aufsitzende **Fruchtkörper** hat eine graubraune Farbe, ist teilweise glatt oder gerunzelt und hat einen Durchmesser von 2,5-10 cm. Bei der Reife öffnet er sich mit unregelmäßig gezähntem Rande.

Der Wetterstern erscheint in lichten, trockenen Eichen- und Kiefernwäldern, in Trockengebüschen und auf Sandboden vom August bis November und hält sich trocken bis zum nächsten Frühjahr.

Wert: Ungenießbar.

No. **294.**

Rötliche Wurzeltrüffel.

Rhizopogon roseolus Th. Fr.

Jung eßbar.

No. **295.**

Wettererdstern. Wetterstern.

Astareus hygometricus Pers.

Ungenießbar.

Register
der deutschen und lateinischen Pilzbezeichnungen

Band 1 bis 3

Im deutschen Register sind die Pilze unter
allen ihren Namen aufgeführt. So findet man den
„**Steinpilz. Herrenpilz.**“ sowohl unter **S** wie Steinpilz
wie auch unter **H** wie Herrenpilz.
Pilze, deren Namen ein vorgeschobenes Bestimmungswort
enthält, sind unter ihrem Gattungsnamen zu finden:
beispielsweise „**Echter Pfifferling**“ unter
„**Pfifferling, Echter**“ etc.

Das lateinische Register ist alphabetisch angelegt.

A

Aprikosen-Wasserkopf 390

B

Becherling
- Adriger 298
- Anemonen- 292
- Blasenförmiger 156
- Kastanienbrauner 134
- Kugeliger Gallert- 300
- Morchel- 298
- Orange- 134
- Spindelsporiger 292

Birkenpilz 26
Bischofsmütze 148
Blättling
- Birken- 340
- Schuppiger Säge- 192
- Zaun- 340

Bläuling, Violetter 244
Borstling
- Gänzender Schwarz- 156
- Schild- 156

Bovist
- Dickschaliger Kartoffel- 70
- Schwärzender 136

Brätling, Milch- 80
Breitblatt 428
Buchele 432
Butterpilz 30

C

Champignon
- Schaf- 128
- Wald- 230
- Wiesen- 126
- Zucht- 128

D

Dachpilz
- Brauner 416
- Rehbrauner 416

Dickfuß
- Lila- 110
- Safranfleischiger 110
- Weißvioletter 236

Düngerling
- Dunkler 350
- Glocken- 356

E

Egerling
- Feld- 126
- Wald- 230
- Weißer Anis- 128
- Zucht- 128

Eichen-Rindenpilz 312
Eichen-Wirrling 342
Eichhase 180
Eierschwamm 66
Eispilz 162
Ellerling
- Glasweißer 402
- Schnee- 402
- Wiesen- 200

Erbsen-Streuling 284
Erdlederpilz 314
Erdstern
- Fransen- 282
- Gefurchter 282
- Hals- 282

Erdzunge, Rauhaarige 140

F

Fälbling
- Gemeiner 232
- Tongrauer 232

Faserkopf, Erdblättriger 392

Flämmling
- Rotbrauner ... 406
- Tannen- ... 404
Fliegenpilz ... 118

G
Gabeling, Rötender ... 350
Gallertkäppchen, Grüngelbes ... 140
Gallerttrichter, Rötlicher ... 310
Gelbfluß, Kupferroter ... 196
Gitterling ... 464
Glöckchennabeling, Geselliger .. 370
Glöckling, Triften- ... 412
Glucke, Krause ... 62
Grünling ... 258
Gürtelfuß
- Erdigriechender ... 398
- Geschmückter ... 234

H
Haarzunge, Gemeine ... 140
Habichtspilz ... 58
Hahnenkamm ... 64
Hallimasch, Honiggelber ... 104
Hartpilz ... 452
Hasenohr ... 154
Haubenpilz, Sumpf- ... 288
Hautkopf, Zimtbrauner ... 232
Helm-Kreisling ... 290
Helmling
- Rillstieliger ... 410
- Rosa ... 244
- Rosablättriger ... 408
Henne, Fette ... 62
Herbsttrompete ... 60
Herrenpilz ... 22
Hexenpilz ... 46
Hörnling, Klebriger ... 162
Hundsrute ... 464

J
Judasohr ... 308

K
Kaiserling ... 276
Kapuzinerpilz ... 26
Keule
- Geweihförmige Holz- ... 306
- Goldgelbe Wiesen- ... 170
- Heide- ... 168
- Herkules- ... 316
- Rauchgraue ... 168
- Vielgestaltige Holz- ... 306
- Wurmförmige ... 318
- Zungen- ... 166
Knoblauch-Pilz ... 192
Knollenblätterpilz, Grüner ... 124
Knorpelschichtpilz, Violetter 318
Kohlenabeling ... 426
Koralle
- Dreifarbige ... 172
- Gelbwerdende ... 64
- Goldgelbe ... 170
- Kammförmige ... 172
- Mehl-Wiesen- ... 322
- Rötliche ... 64
- Schöne ... 172
- Steife ... 320
- Stinkende Leder- ... 312
Korallenpilz, Grauer ... 324
Krempling
- Kahler ... 72
- Muschel- ... 348
- Samtfuß- ... 72
Krüppelfuß, Muschelförmiger ... 418
Kuhmaul ... 76
Kuhpilz ... 34

L
Leberpilz ... 182
Leistling, Durchbohrter ... 190
Lorchel
– Bleiche ... 290
– Frühjahrs- ... 130
– Gruben- ... 152
– Herbst- ... 150
– Mützen- ... 148
– Riesen- ... 294
– Wellige Wurzel- ... 154

M
Maipilz ... 448
Mehlpilz ... 112
Mehlräsling ... 112
Milchling
– Beißender ... 372
– Birken- ... 86
– Blasser Duft- ... 208
– Erlen- ... 374
– Graugefleckter ... 376
– Graugrüner ... 376
– Grubiger ... 206
– Milder ... 210
– Olivbrauner ... 90
– Pfeffer- ... 88
– Rotbrauner ... 82
– Schwarzkopf- ... 212
– Süßlicher ... 210
– Verbogener ... 378
– Wässriger ... 212
– Welker ... 376
Mohrenkopf ... 212
Moos-Kahlkopf ... 358
Morchel
– Gemeine Stink- ... 278
– Halbfreie ... 146
– Hohe ... 144
– Käppchen- ... 146
– Speise- ... 142
– Spitz- ... 130
Mürbling, Rotschneidiger ... 356

N
Nebelkappe ... 254

O
Ochsenzunge ... 182

P
Pantherpilz ... 122
Parasolpilz ... 114
Perlpilz ... 120
Pfefferpilz ... 52
Pfifferling
– Echter ... 66
– Falscher ... 68
– Stark riechender ... 166
– Trompeten- ... 190
Porling
– Dauer- ... 174
– Fichten- ... 334
– Glänzender Lack- ... 334
– Grauer Ruß- ... 338
– Grüner ... 178
– Kamm- ... 178
– Kiefern-Braun- ... 336
– Riesen- ... 332
– Rinden-Steif- ... 330
– Rußgrauer ... 338
– Schaf- ... 54
– Schmetterlings- ... 176
– Schwefel- ... 176
– Semmel- ... 54

R
Rasling
– Frost- ... 432
– Ulmen- ... 430

Rauhkopf, Gelbgeschmückter ... 400
Rehpilz ... 58
Reifpilz ... 106
Reizker
- Birken- ... 86
- Echter ... 84
- Kiefernblut- ... 84
- Tannen- ... 90
Rißpilz, Seidiger ... 392
Ritterling
- Brandiger ... 442
- Braungefleckter ... 450
- Echter ... 258
- Erd- ... 266
- Feinschuppiger ... 446
- Gelbblättriger ... 444
- Georgs- ... 448
- Grüngelber ... 440
- Orangeroter ... 454
- Riesen- ... 452
- Rötlicher Holz- ... 116
- Schwarzfasriger ... 268
- Schwarzweißer Weich- ... 436
- Seifen- ... 262
- Strohblasser ... 434
- Weißer ... 434
Rotkappe, Espen- ... 28
Röhrling
- Birken- ... 26
- Bronze- ... 186
- Butter- ... 30
- Dickfuß- ... 50
- Düsterer ... 344
- Elfenbein- ... 346
- Filziger ... 38
- Gallen- ... 24
- Gold- ... 32
- Goldgelber Lärchen- ... 32
- Hasen- ... 182
- Hohlfuß- ... 342
- Kornblumen- ... 184
- Körnchen- ... 188
- Kuh- ... 34
- Maronen- ... 42
- Netzstieliger Hexen- ... 46
- Pfeffer- ... 52
- Porphyr- ... 344
- Rotfuß- ... 40
- Rothaut- ... 28
- Sand- ... 36
- Satans- ... 44
- Stark riechender ... 346
- Wolfs- ... 48
Rötelritterling
- Lilastieliger ... 438
- Maskierter ... 438
- Violetter ... 260
Röteltrichterling, Fuchsiger ... 256
Rötling, Niedergedrückter ... 418
Rübling
- Breitblättriger ... 428
- Gemeiner Wurzel- ... 252
- Horngrauer ... 426
- Knolliger ... 248
- Samtfuß- ... 250
- Waldfreund- ... 424

S

Saftling
- Granatroter ... 78
- Menningroter ... 198
- Papageigrüner ... 368
- Schwärzender ... 198
- Wachsgelber ... 78
- Wachsiger ... 78
Samthäubchen, Milchweißes ... 410
Sandpilz ... 36
Satanspilz ... 44
Schafeuter ... 54

Schirmling
- Geschundener 272
- Rauher 370
- Riesen- 114
- Spitzschuppiger 456
- Wohlschmeckender 458
Schirmpilz
- Acker- 272
- Jungfern- 270
Schleimfuß
- Blaustiel- 396
- Gesalbter 394
Schleimkopf, Blasser 238
Schmerling 188
Schmierling
- Großer 76
- Rosenroter 196
Schnecken-Öhrling 300
Schneckling
- Braunscheibiger 362
- Elfenbein- 204
- Gelbblättriger 360
- Goldzahn- 366
- Graubrauner 202
- Lärchen- 360
- Natternstieliger 362
- Olivbrauner 362
- Purpur- 264
- Schwarzpunktierter 364
Schüppling
- Feuer- 240
- Hochthronender 240
- Runzel- 106
- Sparriger 242
Schwefelkopf
- Graublättriger 392
- Grünblättriger 100
- Rauchblättriger 392
- Ziegelroter 226
Schweinsohr 164
Schwindling
- Feld- 108
- Knoblauch- 192
- Nelken- 108
Seitling
- Austern- 246
- Ohrförmiger 420
Semmelpilz 54
Spargelpilz 74
Spateling, Dottergelber 288
Stachelbart
- Alpen- 326
- Tannen- 326
Stacheling
- Derber Kork- 174
- Gallen- 328
- Habichts- 58
- Rostbrauner Kork- 328
- Schmutziger 330
- Schwarzweißer Duft- 326
Stäubling
- Birnen- 280
- Blutmilch- 288
- Flaschen- 136
- Hasen- 280
Steinpilz 22
- Schwarzhütiger 186
Stockschwämmchen 102
Stoppelpilz, Semmel- 56
Streifling, Scheiden- 274

T

Täubling
- Blutroter 384
- Dickblättriger 380
- Dotter- 216
- Frauen- 214
- Gelbweißer 390
- Gemeiner Leder- 224
- Grüner Birken- 220

- Grüngefelderter 218
- Olivgelber 388
- Rauchbrauner Schwarz- 222
- Roter Herings- 386
- Scharfer Zinnober- 96
- Spei- 94
- Speise- 92
- Stink- 98
- Verblassender 92
- Violettgrüner 214
- Wechselfarbiger Spei- 96
- Wiesel- 382
- Zinnober- 216
- Zitronen- 390
Teuerling
- Gestreifter 280
- Tiegel- 280
Tintling
- Eiförmiger 352
- Falten- 194
- Glimmer- 354
- Schopf- 74
Totentrompete 60
Tramete, Schmetterlings- 176
Träuschling, Grünspan- 228
Trichterling
- Amethystblauer Lack- 244
- Grüner Anis- 256
- Nebelgrauer 254
- Rötender Wachs- 350
Trüffel
- Böhmische 284
- Deutsche 132
- Gelbbraune Wurzel- 468
- Grünliche Wurzel- 466
- Michaels Rasen- 304
- Olivbraune 158
- Rotbraune Rasen- 302
- Rötliche Wurzel- 470
- Sommer- 132
- Weiß- 160
- Weißliche 302
- Winter- 158

V

Verpel, Böhmische 296

W

Warzige Hirschbrunst 62
Weißer Polsterpilz 354
Wetterstern 470
Winterpilz 250
Wolliger Scheidling 422
Wulstling
- Narzissengelber 462
- Orangegelber 276
- Porphyrbrauner 460
- Rötender 120

Z

Zärtling, Rauher 414
Ziegenfuß 178
Ziegenlippe 38
Zigeuner 106
Zitterling 162
- Blattartiger 308
Zitterzahn 162
Zwergknäuling, Herber 368
Zwitterling, Stäubender 248

A

Agaricus arvensis Schaeff. 128
Agaricus campestris L. 126
Agaricus Campestris-praticola Vitt. 128
Agaricus silvaticus Schaeff. 230
Albatrellus confluens Alb. u. Schw. 54
Albatrellus ovinus Schaeff. 54
Albatrellus pes-caprae Pers. 178
Albatrelluss cristatus Schaeff. 178
Aleuria aurantia Pers. 134
Amanita caesarea Scop. 276
Amanita gemmata Fr. 462
Amanita muscaria L. 118
Amanita pantherina DC. 122
Amanita phalloides Fr. 124
Amanita porphyria Fr. 460
Amanita rubescens Pers. 120
Amantia plumbea Schaeff. 274
Armillaria mellea Fl. Dan. 104
Astareus hygometricus Pers. 470

B

Bankera fuligineoalba Fr. 330
Boletinus capives Opat. 342
Boletopsis leucomelaena Pers. 338
Boletus aereus Bull. 186
Boletus calopus Fr. 50
Boletus edulis Bull. 22
Boletus fragrans Vitt. 346
Boletus lupinus Fr. 48
Boletus luridus Schaeff. 46
Boletus piperatus Bull. 52
Boletus satanas Lenz. 44
Bovista nigrescens Pers. 136
Byssonectria aggegata Berk. & Br. 292

C

Calocera viscosa Pers. 162
Calocybe gambosa Fr. 448
Calvatia utriformis Bull. 280
Camarophyllus niveus Scop. 402
Camarophyllus pratensis Pers. 200
Cantharellula umbonata Fr. 350
Cantharellus cibarius Fr. 66
Cantharellus tubaeformis Fr. 190
Cantharellus xanthopus Pers. 166
Chondrosterum pupureum Pouz. 318
Chroogomphus rutilus Schaeff. ... 196
Clathrus ruber Pers. 464
Clavaria argillacea Pers. 168
Clavaria fragilis Holms. 318
Clavaria fumosa Pers. 168
Clavariadelphus ligula Schaeff. 166
Clavariadelphus pistillaris L. 316
Clavulina cinerea Schroet. 324
Clavulina cristata Holmsk. 172
Clitocybe flaccida Fr. 256
Clitocybe odora Bull. 256
Clitopilus prunulus Scop. 112
Choiromyces maeandriformis Vitt. 160
Collybia butracea Fr. 426
Collybia dryophila Bull. 424
Collybia tuberosa Bull. 248
Coltricia perennis L. 174
Conocybe Lactea Fr. 410
Coprinus atramentarius Bull. 194
Coprinus comatus Pers. 74
Coprinus ovatus Schaeff. 352
Coprinus micaceus Bull. 354
Cortinarius (Dermocybe) cinnamoneus L 232
Cortinarius (Hydrocybe) saniosus Pers. 400

Cortinarius (Myxacium)
delibutus Fr. ... 394
Cortinarius (Phlegmacium)
largus Fr. ... 238
Cortinarius (Telamonia)
armillatus Fr. ... 234
Cortinarius (Telamonia)
hinnuleus Sow. ... 398
Cortinarius alboviolaceus Pers.
... 236
Cortinarius armeniacus Fr. ... 390
Cortinarius collinitus Fr. ... 396
Cortinarius traganus Fr. ... 110
Craterellus cornucopioides L. ... 60
Crepidotus herbarum Sacc. ... 418
Crucibulum laeve Huds. ... 280
Cudonia circinans Pers. ... 290
Cyathus striatus Huds. ... 280
Cystoderma carcharias Pers. ... 370

D

Daedalea quercina Pers. ... 342
Disciotis venosa Pers. ... 298

E

Elaphomyces granulatus Fr. ... 62
Entoloma rhodopolium Fr. ... 418

F

Fistulina hepatica Schaeff. ... 182
Flammulina velutipes Curt. ... 250
Fomitopsis pinicola Karst. ... 334

G

Ganoderma lucidum Karst. ... 334
Geaster Schmidelii Vitt. ... 282
Geastrum coronatum Pers. ... 282
Geastrum fimbriatum Fr. ... 282
Gleophyllum sepiarium Karst. ... 340
Gomphidius glutinosus Schaeff.
... 76
Gomphidius roseus Fr. ... 196
Gomphus clavatus Pers. ... 164
Gymnopilus sapineus Fr. ... 404
Gymopilus picreus Karst. ... 406
Gyromitra esculenta Fr. ... 130
Gyromitra gigas Krombh. ... 294
Gyromitra infula Schaeff. ... 148
Gyroporus castaneus Bull. ... 182
Gyroporus cyanescens Bull. ... 184

H

Hebeloma crustuliniforme Bull.
... 232
Helvella crispa Fr. ... 150
Helvella lacunosa Afz. ... 152
Helvella pallescens Schaeff. ... 290
Hericium flagellum Pers. ... 326
Hirneola auricula-judae Bull. ... 308
Hydnellum compactum Pers. ... 174
Hydnellum ferrugineum Karst. ... 328
Hydnotrya tulasnei Berk.
und Broome ... 302
Hydnotyra michaelis E. Fischer
... 304
Hydnum repandum L. ... 56
Hygrocybe ceracea Wulf. ... 78
Hygrocybe miniata Fr. ... 198
Hygrocybe nigrescens Quel. ... 198
Hygrocybe psittacina Fr. ... 368
Hygrocybe punicea Fr. ... 78
Hygrophoropsis aurantiaca Wulf.
... 68
Hygrophorus camarophyllus Alb.
... 202
Hygrophorus chrysodon Schröt.
... 366
Hygrophorus discoideus Fr. ... 362
Hygrophorus eburneus Bull. ... 204
Hygrophorus hypothejus Quell.
... 360

Hygrophorus lucorum Kalchbr. ... 360
Hygrophorus olivaceoalbus Fr. 362
Hygrophorus pustulatus Fr. 364
Hygrophorus russulla Quel. 264
Hypholoma capnoides Fr. 392
Hypholoma fasciculare Huds. 100
Hypholoma sublateritium Fr. 226
Hyporhodius asprellus Schröt. 414
Hyporhodius pascuus Pers. 412

I

Inocybe geophylla Sow. 392

K

Kuehneromyces mutabilis Schaeff. 102

L

Laccaria amethystea Huds. 244
Lactarius blemius Fr. 376
Lactarius deliciosus Tr. 84
Lactarius flexuosus Fr. 378
Lactarius glyciosmus Fr. 208
Lactarius lignyotus Fr. 212
Lactarius mitissimus Fr. 210
Lactarius obscuratus Fr. 374
Lactarius piperatus Scop. 88
Lactarius pyrogalus Fr. 372
Lactarius rufus Scop. 82
Lactarius scrobiculatus Scop. 206
Lactarius serifluus DC. 212
Lactarius subdulcis Bull. 210
Lactarius torminosus Schaeff. 86
Lactarius turpis Fr. 90
Lactarius vietus Fr. 376
Lactarius volemus Fr. 80
Laetiporus sulphureus Bull. 176
Leccinum rufum Schaeff. 28
Leccinum scabrum Bull. 26
Lentinus lepideus Schaeff. 192
Lenzites betulinus Fr. 340
Leotia lubrica Pers. 140
Lepiota aspera Pers. 456
Lepiota pudica Bull. 458
Lepista nebularis Batsch. 254
Lepista nuda Bull. 260
Lepista personata Fr. 438
Lycogata epidendrum Buch. 288
Lycoperdon perlatum Pers. 136
Lycoperdon pyriforme Schaeff....... 280
Lyophyllum ulmarium Fr. 430
Lypophyllum fumosum Pers. 432

M

Macrolepiota excoriata Schaeff. 272
Macrolepiota procera Scop. 114
Macrolepiota puellaris Fr. 270
Marasmius oreades Fr. 108
Marasmius scorodonius Fr. 192
Megacollybia platyphylla Pers. 428
Melanoleuca melaleuca Fr. 436
Meripilus giganteus Pers. 332
Mitrula paludosa Fr. 288
Morchella conica Pers. 130
Morchella esculenta L. 142
Morchella gigas Batsch. 144
Morchella rimosipes DC. 146
Mutinus caninus Fr. 464
Mycena galericulata Scop. 408
Mycena polygramma Bull. 410
Mycena rosea Bull. 244
Myxomphalia maura Fr. 426

N

Nyctalis asterophora Fr. 248

O

Otidea cochleata Fuck. *300*
Otidea leporina Fr. *154*
Oxyporus corticola Fr. *330*

P

Panaeolus campanulatus Quel. *356*
Panaeolus fimicola Quel. *350*
Panellus stypticus Karst. *368*
Paxillus atrotomentosus Batsch. *72*
Paxillus involutus Batsch. *72*
Peniophora quercina Cooke. *312*
Peziza badia Pers. *134*
Peziza vesiculosa Bull. *156*
Phaeolus schweinizii Fr. *336*
Phallus impudicus Fr. *278*
Phellodon comatus Fr. *326*
Pholiota aurivella Batsch. *240*
Pholiota flammans Batsch. *240*
Pholiota squarrosa Müll. *242*
Phyllotus porrigens Pers. *420*
Pisolithus arhizus Scop. *284*
Pleurotus ostreatus Jacqu. *246*
Pluteus atricapillus Sing. *416*
Polyorus umbrellatus Pers. *180*
Porphyrellus porphyrosporus Fr. *344*
Psathyrella corrugis Pers. *356*
Pseudohydnum gelatinosum Vitt. *162*
Pseudoplectania nigrella Pers. *156*
Psilocybe bullacea Bull. *358*
Ptychogaster fuliginoides Donk & Pers. *354*

R

Ramaria aurea Schaeff. *170*
Ramaria flavescens Schaeff. *64*
Ramaria formosa Pers. *172*
Ramaria stricta Quell. *320*
Ramariopsis corniculata Schaeff. *322*
Ramariopsis helveola Pers. *170*
Rhizina undulata Fr. *154*
Rhizopogon obtextus Rauschert *468*
Rhizopogon roseolus Th. Fr. *470*
Rhizopogon virens Fr. *466*
Romaria botrytis Pers. *64*
Rozites caperatus Pers. *106*
Russula adusta Pers. *222*
Russula aeruginea Fr. *220*
Russula alutacea Fr. *224*
Russula cyanoxantha Fr. *214*
Russula emetica Schaeff. *94*
Russula foetens Pers. *98*
Russula fragilis Pers. *96*
Russula lutea Fr. *216*
Russula mustelina Fr. *382*
Russula nigricans Fr. *380*
Russula ochroleuca Fr. *390*
Russula olivascens Pers. *388*
Russula pulchella Broszcow *92*
Russula rosacea Bull. *216*
Russula rubra Fr. *96*
Russula sanguinea Fr. *384*
Russula vesca Fr. *92*
Russula virescens Schaeff. *218*
Russula xerampelina Fr. *386*

S

Sarcodon imbricatum L. *58*
Sarcodon scabrosus Karst. *328*
Sarcosoma globosum Caspary *300*
Scleroderma citrinum Pers. *70*
Sclerotinia tuberosa Fuck. *292*
Scutellinia scutellata L. *156*
Sparassis crispa Fr. *62*

Spathularia flavida Pers. 288
Stropharia aeruginosa Fr. 228
Suillus bovinus L. 34
Suillus flavus Withering. 32
Suillus granulatus L. 188
Suillus luteus L. 30
Suillus placidus Sing. 346
Suillus variegatus Sw. 36

T

Tapinella panuoides Fr. 348
Temiscus helvelloides DC. 310
Thelephora palmata Fr. 312
Thelephora terrestris Fr. 314
Trametes versicolor L. 176
Tremella foliacea Pers. 308
Trichoglossum hirsutum Pers. 140
Tricholoma album Schaef. 434
Tricholoma aurantium Fr. 454
Tricholoma caligatum Vitt. 450
Tricholoma colossuss Quell. 452
Tricholoma equestre L. 258
Tricholoma flavobrunneum Fr. ... 444
Tricholoma imbricatum Karst. ... 446
Tricholoma portentosum Fr. 268
Tricholoma saponaceum Fr. 262
Tricholoma sejunctum. 440
Tricholoma terreum Schaeff. 266
Tricholoma ustale Fr. 442
Tricholomopsis rutilans Schaeff. . 116
Tuber aestivum Vitt. 132
Tuber albidum Fr. 302
Tuber brumale Vitt. 158
Tuber excavatum Vitt. 158
Tylopilus felleus Bull. 24

V

Verpa bohemica Krombh. 296
Volvariella bombynica Fr. 422

X

Xerocomus badius Fr. 42
Xerocomus chrysenteron Bull. 40
Xerocomus subtomentosus L. 38
Xeromphalina campanella Fr. 370
Xerula radicata Fr. 252
Xylaria hypoxylon Grev. 306
Xylaria polymorpha Grev. 306